LES AGENTS ROYALISTES EN FRANCE

AU TEMPS DE LA RÉVOLUTION ET DE L'EMPIRE

L'AFFAIRE PERLET

DRAMES POLICIERS

PAR

G. LENOTRE

DIXIÈME ÉDITION

Librairie académique PERRIN et Cie.

L'AFFAIRE PERLET

OUVRAGES DE G. LENOTRE

ACADÉMIE FRANÇAISE, *Prix Berger, 1902.*

LA GUILLOTINE pendant la Révolution, 21ᵉ édition.
LE VRAI CHEVALIER DE MAISON-ROUGE, 22ᵉ édition.
LE BARON DE BATZ, 21ᵉ édition.
PARIS RÉVOLUTIONNAIRE, 36ᵉ édition.
VIEILLES MAISONS, VIEUX PAPIERS, 1ʳᵉ série, 64ᵉ édition.
VIEILLES MAISONS, VIEUX PAPIERS, 2ᵉ série, 47ᵉ édition.
VIEILLES MAISONS, VIEUX PAPIERS, 3ᵉ série, 46ᵉ édition.
VIEILLES MAISONS, VIEUX PAPIERS, 4ᵉ série, 35ᵉ édition.
BLEUS, BLANCS ET ROUGES. Récits d'histoire révolutionnaire, d'après des documents inédits, 17ᵉ édition.
LA CAPTIVITÉ ET LA MORT DE MARIE-ANTOINETTE, 28ᵉ édition.
LE MARQUIS DE LA ROUËRIE et la Conjuration bretonne, 21ᵉ édition.
TOURNEBUT ; la Chouannerie normande au temps de l'Empire (1804-1809), 22ᵉ édition.
LE DRAME DE VARENNES. Juin 1791, 35ᵉ édition.
LE ROI LOUIS XVII ET L'ENIGME DU TEMPLE, 13ᵉ édition.

14 volumes in-8º écu.
Reliés amateur avec fers.

Mémoires et Souvenirs sur la Révolution et l'Empire, publiés avec des documents inédits, par G. LENOTRE.

LES MASSACRES DE SEPTEMBRE (1792), 29ᵉ édition.
LES FILS DE PHILIPPE-ÉGALITÉ PENDANT LA TERREUR (1790-1796), 20ᵉ édition.
LA FILLE DE LOUIS XVI. Marie-Thérèse, Charlotte de France, Duchesse d'Angoulême (1794-1799), 26ᵉ édition.
LE TRIBUNAL RÉVOLUTIONNAIRE (1793-1795), 29ᵉ édition.
LES NOYADES DE NANTES (1793), 24ᵉ édition.

Cinq volumes in-16 jésus.
Reliés amateur avec fers.

PRUSSIENS D'HIER ET DE TOUJOURS, 1ʳᵉ série, 11ᵉ édition.
1 volume in-16 . . . . 7 fr. »
PRUSSIENS D'HIER ET DE TOUJOURS, 2ᵉ série, 7ᵉ édition.
1 volume in-16 . . . . 7 fr. »
GENS DE LA VIEILLE FRANCE. *Rêveries pour le temps présent sur des thèmes anciens,* 13ᵉ édition. 1 vol. in-16. 7 fr. »
LA FEMME SANS NOM, 9ᵉ édition. 1 volume in-16. 7 fr. »

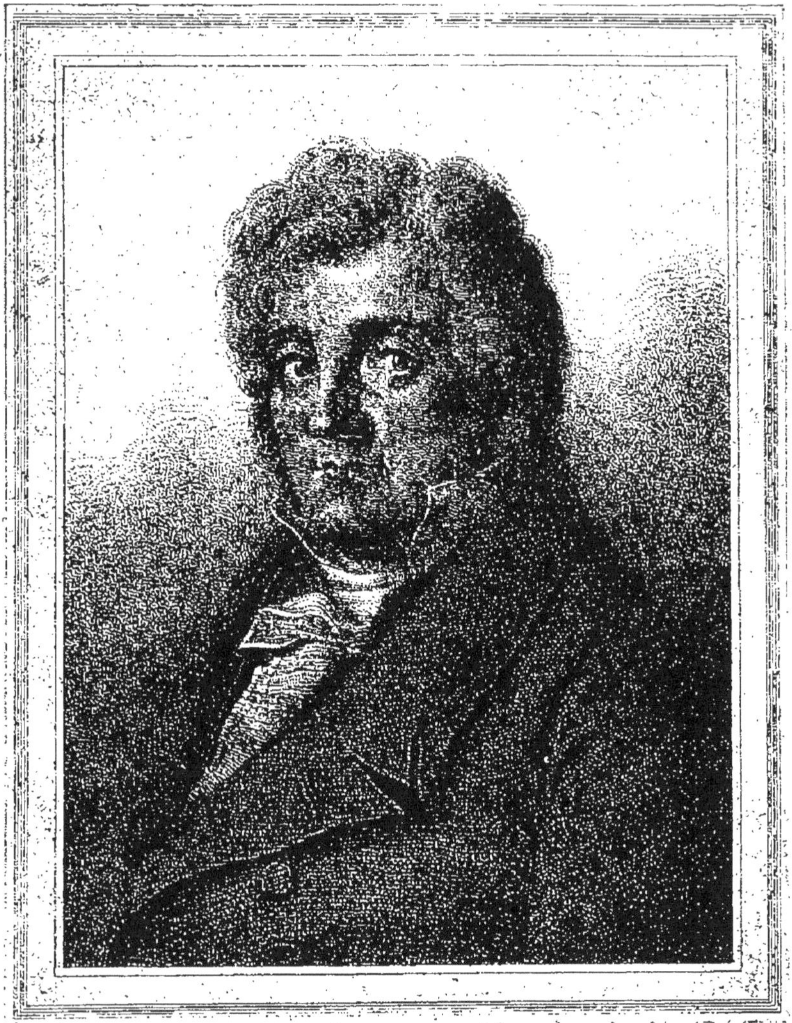

Ch. Arrivé sculp.

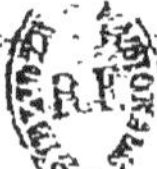

FAUCHE - BOREL

Le revers de la redingote découpé en dentelure était un signe auquel,
pendant un certain temps,
se reconnaissaient entre eux les agents secrets royalistes

LES AGENTS ROYALISTES EN FRANCE
AU TEMPS DE LA RÉVOLUTION ET DE L'EMPIRE

L'AFFAIRE PERLET

DRAMES POLICIERS

PAR

G. LENOTRE

PARIS
LIBRAIRIE ACADÉMIQUE
PERRIN ET Cie, LIBRAIRES-ÉDITEURS
35, QUAI DES GRANDS-AUGUSTINS, 35
1923

A PIERRE BESSAND-MASSENET

son vieil ami.

G. L.

L'AFFAIRE PERLET

I

FAUCHE-BOREL

Quand, le 30 janvier 1786, Louis Fauche épousa
sa cousine Augustine Borel, il était commis dans la
maison de son père, Samuel Fauche, libraire imprimeur à Neuchâtel, la jolie ville du Jura suisse, alors
capitale d'une principauté placée sous la suzeraineté
du roi de Prusse [1]. Louis Fauche, beau garçon de
vingt-quatre ans, solide et gaillard, expérimenté
déjà et entreprenant, initié dès son jeune âge aux
affaires de librairie, avait, depuis 1780, beaucoup
voyagé, fait un stage dans la maison d'éditions Vir-
chaux, à Hambourg, séjourné plusieurs fois à Paris

1. Louis Fauche professait, comme son père, la religion réformée.
Barras était donc mal renseigné lorsqu'il écrivait, à l'époque de la
Restauration : « Je voudrais bien que M. Fauche-Borel voulût bien
me donner les motifs qui l'ont déterminé dernièrement à abjurer sa
religion et à embrasser le culte protestant ». (*Papiers inédits de Barras*, appartenant à M. H. Foulon de Vaulx.)

et visité les principales villes de France. Dans l'intervalle de ces tournées, il rentrait pour l'hiver à Neuchâtel et se plaisait dans la société des auteurs français dont quelques-uns, connus sinon célèbres, tels que Mercier ou Mirabeau, étaient les clients de la librairie paternelle où s'imprimaient leurs ouvrages.

Le jeune Fauche, en effet, aimait se frotter à ce que l'on appelait, alors comme aujourd'hui, « les gens en vue » ; toute renommée l'éblouissait ; il était de ceux qu'un nom noble, un titre pompeux fascinent et ensorcellent. Aussi ne résistait-il pas toujours au vain plaisir de se hausser et à celui, plus grand encore, d'ajouter foi aux embellissements dont il agrémentait le récit des moindres circonstances de sa vie. Quelqu'un qui l'a bien connu disait de lui : — « Il croyait profondément tout ce qu'il se racontait à lui-même[1] ». Assez vulgaire et très naïf de nature, actif et remuant par tempérament, peut-être se jugeait-il supérieur à la destinée médiocre qui paraissait lui être réservée ; serviable, d'ailleurs, « comme un bon Suisse », il ne craignait pas de conseiller les gens et de se mêler, sans qu'ils l'en priassent, à leur existence : c'est ainsi que, ayant rencontré à Lyon l'un de ses compatriotes, nommé Jérémie Vitel, fixé dans cette ville, il le décida à venir s'installer à Neuchâtel, le recommanda à son père, lui fit épouser sa sœur quelques années plus

1. Charles Nodier, *Souvenirs de la Révolution*, I, 84.

tard, vouant ainsi, sans le vouloir ni le prévoir, ce
malheureux et sa descendance à un lamentable et
tragique avenir. Car il semblait écrit que toutes les
conceptions du pauvre Fauche tourneraient en catastrophes, sans que jamais l'implacable rigueur des
réalités pût le guérir de ses illusions.

Après deux ans de mariage, il s'établit libraire à
son compte : il reçut de son père, à cet effet, « pour
commencer le commerce », un fonds de publications
diverses, évalué, dans un acte notarié en date du
27 mai 1788, à la somme de 30.000 livres de France.
Il s'installa, sous le nom de Fauche-Borel, à Neuchâtel même, dans une vieille maison appartenant à
sa belle-mère et située rue de l'Hôpital[1]. Ce début
modeste prenait, dans son esprit entiché des grandeurs, les proportions d'un événement européen.
Son imprimerie naissante devient à ses yeux « un
immense établissement typographique[2] »; il la
déclare « l'une des plus belles de la Suisse ». — « Des
éditions entières de l'*Encyclopédie*, de la *Description
des Arts et Métiers,* dont les fondateurs n'avaient pas
su tirer avantage, me procurèrent, dit-il, de grands
bénéfices[3] » . Il est possible qu'il ne s'exagérât point
l'importance de son industrie ; pourtant cet avis
inséré à l'*Almanach de Neuchâtel* paraît indiquer
que, sept ans après sa création, sa librairie gardait les proportions d'une simple papeterie pro-

1. Au n° 5 actuel. La maison de Fauche-Borel appartient aujour-
d'hui à M. Albert Georges, marchand de parapluies.
2. *Mémoires de* Fauche-Borel, I, 36, 37.
3. *Idem.*

vinciale : — « Louis Fauche-Borel, *éditeur de cet Almanach, ayant une imprimerie assortie en très beaux
caractères, est à même d'entreprendre tous les
ouvrages que l'on voudra bien confier à ses presses :
à part les articles de sa librairie... il a un assorti-
ment complet de livres à l'usage des écoles de la ville
et de la campagne, ainsi que livres classiques d'histoire, de littérature, géographie, psaumes en chagrin,
en maroquin et autres de différents formats, papiers
à la rame de toutes grandeurs pour dessins et plans,
papiers en couleurs, cartons, encre de la petite Vertu
rouge et noire; livres blancs, carnets de poche, par-
chemin, vélin, papier de musique rayé, cire d'Espagne, crayons, encre de la Chine, cartes de visite,
enveloppes, plumes à écrire... On trouvera chez lui
du papier d'emballage et des maculatures à la
livre... etc.* ». Enfin Fauche-Borel informe également
le public qu'il continue « *la fabrique de vinaigre fondée par sa belle-mère et que, en conséquence, il achète
les vins propres à le faire*[1] ». Quant aux « bénéfices », sans doute étaient-ils moins considérables
qu'il ne les avait escomptés dans son incorrigible
optimisme, puisque, ayant entrepris, en 1790, de
rebâtir en pierres de taille la façade de sa vieille
maison de la rue de l'Hôpital, il lui fallut grever
son immeuble d'une hypothèque pour satisfaire à

---

1. *Almanach de Neuchâtel pour 1795.* J'exprime ici ma profonde
gratitude à M. Louis Thevenas, sous-archiviste d'Etat, à Neuchâtel,
pour la complaisance qu'il a bien voulu apporter à me communiquer les précieux renseignements par lui découverts dans les Archives
Neuchâteloises, concernant les débuts de Fauche-Borel.

cette dépense, et hypothéquer encore, quatre ans plus tard, la plus-value que sa demeure prenait du fait de cette restauration. Il était donc réduit, à vrai dire, sinon au besoin, du moins aux expédients, et cette façade neuve, copieusement sculptée, plaquée sur une bicoque « en ruine », apparaît là comme un parfait symbole du prurit de jactance qui démangeait son propriétaire.

Il n'est pas surprenant, du reste, que l'argent ne s'accumulât point dans le panier percé du jeune libraire; soit qu'il négligeât de tenir ses comptes, soit qu'il estimât productive la théorie de la poudre aux yeux, il ne se privait pas de vivre en liesse et menait le train d'un riche négociant. Chaque année, dès la fin de l'hiver, il partait pour un long voyage, visitait la Hollande, le Danemark ou l'Allemagne, et passait l'été à Paris; il trouvait des charmes à la vie d'auberge, aux relations de hasard, aux promiscuités de la diligence; bon vivant, il ne dédaignait pas les plantureux dîners des tables d'hôtes où il rencontrait, par surcroît, un auditoire appréciateur de son encyclopédique emphase. Ayant senti qu'il n'était pas prophète en son pays, peut-être espérait il passer pour tel aux yeux de compagnons d'un soir, aussitôt quittés qu'éblouis. Et puis, il savait conter, — et avec quel aplomb! — de si mirobolantes histoires où toujours son importante personne tenait le beau rôle! N'assurait-il pas avoir été reçu à Versailles, par la reine de France, qui l'avait accueilli « avec une grande bonté », et remercié chaudement de sa

visite [1] ? N'était-il pas intimement lié avec le fameux
Mirabeau, qui l'avait pris pour confident et dont il
se disait l'élève et l'adversaire en politique[2] ? Tout
prenait, en ses hâbleries, l'allure épique ou théâ-
trale : ainsi exaltait-il la noble conduite de son beau-
frère, Jérémie Vitel, qui, pour ne pas révéler le nom
de Mercier, l'auteur anonyme du *Tableau de Paris*,
imprimé dans ses ateliers, fut jeté à la Bastille et
refusa héroïquement d'acheter sa grâce au prix
d'une dénonciation. Louis XVI, touché de ce beau
trait, avait ordonné qu'on mît sur-le-champ ce spar-
tiate en liberté [3].

Soucieux de ne pas manquer une occasion de se
créer des protecteurs et d'accroître son importance,
Fauche, durant l'un de ses séjours à Paris, sollicita
et obtint son affiliation à la franc-maçonnerie. —

1. *Mémoires*, I, 58.
2. *Mémoires*, I, 46.
3. *Mémoires*, I, 24. Comme il n'est pas inutile de contrôler les assertions de Fauche-Borel quand la possibilité s'en présente, on peut assurer que Jérémie Vitel n'a jamais été prisonnier à la Bastille. Son nom
ne figure pas au *Répertoire* de Funck-Brentano. Pourtant, tout n'est
pas absolument imaginaire dans l'anecdocte, car on rencontre cette
mention : — « Mallet, François, librairie à Neuchâtel en Suisse.
Entré à la Bastille le 30 juin 1783, sur ordre contresigné Amelot,
pour commerce de livres prohibés. On voit, dans son interrogatoire,
que la Nouvelle société typographique sous la raison Fauche fils
aîné, Favre et Cie (Ce *Fauche fils aîné* est-il le père ou le frère de
Fauche-Borel ?) avait payé à M. le comte de Mirabeau 150 louis pour le
manuscrit de son ouvrage sur *Les lettres de cachet* et 100 louis pour
un autre ouvrage intitulé *Erotika-biblion*. Cette même société avait
payé à Mercier 6.000 livres pour les quatre derniers volumes de son
Tableau de Paris. Mallet sortit de la Bastille, le 5 novembre 1783, sur
un ordre contresigné Amelot ». (*Les Lettres de Cachet et les prisonniers de la Bastille*, par F. Funck-Brentano, n° 5162.) C'est donc Mallet et non Vitel qui fut emprisonné et il est assez curieux de surprendre en flagrant délit le singulier talent de « déformation » dont
était doué Fauche Borel, et son aptitude à tirer personnellement
gloire de faits auxquels il restait parfaitement étranger.

« C'était, dit-il, le besoin et l'obligation du moment;
qui ne pouvait se dire maçon n'était rien dans le
monde ». Il reçut « les trois premiers grades dans
la loge de la *Douce-Union*, grâce à la puissante protection de son confrère, le libraire Guillot, lequel
devait, cinq ans plus tard, être condamné à mort et
exécuté comme faux monnayeur[1]. De retour à Neuchâtel, Fauche y fonda une loge maçonnique qui
ne prospéra point : la capitale du Jura suisse était
trop voisine de la France pour que les événements
de Paris n'y absorbassent point, dès le printemps
de 1789, toutes les attentions. Les émigrés, en juillet
déjà, passaient en masse la frontière, les uns à
pied, chargés de paquets, d'autres à cheval ou dans
des voitures dont on ne pouvait distinguer les
armoiries, tant elles étaient couvertes de boue ou de
poussière ; les gens se tenaient à leurs fenêtres ou
sur leur seuil pour voir le navrant défilé de ces proscrits volontaires; les auberges de Neuchâtel furent
bientôt remplies; on dut loger les arrivants dans les
maisons particulières et Fauche obtint pour son
compte l'honneur d'héberger plusieurs prêtres. Mais
il fréquentait de préférence chez les émigrés à noms
étincelants : de Rochechouart, de Champdivers, de

1. Guillot avait installé à Passy une imprimerie clandestine d'assignats à laquelle il avait tenté d'associer Fauche-Borel (*Mémoires*,
I, 94). Celui-ci refusa sa coopération directe à cette industrie périlleuse; mais il plaça chez Guillot son frère aîné, Samuel Fauche,
qui fut impliqué dans les poursuites et acquitté. Un accident singulier
marqua le supplice de Guillot — 27 août 1792. — Le bourreau en mourut! « Voulant prendre la tête d'un des criminels pour la montrer au
peuple, il tomba de l'échafaud et resta mort sur la place ». (*Moniteur* du 30 août 1792.)

Crillon, de Bombel, de Roquefort, de Montbarey ;
ce dernier était prince, et Fauche-Borel réussit
à l'obtenir pour locataire. Aux moins illustres,
aux plus besogneux, il confiait une pacotille
de ses marchandises et de ses catalogues qu'ils
allaient colporter en Allemagne, en Suisse ou dans
la haute Italie ; à ceux dont le nom présentait des
garanties, mais qui se trouvaient momentanément
dans l'embarras, il prêtait de l'argent, — « sur leur
simple parole », proclamait-il, — « contre de grosses
lettres de change », affirmaient les mauvaises lan-
gues [1]. C'est ainsi qu'il devint royaliste ; il signala
son zèle en imprimant le texte de cette *Déclaration de Pilnitz* concertée, le 26 août 1791, entre les
deux frères de Louis XVI et les souverains étrangers, premier manifeste de la coalition qui fut
répandu à profusion dans toute la France.

Les avertissements ne lui manquaient pas,
cependant ; un drame dont fut victime son beau-
frère Jérémie Vitel eût dû lui servir de leçon et le
mettre en garde contre la politique : Vitel, à la
suite de revers de fortune, avait résolu de s'expa-
trier : il attendait à Genève une occasion de passer
en Amérique. Par malheur, gagné à la cause monarchique par l'exemple de Fauche, en butte aux persécutions des jacobins genevois, accusé de pactiser
avec les ennemis de la liberté, il fut condamné à

1. « Fauche-Borel a pour habitude de prêter aux émigrés un peu
d'argent contre de grosses lettres de change ». (*Bulletin de Police* du
6 février 1806. *La Police secrète du Premier Empire*, par Ernest
d'HAUTERIVE, II, n° 775.)

mort et exécuté un jour de juillet 1794. Le malheureux laissait sans ressources sa femme et deux enfants : Édouard, qui approchait de ses quinze ans, et Charles, d'un an plus jeune. Celui-ci, apprenant la condamnation, courut vers le lieu du supplice, espérant peut-être attendrir les bourreaux : l'exécution était déjà terminée et il fallut arracher l'enfant du sol ensanglanté où le corps de son père venait de tomber. On retrouvera Édouard et Charles au cours de ce récit.

Un autre deuil dont Fauche-Borel ne dit mot dans ses copieux *Mémoires* mit en émoi les habitants de Neuchâtel : la mère de sa femme se suicida en se jetant dans le lac[1]. Du fait de ce décès, madame Fauche-Borel héritait de la maison de la rue de l'Hôpital, déjà grevée, comme on l'a dit, de deux hypothèques. La librairie, même augmentée du commerce de vinaigre fondé par la défunte et dont Fauche continuait l'exploitation, n'était pas des plus prospères ; on ne s'enrichit pas en imprimant des brochures de propagande, voire la *Déclaration* de Pilnitz, ou des tragédies sur la mort de Louis XVI composées par des émigrés poètes. Pourtant il restait au ménage Fauche-Borel bien des éléments de modeste bonheur : il eût suffi que le père de famille consentît à raccourcir ses visées prétentieuses, à s'occuper de son négoce et à ne plus se croire promis aux grandes aventures. Madame Fauche était une bonne femme,

---

1. Veuve en premières noces de Henri-Frédéric Borel, en secondes noces d'un nommé Iker, la belle-mère de Fauche-Borel mourut « noyée volontairement en juin 1793, à l'âge de 70 ans ». (Archives de Neuchâtel.)

très simple, très charitable et laborieuse : elle avait donné à son mari cinq enfants, deux fils et trois filles, de quoi retenir au logis le nomade libraire ; en ces années de terreur, alors qu'il ne pouvait plus songer au voyage annuel de Paris, il s'assagit quelque peu et se confina davantage dans sa librairie. Mais ce n'était là qu'une escale : au premier souffle dont se gonflerait sa vanité, il allait remettre à la voile.

Dans ce calme intérieur qui semblait voué à la monotone sérénité bourgeoise, apparut, certain soir, au début du printemps de 1795, à neuf heures, comme Fauche-Borel soupait en famille, un personnage qu'il n'avait jamais vu : taille médiocre, visage pâle, joues creuses, yeux pétillants sous de gros sourcils presque noirs, nez long, menton de galoche ; l'inconnu paraissait être bossu, ou, du moins, fortement voûté ; il avait l'air « d'un juif portugais[1] ». Il se nomma : « comte Maurice de Montgaillard », s'installa sans façon, tout de suite fut « éblouissant » et captiva ses bonasses auditeurs. C'était le diable.

Tous les chroniqueurs, qui ont dû citer ce nom de Montgaillard, l'ont unanimement accolé aux qualificatifs généralement réservés à Satan, l'infernal tentateur ; et si l'Histoire devait un jour s'avouer

---

1. FAUCHE-BOREL, *Mémoires*, I, 206. Fauche écrit « une épaule contrefaite » ; pourtant le signalement de Montgaillard sur les livres d'écrou du Temple, ne mentionne pas cette difformité. Le signalement de son frère, Guillaume Honoré, porte « bossu du côté droit ». (Archives de la Préfecture de Police, *Registres du Temple*, III, f° 175, 16 nivôse, an IX.)

déconcertée, ce serait en présence de cette effrayante
figure d'espion Protée qui surgit, s'évapore, reparaît,
tantôt enjôleur et séduisant, tantôt cynique et implacable, vendant ceux qui l'achètent, traversant quarante ans de révolution en gardant la faveur, non
seulement de tous les régimes, mais aussi celle de
leurs adversaires les plus obstinés, trafiquant de ses
serments, étincelant d'esprit, habile à convaincre,
captieux, brutal, insinuant, autoritaire, obséquieux,
arrogant et pourvu d'un de ces intrépides aplombs
qui désarçonne les honnêtes gens. Il s'appelait
Roques et sortait d'une famille noble mais pauvre
du Languedoc. Élevé à l'école royale militaire de Sorrèze, puis cadet, gentilhomme au régiment d'Auxerrois, officier sans bravoure, démissionnaire après
deux campagnes à la Martinique, il se fixe à Paris,
et s'insinue à la petite cour qui entoure Mgr Champion de Cicé, archevêque de Bordeaux résidant fréquemment loin de ses ouailles, à l'abbaye de Saint-
Germain-des-Prés. Montgaillard se frotte à Necker,
se pousse, pateline, épouse une filleule de l'archevêque, bien rentée, sortant du couvent et comblée
de magnifiques cadeaux par l'entourage de Son Éminence. Deux garçons naissent de cette union ; mais
Montgaillard ne s'attarde pas aux délices du ménage :
admis dans la noble société parisienne, fréquentant
chez les ministres comme chez les beaux esprits, dès
le début de la révolution il s'occupe d'agiotage, s'enrôle parmi les agents secrets de la Cour, se mêle aux
préparatifs de la fuite du Roi, prête, — du moins

s'en vante-t-il, — une forte somme d'argent à
Louis XVI et, — toujours à l'en croire, — sacrifie
le reste de sa fortune au salut de la Reine, captive
à la Tour du Temple. Il passe en Angleterre, vient
en Belgique, rentre en France : il circule à sa fantaisie, quoique inscrit sur la liste des émigrés où son
nom est bien vite rayé, — faveur insigne. Qui sert-il? Les princes ou la révolution ? Qui le protège ? Il
séjourne à Paris durant la Terreur, se montrant
partout, même autour de l'échafaud quand la « fournée » vaut le dérangement. Au printemps de 1794,
le voilà en mission au camp autrichien, poussant
jusqu'au quartier général du duc d'York ; il obtient
d'être présenté à l'empereur François II. Vécut-il là,
comme on l'a dit, en porte-parole de Robespierre[1], ou
tente-t-il à son propre et personnel profit d'engager
quelque intrigue lucrative ? Il traverse « mystérieusement » les avant-postes des deux armées, traînant
avec lui le ci-devant curé de son village natal, l'abbé
Du Montet, qu'il présente comme le précepteur, —
in partibus, — de ses enfants. Le voilà de nouveau
en Angleterre où l'envoie le duc d'York ; on y
accueille comme un phénomène cet échappé de la
Terreur, seul témoin oculaire et bien renseigné des
tragédies parisiennes, déjà légendaires. Montgaillard
devient à ce titre un objet de curiosité ; on parle de

---

1. Barthélemy considère la chose comme certaine. (Archives des
affaires étrangères, *Papiers de Barthélemy,* cités par CLÉMENT DE
LACROIX.) Forneron constate aussi, en mai 1794, la présence au quartier général autrichien d'un « officier » envoyé par Robespierre.
(*Histoire des Emigrés,* I, 350.)

lui dans les cercles de Londres, les journaux relatent ses récits ; il est reçu chez Pitt, mandé par le duc de Glocester, invité chez les ministres et chez les princes de la maison régnante ; il publie un pamphlet contre la république française[1] où il se révèle parfaitement instruit des événements et des dessous de la politique ; puis, comme il est repassé sur le continent, se dirigeant vers la Suisse, il rencontre aux bords du Rhin un ancien camarade de Sorrèze qui le présente au prince de Condé. Et le voilà, changeant ses batteries et combinant de nouvelles manœuvres.

Le prince Louis-Joseph de Condé, qui commandait la petite armée des émigrés échelonnée sur la rive droite du Rhin, avait alors, en janvier 1795, son quartier général au joli château que les évêques de Spire possédaient à Bruchsal, bourgade badoise, voisine de Carlsruhe. Condé approchait de la soixantaine ; brave, sachant commander, il joignait à ses qualités militaires renommées « un tact très fin et une courtoisie sévère[2] ». Pourtant, s'il ne manquait pas de prévoyance, l'énergie lui faisait défaut ; aussi méticuleux et timoré en affaires que résolu sur le champ de bataille, « il concevait de grands projets mais reculait devant leur exécution[3] ». Son armée, à cette époque, ne comptait plus que 4 à 5.000 hommes, tous Français, tous volontaires. C'était un étrange

1. *Etat de la France au mois de mai 1794.*
2. FORNERON, I, 235.
3. *Souvenirs du Comte de Montgaillard*, 308.

spectacle que cette réunion d'anciens officiers, de
magistrats, voire de bourgeois, portant le sac du fan-
tassin ou maniant l'étrille du cavalier dans une égalité parfaite. Égalité de misère, car le corps de Condé
était à la solde autrichienne, — un pain de munition
et douze sous par jour pour les hommes ; rien pour les
officiers, nombreux cependant. — A la table du quartier général on mangeait comme au bivouac le pain
de troupe. La pénurie était telle que la princesse de
Monaco, la maîtresse de Condé, dut vendre ses diamants et son argenterie pour subvenir aux besoins
de la petite Cour. A vrai dire, l'armée royale mourait
de faim, ce dont les Allemands demeuraient ébahis ;
ils ne pouvaient comprendre comment ces fous de
gentilshommes français, possédant en leur pays châteaux, bonnes rentes et gros emplois, se résignaient
si gaiement, pour un futile point d'honneur, à
manœuvrer fusil à l'épaule, le ventre creux, sous la
bise. — « Vous aviez de bons gages, disaient-ils, et
vous ne deviez pas y renoncer [1] ». Ainsi jugeaient ces
âmes basses qui jamais ne devaient rien comprendre
à cette guerre intestine entre royalistes et républicains. Longtemps après, sur l'un des terrains de
cette lutte fratricide, à Oberkamlach, subsistait encore
un cénotaphe portant cette inscription : — « *Ici
plusieurs milliers de Français s'égorgèrent sans que
nous sachions précisément pourquoi* [2]. »

Face à ce noble corps de troupes, cantonnaient,

1. *Souvenirs d'un officier royaliste,* cités par FORNERON, I, 238.
2. *Souvenirs* de PUYMAIGRE, 31.

sur la rive gauche du Rhin, depuis Huningue jusqu'aux portes de Mayence, les deux armées du Rhin
et de la Moselle qu'un arrêté du Comité de Salut
public allait bientôt réunir sous le commandement
de Pichegru, le glorieux conquérant de la Hollande[1].
Là aussi les soldats « défaillaient de misère » ; ils
manquaient de pain, de vêtements, de chaussures ;
autour de leurs bivouacs ils erraient en haillons, sans
bas, sans capotes ; vivaient sous des huttes de terre
et ne pouvaient rien se procurer avec les assignats
de leur solde ; les mendiants même n'en voulaient
plus. Nos malheureux soldats arrachaient les vignes
et déterraient « jusqu'aux plus petites racines pour
faire la soupe », ou cueillaient du trèfle qu'ils mettaient au pot en guise de légumes. Les officiers et
les généraux, même ceux dont les poches se gon-
flaient de papier-monnaie, n'étaient pas plus avan-
tagés : ils vendaient leurs chevaux et leurs équipages
pour se procurer du numéraire. Quand on avait
quelques écus, on allait à Bâle faire bombance et les
officiers de l'armée républicaine se rencontraient
avec ceux de Condé aux tables d'hôte de cette ville
neutre où ils échangeaient « toutes les honnêtetés
imaginables ». Les soldats sans-culottes eux-mêmes
faisaient, par-dessus le Rhin, des avances aux émigrés, leur criaient des « compliments » et, pour
fraterniser, les musiques patriotes jouaient, après la
retraite, des airs royalistes : *O Richard, ô mon Roi !*

1. L'arrêté est du 13 ventôse an III — 3 mars 1795.

— ou des refrains de circonstance : — « *N'allez plus dans la Forêt noire !* » pour envoyer, dans le calme du crépuscule, un bonsoir conciliant aux proscrits dont ces mélodies lointaines, venues de France, avivaient la mélancolie [1].

Avec sa perspicacité de grand aventurier toujours en éveil, Montgaillard s'était vite rendu compte de la singularité de cette situation favorable à l'exercice de son malveillant génie. Il ne s'était pas attardé longtemps à Bruchsal, avait offert au prince de Condé ses services pour la négociation d'un emprunt et, ne pouvant s'arrêter à Bâle où il n'était point permis aux émigrés de séjourner plus de vingt-quatre heures, il s'était fixé, sous le nom de Pinault, à quatre lieues de là, à Rheinfelden, petite ville d'eaux dépendant des états du margrave de Bade [2]. Logé à l'auberge de *l'Ange,* il y avait composé un nouvel ouvrage, *l'An 1795,* et, ce prétexte en poche, il était parti pour Neuchâtel afin de se présenter, comme on l'a vu, chez le libraire. Fauche-Borel auquel il réservait l'honneur d'éditer son manuscrit.

Nul ne s'étonnera que le naïf imprimeur se déclarât flatté de la proposition. Il avait entendu parler du célèbre comte de Montgaillard comme d'un gentilhomme de pure race et de solide loyauté et aussi comme d'un pamphlétaire à succès. Au vrai, il se

1. CAUDRILLIER, *La trahison de Pichegru,* 34.
2. Rheinfelden a été réuni à la Suisse en 1801.

figurait l'homme tout autre et, d'après son nom éclatant, il l'avait imaginé grand, robuste, exubérant et pourfendeur[1]. L'aspect de ce chafouin, aux yeux perçants, au ton incisif et autoritaire, le décevait un peu; mais le visiteur se montra si fervent royaliste, il avait tant d'esprit, parlait politique en diplomate si expérimenté et faisait preuve de tant d'usage du monde que Fauche fut subjugué et sentit grandir son importance quand ce célèbre comte de Montgaillard, l'ami de Louis XVI et de la Reine, le commensal et le confident des princes et des hommes d'Etat de France, d'Allemagne et d'Angleterre, accepta, sans l'ombre de fierté, l'hospitalité que lui offrit le libraire et s'installa chez celui-ci pour y terminer son livre.

Fauche-Borel fut grisé par tant de condescendance : enfin il tenait à demeure un grand personnage, familier de toutes les Cours, avec lequel il lui était loisible d'échanger des considérations sur les événements et qui appréciait, lui, l'humble et bénévole dévouement du bon Neuchâtelois à la cause royale. De ceci Montgaillard ne se cachait pas, dût en souffrir la modestie de son hôte; il laissait habilement traîner des lettres, ou même donnait lecture des rapports qu'il adressait au comte d'Antraigues dont les bureaux de Venise concentraient la correspondance des agents royalistes, avoués ou secrets, disséminés en France et à l'étranger.

1. « Je me figurais que je verrais un homme d'une grande stature et d'un extérieur imposant. » (*Mémoires* de FAUCHE-BOREL, I, 206.)

Dans ces rapports de Montgaillard, le libraire sur-
prenait des passages tels que ceux-ci : — « J'avoue
hautement les obligations que je dois à M. Fauche,
car sa façon de penser honorerait le cœur des ministres... Les services qu'il a rendus à la bonne
cause exigent la reconnaissance du gouvernement,
car c'est la chose publique qui est redevable à
M. Fauche... » Et ces lignes plus enivrantes encore :
— « Je n'ai point hésité à faire part de sa conduite
à l'armée de Condé et, si j'avais les moyens d'en
instruire M. le Régent, je m'empresserais de mettre
sous ses yeux les services, si j'ose dire, *sublimes* que
M. Fauche rend à la monarchie française [1]... »

A la joie d'être si hautement prisé, de savoir les
grands de la terre informés de son nom et de ses
mérites, se joignait la satisfaisante vanité de traiter
en intime un gentilhomme de grand nom et de
pouvoir dire, à tout bout de phrases, *Monsieur le
comte*, ou même, *Mon cher comte*, et de produire un
tel personnage aux Neuchâtelois émerveillés. Bref,
Fauche-Borel déjà était envoûté et ne pouvait plus
se soustraire à la maléfique domination du roué.
Celui-ci, certain maintenant de son influence sur ce
pauvre homme dont sa clairvoyance avait vite pénétré la vanité et les ambitions, guettait, de Rheinfelden où il était retourné, l'occasion d'un « coup
magnifique ». Il apprit que l'Angleterre, « pour
aider les bons Français à rétablir dans leur patrie

---

1. *Mémoires* de Fauche-Borel, I, 214.

l'ordre et la tranquillité publique », était résolue à
fournir des subsides à l'armée du prince de Condé,
lequel, dès la fin de mars, « acceptait avec reconnaissance les bienfaits de Sa Majesté britannique[1]. »
Aussitôt le Pactole coula à Mulheim, bourgade
badoise où Condé avait porté son quartier général;
en moins de quatre mois, outre la solde et le ravitaillement de la troupe, le pauvre prince qui, peu
de temps auparavant, avait dû refuser 500 livres à
sa fille, recevait plus d'un demi-million et voyait
avec ébahissement, mais non sans quelque inquiétude, s'ouvrir à son actif un crédit de trois millions
et demi pour « services secrets[2] ». Il y a une corrélation frappante entre les premières averses de cette
pluie d'or et l'entrée en scène de Montgaillard. Le
jour même où Condé s'installait à Mulheim, Montgaillard y arrivait de son côté : avec sa jactance
insinuante, son habileté à convaincre, il eut vite
raison du faible prince et le conquit à son plan diabolique : il avait conçu le projet « d'acheter Pichegru », et il se faisait fort d'amener à la cause royale
le plus illustre des généraux de la République; il
suffisait de lui offrir « le bâton de maréchal de
France, le cordon rouge et la grand'croix, le château
de Chambord à vie, quatre-pièces d'artillerie enlevées aux Autrichiens, un à deux millions comptants,
120.000 livres de pension... » moyennant quoi les
troupes républicaines arboreront la cocarde blanche,

1. CAUDRILLIER, *La Trahison de Pichegru*, 29.
2. *Idem*, 30.

le drapeau fleurdelysé flottera sur tous les clochers d'Alsace et la forteresse d'Huningue ouvrira ses portes à l'armée de Condé. Le prince hésitait; il avait peur de s'engager sans l'assentiment formel du Prétendant, Monsieur, frère de Louis XVI, qu'on appelait *le Régent* et qui habitait Vérone. Pour brusquer les choses, Montgaillard mit à Condé « le marché en main », alléguant qu'il n'avait pas de temps à perdre, de graves intérêts réclamant sa présence en Italie. Condé, toujours timoré et tâtillon, le supplia de temporiser et de retourner à Rheinfelden, pour y attendre sa décision. Montgaillard obéit. Une semaine n'était pas écoulée qu'il était rappelé à Mulheim : le prince consentait à tenter l'aventure et voulait en arrêter au plus tôt les moyens d'exécution. Montgaillard répondit à cette invitation pressante par un long mémoire et prit, non point la route de Mulheim, mais celle de Neuchâtel.

Il avait réfléchi, en effet, que si « l'achat » du général Pichegru au moyen des millions de l'Angleterre, offrait au négociateur éventuel une occasion sûre de se signaler et de s'enrichir, elle ne laissait pas que de présenter aussi quelque péril. L'homme assez téméraire pour pénétrer en France, pour aborder le conquérant de la Hollande et pour lui proposer de trahir sa patrie, risquait fort de ne pas revenir d'une expédition si hasardeuse. Pichegru, à la vérité, n'était ni jacobin forcené, ni san-

guinaire; il ne taisait à personne son mécontente-
ment contre l'incurie des comités de la Convention
auxquels il imputait la misère de ses soldats. Mais
il pouvait se trouver à son quartier général des
représentants du peuple mal disposés à la conversation, et il y avait bien des chances pour que l'agent
secret du prince de Condé, s'insinuant en ce milieu
révolutionnaire dans l'intention de débaucher le
commandant en chef, fût traité comme un vulgaire
espion et fusillé sans forme de procès. Montgaillard
s'était donc résolu à partager l'aubaine : il garderait
pour lui-même les avantages et réserverait les dangers à son ami Fauche-Borel.

Arrivé chez le libraire, il y fut reçu « avec la plus
grande cordialité ». On causa politique; Montgaillard exalta de nouveau les services rendus par
Fauche à la bonne cause, thème d'un effet imman-
quable; puis il l'engagea vivement à entreprendre
le court voyage de Mulheim et à aller faire sa cour
au prince de Condé « qui avait quelque chose de
particulier à lui dire[1] ». Fauche, alléché, pensa qu'il
s'agissait de son imprimerie et se félicitait d'autant
plus de mettre toutes ses presses au service de la
Royauté française, que c'était l'Angleterre qui payait,
— et largement, les commissaires britanniques ne
paraissant inquiets que d'une chose, « c'était de ne
point dépenser assez d'argent. » Il se mit donc aussitôt en route, également ravi de la perspective

____

1. *Mémoires* de FAUCHE-BOREL, I, 224.

d'être admis chez une Altesse Royale et de la lucrative affaire qu'il entrevoyait. Trente-sept lieues séparent Neuchâtel de Mulheim par la route de Soleure et de Bâle ; il n'y avait pas de quoi rebuter le nomade libraire : il lui était réservé d'entreprendre de bien autres voyages, et c'était là le premier pas d'un vagabondage, qui, de vingt ans, ne devait plus cesser.

Quoique l'honneur d'être reçu par le prince de Condé lui montrât tout en beau, il eut une déception en pénétrant chez Son Altesse. Son imagination lui jouait des tours. Il s'attendait à voir un conquérant : il trouvait un homme timide qui lui fit un accueil aimable et, d'un air embarrassé, le traita en vieille connaissance : — « Mon cher monsieur Fauche... » Puis il le remercia de ses bons offices et de son dévouement ; Montgaillard n'avait point menti et avait chaudement vanté les mérites de son imprimeur. — « Or, poursuivit le prince, après s'être perdu dans quelques considérations préparatoires, je me suis déterminé à faire sonder les généraux de la Convention, et j'ai jeté les yeux sur vous pour porter les paroles du Roi au général Pichegru, afin de le déterminer à servir la cause de la monarchie en lui faisant connaître que la République n'est qu'une chimère. »

Fauche, stupéfait, craignait de comprendre. Quand le prince se tut, il essaya d'exprimer son étonnement et de se tirer au mieux de cette mauvaise affaire, protestant qu'il se sentait peu propre à rem-

plir une semblable mission ; « d'ailleurs, il était père
de famille, chef d'une maison de commerce qui
réclamait tous ses soins ; au surplus il n'avait pas
d'ambition et ne désirait rien d'autre que de vivre
de son travail parmi les siens... » Mais Condé ne
l'écoutait pas ; s'approchant de lui, il reprit : —
« Monsieur Fauche, je n'en choisirai pas un autre ».
La leçon lui avait été faite et bien faite : il posa la
main sur la poitrine du libraire, à la place du cœur :
« Vous avez cela là, et vous réussirez ». Quant à la
récompense offerte, elle était intéressante : dès la
Restauration accomplie, « un million, la direction
de l'Imprimerie royale, l'inspection générale de la
librairie de France et le cordon de Saint-Michel ».
En cas d'insuccès, mille louis indemniseraient
Fauche de son dérangement[1].

Comment résister à un si grand prince, — porteur d'un si beau nom, — qui s'attendrit en vous
parlant et propose de vous défrayer royalement pour
un voyage de quelques lieues? Certes ce voyage
n'était pas sans risques ; mais... un million ! — « Si
vous voyez un Genevois se jeter par la fenêtre d'un
cinquième étage, disait le duc de Choiseul, vous
pouvez le suivre en toute assurance : il y a cinquante pour cent à gagner ». Fauche fit le saut : il
ne se défendit plus, mit en bons termes son dévouement aux pieds de Son Altesse, pour qui il devint
aussitôt : *mon cher Fauche,* — et il sortit de là

---

1. *Mémoire concernant la trahison de Pichegru,* par MONTGAILLARD,
p. 10.

rayonnant d'orgueil, comprenant qu'il entrait de plain-pied dans la grande histoire. Il avait obtenu dix jours de répit afin de se préparer à ce rôle glorieux, et, dans la diligence qui le ramenait à Neuchâtel, il commença seulement à déchanter. En rentrant chez lui, il lui fallait instruire sa femme de l'extraordinaire expédition qu'il allait entreprendre :
— « Tu es un homme perdu ! » cria-t-elle en fondant en larmes. Lui-même ne dormit pas de la nuit. A l'aube, madame Fauche recommença ses lamentations ; mais bientôt ses pleurs cessèrent, elle se résigna héroïquement ; sans doute son mari lui fit-il comprendre que la rémunération de son sacrifice terminerait leurs soucis d'argent et assurerait leur avenir. Et puis Montgaillard était là, remontant les courages, s'occupant des passeports nécessaires, s'ingéniant à trouver des motifs qui justifiassent le terrible voyage : le mieux serait que Fauche prît sur la route la qualité de négociant et déclarât venir en France pour y acheter des biens nationaux. Sous le prétexte de ne point laisser le libraire se lancer seul dans cette périlleuse aventure, mais en réalité pour lui donner un surveillant, Montgaillard fit choix d'un second Neuchâtelois, ex-agent secret du roi de Prusse, nommé Antoine Courant, qu'il avait étudié à fond et qu'il jugeait être « d'un sang-froid imperturbable et d'une exceptionnelle intrépidité ». Quand il vit les deux hommes bien lestés par ses soins de papiers faux et de références mensongères, il avisa le prince de Condé de leur prochaine visite,

les mit en voiture, les « recommanda à Dieu » et partit pour Bâle où il allait paisiblement « attendre de leurs nouvelles [1]. »

On était au cœur de l'été de 1795; quand Fauche et son acolyte parvinrent à Mulheim, le prince de Condé hésitait de nouveau. Il craignait d'agir sans l'autorisation expresse du Régent qui, depuis quelques jours, s'était, à Vérone, proclamé Roi de France et de Navarre sous le nom de Louis XVIII, par droit de succession au petit prisonnier du Temple dont on avait récemment annoncé le décès. Pourtant Condé consentit à ce que Fauche tentât personnellement auprès de Pichegru une première démarche; il ordonna qu'on remît au libraire 7.200 francs pour ses frais. Le 26 juillet, Fauche et Courant retrouvaient à Bâle Montgaillard qui, de cette ville, assumait sans danger « la direction principale de la négociation » et auquel les deux émissaires devaient adresser leur correspondance. Puis, le 29 au matin, ils se mirent en route, se dirigeant, à tout hasard, vers Strasbourg.

Quelques cent mètres après les barrières de Bâle est la frontière française. Il y a là un poste de douaniers et de soldats. La chaise de poste qui porte Fauche et Courant doit s'arrêter; on examine leurs passeports : « Citoyens suisses »; aucune difficulté.

---

1. *Souvenirs du comte de Montgaillard,* publiés par CLÉMENT DE LACROIX, 49. On a vu que les émigrés français ne pouvaient séjourner à Bâle plus de vingt-quatre heures. Montgaillard se logea probablement au faubourg badois, sur la rive droite du Rhin.

La voiture poursuit sur le pavé d'Alsace, laissant à droite le chemin d'Huningue, première forteresse française dont on aperçoit les bastions à travers les arbres. Le soir même les voyageurs entrent à Strasbourg par la porte ci-devant Dauphine [1]. Dès le lendemain, Fauche se met en campagne : il apprend que Pichegru séjourne à Illkirck, village situé à six kilomètres au sud de Strasbourg; il s'y rend. On approche assez facilement du général auquel les Alsaciens font fête; mais trois représentants du peuple, Rivaut, Rewbel et Merlin de Thionville ne le quittent guère et on ne peut songer à l'aborder en leur présence : les commissaires de la Convention sont investis de pouvoirs illimités; ils ont sur les citoyens droit de vie et de mort, et un étranger trouvé, en temps de guerre, dans un camp retranché, est voué, sans espoir de miséricorde, au peloton d'exécution. Le 11 août, le bruit se répand que le général part pour Huningue; sur-le-champ Fauche court à la poste, commande des chevaux, monte en voiture et le voilà roulant de nouveau sur cette grande route d'Alsace qu'il a parcourue en sens inverse quelques jours auparavant. Son projet n'est pas de pénétrer dans Huningue, forteresse alors renommée, mais de s'arrêter à Saint-Louis, qu'on appelait en ce temps-là *Bourg-libre* et qui est situé à la bifurcation des routes de Strasbourg et de Paris

---

1. Il y avait, de Bâle à Strasbourg, 15 postes, soit 30 lieues. A huit ou dix kilomètres par heure, ce qui était la marche ordinaire des voitures de poste, le trajet était de 12 à 15 heures.

à Bâle. Pourtant, comme sa voiture fait halte à
Gross-Kembs, le dernier relais, tandis qu'on change
les chevaux, le maître de poste, trompé par l'apparence du voyageur et le prenant pour un commissaire de l'armée, le prie de vouloir bien permettre
qu'on place dans le coffre de sa chaise un panier de
comestibles attendu par l'aubergiste d'Huningue où
le général doit dîner avec son état-major et les commissaires de la Convention. Fauche s'empresse
d'accéder à la proposition ; elle lui offre un moyen
imprévu de pousser jusqu'à Huningue même et de
pénétrer dans l'auberge où se trouve Pichegru. Deux
heures plus tard, il passe les portes de la forteresse
et sa voiture s'arrête devant l'*Hôtel du Corbeau*, le
plus réputé de la ville et qui est tenu par le citoyen
et la citoyenne Schultz[1].

L'*Hôtel du Corbeau* était une de ces vieilles maisons alsaciennes où rien n'est sacrifié à l'apparat,
mais qui semblent être l'idéal du confortable tel

---

1. *Geschichte des stadt und chemalingen Festung Hüningen*, par
Karl TSCHAMBERG, Saint-Louis, 1894. On suit ici le récit de FAUCHE-
BOREL, *Mémoires*, I, 232 et suiv., identique à celui de LOMBARD DE
LANGRES, *Mémoires*, I, 20 et suiv. Les *Mémoires* de LOMBARD DE
LANGRES ont été publiés en 1823 : ceux de FAUCHE-BOREL en 1829. Il
ressort de ce rapprochement de dates que Lombard, connaissant le
libraire neuchâtelois, avait recueilli de lui le récit de sa négociation et l'avait noté avec précision. Il diffère peu de celui qu'écrivit
d'Antraigues d'après la relation ou sous la dictée de Montgaillard.
Ce n'est pas dire qu'il soit indiscutable. On n'a pu connaître que
par Fauche ce qui s'est passé et ce qui fut dit dans sa première
rencontre avec Pichegru, et le libraire était assez vaniteux pour
taire ce qui n'était pas à son avantage. Mais il paraît certain que
sa narration, si embellie soit-elle, présente des caractères de véracité, puisque, pour le fond, elle a résisté à la critique minutieuse et
savante à laquelle l'a soumise M. Caudrillier, dans son ouvrage la
Trahison de Pichegru.

qu'on l'entendait au xviii° siècle. Une vaste et
claire cuisine et une salle à manger au rez-de-
chaussée; une allée assez étroite conduisant à un
escalier de bois qu'il fallait gravir pour arriver au
salon, ou, pour mieux dire, à la « pièce d'honneur »
située au « bel étage ». Fauche-Borel, descendant
de voiture, est accueilli par l'aubergiste qui, tout
en déchargeant les victuailles envoyées de Gross-
Kembs, croyant, lui aussi, le nouveau venu attaché
à l'état-major, l'invite à se rendre au premier étage
où va être servi le dîner du général et de ses compagnons. Fauche, le cœur battant sans nul doute,
monte l'escalier et se trouve face à face avec Pichegru qui, dans l'attente du repas, se promène de long
en large en causant avec un de ses officiers. Le
libraire se place « de manière à être remarqué »
et, chaque fois que la promenade du général se
dirige de son côté, il le fixe avec insistance et
« affectation ». Soit que Pichegru reconnût cet
étranger pour l'avoir déjà trouvé, les jours précé-
dents, sur son passage, à Illkirck, soit qu'il comprît
que cet intrus avait quelque chose à lui communiquer, soit encore, — ce qui est plus probable, —
qu'il flairât en lui quelque solliciteur ou quelque
indiscret, il dit tout à coup, en élevant la voix : —
« Je ne dînerai pas ici, je vais à Blotzheim, chez
madame Salomon ». Et il quitte aussitôt la salle,
descend l'escalier, sort de l'auberge. Fauche le suit;
la pluie tombe « à torrents »; il offre son manteau à
l'aide de camp pour en couvrir les épaules du géné-

ral : — « Non, dit l'officier, le général ne craint pas
la pluie » et il ajoute, en s'éloignant, sans s'adresser
particulièrement à Fauche : — « Il va à Blotzheim,
dîner chez madame Salomon ; Blotzheim est à trois
quarts de lieue de la route et il y a des bains à
vendre ». Fauche-Borel prend cet aparté pour une
invite. Il rentre dans l'auberge, se place à la table
d'hôte, résolu à se rendre à Blotzheim après son
dîner. Mais, tout en mangeant, il s'avise qu'un des
convives l'examine avec attention ; il lui semble
reconnaître en cet importun qui, déjà, lui a posé
quelques questions insidieuses, un homme rencontré
plusieurs fois à l'*Hôtel des Trois Rois*, à Bâle :
quelque espion, sans doute. Il est urgent de déguer-
pir. Sans donc attendre la fin du repas, Fauche sort
de table, annonçant qu'il va revenir, appelle son
postillon, lui commande d'atteler, paie sa note,
s'installe dans sa chaise et donne l'ordre : — « Route
de Strasbourg ». Mais à peine la voiture a-t-elle
passé les portes d'Huningue, qu'il met la tête à la
portière et crie au postillon : — « A Blotzheim ».
Les chevaux s'arrêtent; l'homme discute : il lui est
interdit de quitter la route nationale. Un écu de six
livres, talisman tout-puissant en ce temps d'assignats, a vite raison de ses scrupules et la chaise
de poste, affreusement cahotée, se lance dans un
chemin de culture, traverse des labours et arrive
au village[1]. Fauche s'informe des « bains à vendre»,

1. Blotzheim est, en effet, situé dans les terres, à 3 kilomètres à
gauche de la route d'Huningue à Strasbourg, et, sur ce point topo-

se présente à la propriétaire, se déclare amateur,
visite l'établissement, tire de sa poche un crayon,
prend des notes, fait causer cette femme et apprend
d'elle que le général Pichegru vient d'arriver et est
descendu chez madame Salomon, au château voisin
du village. — « Comment! Pichegru est ici! Je
voudrais bien le voir. — Mon petit garçon va vous
conduire. »

Une belle avenue, une grille entrouverte. Fauche
la passe hardiment, demande à parler au général,
« au sujet d'une fourniture de vin de Champagne
réclamée par l'état-major[1] ». Tout de suite Pichegru
paraît : — « Vous cherchez à me parler? » Le libraire,
visiblement ému, expose que, possesseur de manuscrits précieux de Jean-Jacques Rousseau, il en
prépare une édition; il souhaiterait la placer sous le
haut patronage du général ; il a rédigé une courte
dédicace qu'il sort de sa poche. Pichegru saisit le
papier, le parcourt des yeux; quelques propos
s'échangent à ce sujet. Fauche est déjà congédié :

graphique, les indications de Fauche-Borel sont parfaitement
exactes. Il est difficile de comprendre comment Lombard de Langres
et aussi Montgaillard ont confondu Blotzheim avec Altkirch qui est
à six lieues de là et où jamais Fauche n'est allé. Peut-être, écrivant
de mémoire, d'après les récits du libraire, ont-ils confondu Altkirch
et Illkirck, le bourg voisin de Strasbourg, où celui-ci avait pour
la première fois aperçu Pichegru.

1. Ici les souvenirs de Fauche-Borel paraissent vaciller ; il prétend
que, en pénétrant dans la cour du château, il aperçut, à l'une des
fenêtres, Pichegru, vêtu d'une robe de chambre que, en avisant le
visiteur, il rejeta pour reprendre son uniforme; quelques lignes plus
bas, il dit : — « On avertit Pichegru; il sort du salon où il était avec
des dames et où l'on prenait le café ». Il semble que cette robe de
chambre et ce changement de costume sont inconciliables avec ce
salon et ces dames.

c'est le moment critique ; prenant sa résolution, il ajoute, parlant bas : — « J'aurais encore à vous parler de choses plus importantes... » Il joue sa vie à cette minute angoissante; peut-être, s'il prononce un mot, la foudre va-t-elle tomber sur lui; peut-être, d'ici un instant, va-t-il être saisi, lié, envoyé à la mort... Pourtant, il poursuit « d'une voix altérée » : — « Je n'ai pas craint de me charger d'une haute mission... — De la part de qui? — De Monsieur le Prince de Condé. — Et que me veut-il? — Général... le prince désirerait se concerter avec vous pour réunir son armée à la vôtre et lui faire prêter serment de fidélité au Roi... » Pichegru paraît surpris : — « Rien que ça? » La foudre pourtant n'est pas tombée; mais le ton du général se fait sévère : — « Quand avez-vous quitté le prince! — Le 28 juillet. — Où l'avez-vous laissé ? — A Mulheim. — Qu'êtes-vous devenu depuis ce temps? — Je n'ai pas quitté Strasbourg et ses environs, cherchant l'occasion de vous parler. — Il est vrai, je vous y ai vu : comment avez-vous pu pénétrer dans Huningue? — Par ruse et comme attaché à votre suite. — Avez-vous un passeport? Voyons-le ». Fauche présente son passeport au général, qui l'examine et le rend, disant : — « Il est en règle et peut encore servir ». Et, tout de suite : — « N'avez-vous aucun billet à me remettre de la part du prince? — Il eût craint de vous compromettre, et moi aussi. — Il faut pourtant savoir à qui l'on parle. Je connais son écriture. Qu'il me dise positivement ce qu'il me veut. S'il m'a cru bon Français, il ne s'est pas trompé. Soyez ici, après-demain, à cinq heures du matin. Vous avez tout le temps pour cela[1] ».

Pichegru rentra au salon : Fauche sortit du château, exultant de joie, n'en revenant pas de vivre encore. Il remonta dans sa chaise de poste; en une heure, il arrivait à Bâle, au moment même où les portes de la ville allaient fermer. Il courut chez Montgaillard, lui conta, sans modestie, l'éclatant succès de sa périlleuse expédition; on a voulu la rapporter ici avec quelques détails, car elle fut le début dans la « politique » de cet étonnant fantoche qui, de ce jour-là, se croira le plus rusé des diplomates et le plus irrésistible des négociateurs. Maintenant il ne lâchera plus Pichegru; on le verra évoluant sans cesse de la Cour du prince émigré au quartier général de l'armée républicaine; au cours de cette longue intrigue, qui n'aboutira qu'à une catastrophe, il ne cessera de crier victoire, annonçant pour le lendemain l'heureuse issue de ses agissements, faisant valoir son dévouement et son habileté, persuadé qu'il s'élève tandis qu'il s'avilit. Quel que soit l'aveuglement de sa vanité satisfaite, quelque sincères qu'il imagine ses convictions royalistes, il n'est pas vraisemblable qu'il ne sente point parfois l'odieux de son rôle. Corrompre c'est empoisonner, et voilà bien la tâche à laquelle il va désormais consacrer son activité et sa vie.

---

1. *Mémoires* de Fauche-Borel, I, 240, et Lombard de Langres, I, 213.

Au jour dit, Fauche, revenu du camp royal, se présente à Illkirck, chez Pichegru ; il porte, cousue sous l'aisselle, dans la manche de son habit, la lettre du prince de Condé. Il est introduit dans le cabinet du général où se trouvent quatre ou cinq officiers supérieurs, et le voilà pris de peur : serait-ce un conseil de guerre? Mais non; Pichegru congédie ses lieutenants, réclame la lettre, la lit d'un regard, et la remet à Fauche[1]. Il consent donc à négocier : l'affaire est « dans le sac », la Restauration imminente, et Fauche va se trouver millionnaire.

Dès son troisième voyage en Alsace, il y arrive cousu d'or : 112.000 livres qu'il a reçues de Wickham, le chargé d'affaires anglais en Suisse[2]. Se représente-t-on ce que peut être un tel trésor en ce pays de France où l'assignat de cent francs vaut douze sous et où la monnaie d'or et d'argent, voire de billon, a depuis longtemps disparu? Sans doute Fauche en a-t-il laissé quelque chose à Neuchâtel,

1. Fauche conte que Pichegru se serait servi de la lettre pour allumer sa pipe. Mais Caudrillier, d'accord avec Montgaillard, affirme que la lettre du prince fut rendue à Fauche; elle se trouve aux Archives de Chantilly; elle est ainsi conçue : — « Puisque M. Pichegru paraît penser comme je l'ai toujours espéré, il est absolument nécessaire qu'il m'envoie, avec un mot de sa main, un homme de confiance qui m'instruise positivement s'il veut et peut faire ce qui lui a été communiqué et à qui j'expliquerai de mon côté les avantages de tout genre que j'assurerai à M. Pichegru et à ses amis, s'il veut contribuer avec moi à sauver la France et à rétablir notre roi sur le trône. Sans la mesure que j'indique, les mesures peuvent se multiplier, perdre un temps précieux et compromettre un important secret. Louis-Joseph de Bourbon. » — Ni adresse, ni cachet.
2. Le 22 septembre, Wickham remit à Fauche-Borel une traite de 7.000 livres sur Carard et Cⁱᵉ, ses banquiers à Neuchâtel, et 1.000 louis d'or en espèces sonnantes. (CAUDRILLIER, *Pichegru*, 95, d'après la *Correspondance de Wickham*.)

où il s'est arrêté[1] ; mais c'est encore en Crésus qu'il
arrive au camp républicain. Il comble de cadeaux et
de « pourboires » ces malheureux officiers français
qui ne reçoivent plus que 8 livres par mois en numéraire ; il leur donne des montres, des bas, du linge.
L'adjudant-général Badouville, l'aide de camp et le
confident de Pichegru, — *Coco* ou *Cupidon* de son
nom de guerre, — s'attache aux pas du Suisse
opulent, ne le « quitte plus », se refuse à le laisser
partir avant qu'il ait « placé le reste de ses marchandises » ; et quand il lui écrit, signe : *votre ami pour
la vie.* Fauche distribue adroitement des bottes, des
souliers, des pièces blanches à nos pauvres soldats
exténués de misère : — « distribution, écrit-il, que
j'ai l'air de faire uniquement par compassion, en me
récriant sur les torts de la Convention de les laisser
manquer de tout. » Il répand des brochures pour
« éclairer » les troupes, et paie 100 louis par an le
rédacteur de la *Gazette de Deux Ponts* afin qu'il
rédige sa feuille « dans le sens le plus convenable[2] ».
Hélas, Pichegru lui-même est atteint par ses géné-
rosités : on éprouve une sorte de honte attristée à
lire dans Fauche-Borel la page où il rapporte comment, ayant relancé jusque dans sa retraite d'Arbois
le vainqueur de Menin, il lui glisse furtivement sous
sa couverture un rouleau de 500 louis. Même lui,
l'acheteur de consciences, n'ose pas mettre cet or
dans la main du glorieux héros ; un vestige de pudeur

1. Du 29 septembre au 1ᵉʳ octobre.
2. CAUDRILLIER, *Pichegru*, 111 à 113.

lui interdit ce geste offensant; peut-être sent-il
qu'exciter le mépris du général contre les politiciens
de Paris, émousser son énergie, éteindre dans son
âme démoralisée à l'égal de tant d'autres la flamme
patriotique, c'est aussi souiller à jamais la gloire du
plus fameux et du plus aimé des généraux de la
République.

Montgaillard s'était flatté, on l'a vu, de diriger la
négociation. C'est par ses mains que devaient passer
tous les rapports de Fauche ou de ses acolytes au
Prince de Condé, rapports qu'il se chargeait d'avan-
tager en magnifiant son propre rôle d'initiateur et
en atténuant de son mieux celui de ses collaborateurs.
Mais, avec son esprit futé, il ne fut pas longtemps à
s'aviser qu'il était dupé par ses compères. Fauche
s'engraissait de l'aventure[1], tandis que lui qui l'avait
conçue et machinée, vivait de maigres subsides
incessamment quémandés[2]. Dès le début de 1796, il
se confine à Rheinfelden avec son petit garçon[3] âgé
de neuf ans et son fidèle Du Montet. Durant trois
mois, il affecte de ne plus se mêler de l'intrigue;
mais reste-t-il aussi oisif qu'il veut le paraître?
Fauche le soupçonne, dès cette époque, de vendre
bribe à bribe les secrets de la négociation aux agents

---

1. Au dire de Montgaillard la négociation avec Pichegru aurait fait
passer par les mains de Fauche près de 280.000 livres. *Mémoires concernant la trahison de Pichegru*, p. 10, 12, 42, 62.

2. « J'étais réduit quelquefois à demander une somme de 20 louis
à mes propres agents, à ceux dont j'avais fait la fortune. »

3. Jérôme de Montgaillard, né en 1786. Montgaillard avait un
autre fils, né en 1790. Ces deux jeunes gens entrèrent dans l'armée
française et moururent au cours des guerres de l'Empire.

du gouvernement français. Le 22 février, le Directoire a donné l'ordre d'arrêter Fauche et Courant comme « espions des émigrés et des ennemis de l'extérieur » : qui donc, si ce n'est Montgaillard, a livré leurs deux noms? Quand, au printemps de 1796, Pichegru est relevé de son commandement et rappelé à Paris, Montgaillard encore est-il tout à fait étranger à cette disgrâce? Constatant dès lors que sa combinaison ne lui a pas procuré tout le bénéfice qu'il espérait, il y renonce; mais il essaiera cependant d'en tirer profit — en la dénonçant. Et le voilà en route vers l'Italie, par Carlsruhe, Stuttgart, Anspach, Munich où il s'arrête quelques jours en août. Ce diable d'homme jouit d'immunités singulières; ses poches sont bourrées de passeports de toutes mains; il voyage dans l'Europe en guerre plus facilement qu'on ne circule dans les rues de Paris. Le 2 septembre, il arrive à Venise, se présente audacieusement chez Lallement, ministre plénipotentiaire de la République française, diplomate de carrière, déjà âgé, « sans talent, mais de jugement sain et d'esprit conciliant[1] ». Montgaillard déclare au représentant de la France qu'il est prêt à servir désormais la nation avec autant de zèle qu'il en a mis à servir les Bourbons, « non point, certes, par intérêt ou par ambition; c'est à la gloire de son pays qu'il désire s'associer[2] ». Encore tout chaud de cette

---

1. *La chute de la République de Venise*, par A. BONNEFONS, 146.
2. *Archives nationales*, F7 6145, cité par CLÉMENT DE LACROIX, *Montgaillard*, 36.

protestation patriotique, il court chez d'Antraigues
qui est à Venise l'agent principal de Louis XVIII et
le grand dépositaire des secrets de l'émigration;
Montgaillard met à son service son dévouement
bien connu pour la cause de la monarchie légitime
et, afin de montrer son savoir-faire, il détaille toute
l'intrigue Pichegru, citant les noms des négociateurs,
spécifiant les dates de leurs tentatives, les résultats
obtenus, ceux qu'on escompte encore, — renseignements précieux dont d'Antraigues, qui prend note et
se tient au courant de tout, s'empresse de rédiger,
sous la dictée de son visiteur, un copieux exposé.
Là-dessus, Montgaillard quitte Venise; il n'a plus
rien à y faire. Il voudrait bien gagner Milan où se
trouve un « petit gueux » de général, nommé Bonaparte, dont on parle beaucoup et qui, sans doute,
serait « à vendre[1] »; mais son flair diabolique
l'avertit que cette affaire-là n'irait pas sans difficultés; aussi, repoussé aux avant-postes, il n'insiste
pas, remonte vers le Tyrol, revient à Mulheim, y
retrouve le prince de Condé, recommence à protester de son indéfectible attachement à l'auguste
famille des Bourbons. Il est reçu froidement, lève
le masque, insinue qu'il renonce à la politique, qu'il
désire rentrer en France et qu'il y emportera toutes

---

1. Il ne paraît pas douteux que Montgaillard conçut le projet
d'acheter Bonaparte. Pour ne pas se risquer lui-même en une entreprise qui offrait quelque danger, il écrivait à Fauche-Borel, l'invitant
à se rendre au plus vite en Italie « pour tenter une affaire capitale »
(CAUDRILLIER, *Pichegru*, 310); mais Fauche, occupé à manier en
Alsace les guinées de Wickham et qui, d'ailleurs, commençait à se
défier de Montgaillard, ne répondit pas.

les lettres confidentielles à lui adressées au temps
de l'affaire Pichegru par le prince de Condé, si celui-
ci ne lui paie 12.000 francs cette correspondance
compromettante pour un si grand nombre de gens.
Le prince s'engage et Montgaillard s'éloigne au plus
vite, emportant la traite — et les papiers. Fauche-
Borel se lance à sa poursuite; il est d'autant plus
intéressé à rejoindre Montgaillard qu'il a prêté à
celui-ci 75 louis et que son nom se trouve cité à
chacune des pages dont le portefeuille du fugitif est
bourré. Il suit sa piste jusqu'à Neuchâtel, le
découvre à l'*Hôtel du Faucon;* discussion acerbe,
rixe, lutte violente, pugilat dont Fauche sort victorieux, emportant, sinon les précieux documents, du
moins l'indication de la cachette où ils sont déposés[1].
Il les y dénicha et les expédia à Louis XVIII, sans
se douter que les plus importants avaient été sous-
traits ou copiés par Montgaillard qui, muni de ce
viatique et, sans doute, d'autres talismans tout aussi
puissants, rentra en France, quoique émigré, sans
l'ombre de difficultés, avec la conviction que la
démoniaque vengeance dont il avait perfidement
jeté les germes lui promettait une prochaine revanche.

En quoi il prévoyait juste. Quelques jours plus
tard, — le 16 mai 1797, — l'armée française prenait possession de Venise : d'Antraigues en fuite
était arrêté le 21 à Trieste et conduit au quartier
général de Bonaparte ; on saisissait sur lui la rela-

---

1. Chez la veuve Serini, à Bâle.

tion détaillée, dictée par Montgaillard, des conciliabules criminels de Fauche-Borel avec Pichegru. Bonaparte envoya la pièce au Directoire qui la reçut vers le 20 ou le 25 juin[1]. Si elle ne constituait pas une preuve positive de la trahison, elle fournissait du moins une arme terrible contre le général Pichegru qui, un mois auparavant[2], avait été élu président du Conseil des Cinq Cents. La popularité du conquérant de la Hollande était grande : tout le monde en France pressentait « que la république finirait par un militaire », et les partis attendaient de Pichegru quelque manifestation décisive. Les Directeurs eux-mêmes, dont la majorité lui était hostile, le ménageaient et le comblaient d'hommages. Lui, imperturbable, de caractère peu liant, méfiant et soupçonneux, « laissait dire, laissait faire, et se taisait ». Très modestement installé au quatrième étage d'une maison de la rue du Cherche-Midi[3], il ouvrait lui-même sa porte aux visiteurs, paraissait fier de son humble origine et dédaigneux des avantages auxquels lui donnait droit son illustration.

Cet été de l'an V fut une singulière époque : la France entière et particulièrement les Parisiens vivaient dans l'état d'esprit des spectateurs d'un drame auxquels un entr'acte accorde quelques instants de répit. On savait que, au signal d'un régis-

1. CAUDRILLIER, *Pichegru*, 338.
2. Le 1er prairial, an V. — 20 mai 1797.
3. Il semble bien qu'il eut à Paris plusieurs domiciles ; l'un, rue des Errancis, près Monceau, l'autre, rue de Clichy.

seur inconnu, le rideau allait se relever sur quelque chose de nouveau, mais on ignorait sur quoi. Comme unanimement on jugeait impossible le maintien du régime actuel, comme les élections du printemps avaient amené aux deux Chambres une majorité nettement anti-révolutionnaire, on prévoyait imminente la création d'un gouvernement provisoire avec Pichegru dictateur, — Pichegru le soldat victorieux qui s'empresserait de restaurer la Monarchie. La Constitution ne fournissait, d'ailleurs, au Directoire aucun moyen légal de résister aux volontés des deux Conseils : elle ne lui attribuait le droit ni de les dissoudre, ni de proroger leurs sessions, ni d'ajourner l'exécution de leurs décrets. En cas de conflit, un seul moyen : le coup de force ; mais, de l'avis général, ni l'adroit Barras, ni le chétif La Révellière, ni le rapace Rewbel n'assumeraient la responsabilité d'un si téméraire expédient : les deux autres Directeurs, Carnot et Barthélemy, par haine de leurs collègues, étaient acquis à la réaction. Ce qu'on ignorait, c'est que Barras et ses compères du « triumvirat », grâce aux astucieuses indiscrétions de Montgaillard, tenaient en réserve, contre Pichegru, une arme formidable et s'apprêtaient à le terrasser en le signalant au peuple comme un traître à sa patrie, ayant reçu à son quartier général les émissaires des ennemis de la France et accepté l'argent de l'étranger.

Le Directoire avait massé des troupes à proximité de la capitale ; Augereau et ses hussards étaient à

Paris, prêts à sabrer les royalistes ; mais ceux-ci se sentaient en force : les chefs des Vendéens et des Chouans circulaient audacieusement par la ville comme en pays déjà conquis ; on y rencontrait Frotté, Bourmont, d'Autichamp, Bruslart, la Roche-jacquelein, Rivière, Polignac, Puyvert, tous ceux qui, depuis cinq ans, conduisaient à « la chasse aux Bleus » les paysans du Bas-Poitou, du Maine et de Normandie [1]. Les émigrés rentraient en foule, grâce à de faux certificats de résidence fabriqués à Londres et qu'on vendait aux arrivants dans tous les ports de débarquement ; on s'en procurait même, moyennant finance, dans les bureaux des ministères et bien des gens assuraient que Barras amassait une fortune à ce commerce vaguement clandestin [2]. Ces revenants menaient joyeuse vie ; dans leur joie de fouler enfin le pavé de Paris tant regretté, ils se montraient aux restaurants en vogue, aux maisons de jeu, pêle-mêle avec les mouchards de Barras et les officiers de la garde directoriale. Le 17 fructidor, au restaurant situé à l'angle de la rue du Bac, face au Pont ci-devant Royal, un dîner réunissait dans la salle du bas les principaux chefs royalistes, tandis que, au premier étage, festoyaient Augereau et son état-major [3]. Chaque soir, dans tous les salons de la ville, on coudoyait des gens « frais débarqués d'au delà du Rhin, d'Angleterre ou de

1. CHASSIN, *Pacification de l'Ouest*, III, 45.
2. CHASSIN, *Pacification*, III, 51.
3. LA SICOTIÈRE. Frotté

Vendée, chacun ayant un nom de guerre et conservant un demi-incognito, car, pour un incognito complet, cela leur était impossible », tant était incorrigible leur étourderie et communicative leur belle confiance. Ces hommes aimables se préparaient au branle-bas par des badinages et des jeux de mots ; on aurait cru, à les entendre, que quelques plaisanteries devaient suffire pour renverser la République : ils surnommaient les Directeurs : *les cinq schillings*, parce que cinq schillings font en Angleterre la *monnaie d'une couronne ;* le Luxembourg était devenu *la Maison de Saint-Cyr*, — (de cinq Sires)[1] ; — on s'extasiait de cette calembredaine d'un joueur : « Nos cartes sont singulièrement brouillées ; nous avons, dans le jeu, *cinq rois* (les Directeurs), six valets (les ministres) ; en revanche nous manquons de *cœur*, nous sommes environnés de *piques* et les républicains resteront sur le *carreau* ».

Fauche-Borel s'indignait de la légèreté de « ces Décius à collets noirs[2] » ; car, on le pense bien, estimant sa coopération indispensable aux grands événements en expectative, il était accouru à Paris. Dès le milieu d'août, installé rue de Richelieu, à l'*Hôtel du Nord*, il jugeait que Pichegru, indolent par nature, avait besoin d'une direction forte et d'encouragements stimulants ; de la réussite éventuelle du général dépendait, d'ailleurs, pour Fauche-Borel lui-même, le gain du million promis par le prince

---

1. *Histoire secrète du Directoire*, I, 281.
2. *Mémoires* de FAUCHE-BOREL, II, 140.

de Condé, sans compter d'autres avantages également appréciables et, chaque matin, il allait, en grand mystère, rendre visite au futur dictateur afin de l'éclairer de ses lumières ; depuis deux ans il le harcelait de considérations politiques et le gardait, pour ainsi dire, à vue, comme on garde un billet de loterie sur lequel on compte pour gagner le gros lot. C'est une question de savoir si véritablement Pichegru acceptait bouche bée les délayages dont était prodigue le Neuchâtelois, ainsi que celui-ci s'en flatte, ou si, au contraire, comme le raconte Nodier, le général, excédé de cette éloquence, en reconduisant un jour le libraire jusqu'au bas de l'escalier, dit à son aide de camp : — « Lorsque monsieur reviendra, vous me rendrez le service de le faire fusiller [1]... ».

Ce qui importe, au surplus, c'est seulement de constater l'importance que s'attribuait Fauche : persuadé qu'il était l'un des piliers de la cause royaliste, il se montrait partout, affairé, ardelion surchargé de démarches et de préoccupations, courant de l'un à l'autre, « se concertant avec ces messieurs », fier d'être écouté, — un peu distraitement peut-être, — par les chefs illustres du parti, M. le comte de Bourmont, M. de Frotté, M. le prince de la Trémoille, et détonnant à coup sûr, parmi ces muscadins héroïques mais d'allure insouciante, par le ton solennel qu'il affectait maintenant, parlant de

---

1. *Souvenirs de la Révolution*, par CHARLES NODIER, I, 86.

soi-même et de ses exploits diplomatiques « avec
l'aplomb d'un théologien qui prêche le dogme [1]. » Il
avait eu plusieurs fois l'honneur d'entretenir Sa
Majesté Louis XVIII ; Monseigneur le prince de
Condé n'entreprenait rien sans prendre ses avis ;
cette haute faveur, dont il ne faisait pas mystère, —
au contraire, — lui valait une sorte de prestige aux
yeux de ces braves royalistes qui, depuis cinq ans,
guerroyaient pour ces princes qu'ils n'avaient jamais
vus. Fauche était si certain du succès qu'il n'avait
même pas pris la précaution de déposer à la police
son passeport sous un faux nom. Et voilà que, le
4 septembre, il est réveillé par un coup de canon
lointain. Il se lève en hâte, descend dans la rue,
avise des placards devant lesquels se groupent les
passants ébahis. Il lit : c'est le récit détaillé de ses
entrevues de Blotzheim et d'Illkirck avec Pichegru,
tel que l'indiscret Montgaillard l'a conté à d'Antraigues ! Le nom de Fauche-Borel s'étale là, en toutes
lettres, comme celui « du principal agent du Roi et
de l'Angleterre », qualificatif flatteur, mais redoutable. La foudre que tenaient en réserve les « trium-
virs » a frappé : Pichegru est arrêté ; les députés
royalistes sont sous les verrous, Carnot est mort ou
en fuite, Barthélemy gardé à vue. Barras est victorieux ; la Terreur renaît. Que faire ? Trouver un
refuge. Chez qui ? Sortir de Paris. Comment ?
Fauche se met en route vers Montrouge où habite Mer-

---

1. *Souvenirs de la Révolution.*

cier, l'auteur du *Tableau de Paris*, brave homme qu'il connaît et qui lui donnera certainement asile ; mais la barrière est fermée et il regagne le centre de la ville où, la veille encore, il comptait tant d'amis. De toutes les portes auxquelles il frappe, pas une ne s'ouvre : « ces messieurs » sont déjà terrés ou fugitifs ; et, tandis que le malheureux erre ainsi par les rues, s'attendant à tout moment à être happé par les agents du Directoire, apercevant à tous les carrefours l'affiche du coup d'État où son nom saute aux yeux, songe-t-il qu'il est la cause première de la catastrophe ; que les signalés services qu'il se targue d'avoir rendus à la monarchie légitime l'ont compromise, au contraire, peut-être pour toujours ; qu'il a perdu ceux qu'il prétendait sauver ; qu'il aura sa part de responsabilité dans les fusillades, les déportations, les emprisonnements, implacables représailles du faible Directoire triomphant ? Mais non, Fauche ne réfléchit pas à ces répercussions fatales ; il ne pense pas à en tirer une leçon, heureux encore de ne pouvoir lire dans l'avenir que, sur la voie néfaste où il s'est engagé, par puérile gloriole et désir du gain, toutes ses entreprises aboutiront à de semblables désastres. Il ne pense, pour le moment, qu'à son million évanoui et à sa tête qu'il faut sauver. Après de longues randonnées, il est revenu aux environs du Palais-Royal ; en traversant la cour des Fontaines, il rencontre un commis de la librairie Panckouke, avec lequel il s'est trouvé naguère en relations d'affaires et qui demeure tout près de là :

« Puis-je monter un moment chez vous ? — Oui, certainement, monsieur Fauche ; montez ; je vais m'informer de ce qui se passe et je reviens aussitôt. » Fauche se glisse dans la maison et retrouve un peu de son calme ; mais le commis reparaît, tout pâle ; il vient de lire les placards ; il a vu... Il craint d'être compromis et ne cache pas qu'il préférerait que son visiteur cherchât un autre asile. Fauche obtient de rester là jusqu'au soir ; sortir avant la nuit serait risquer la mort. Et le voilà, tapi dans une armoire, tandis qu'un commissaire de police, survenu vers midi, procède à une visite domiciliaire.

A la nuit close, il vaguait dans les rues désertes, dont seules rompaient le silence les galopades des hussards d'Augereau ; il traversa les ponts sans malencombre, s'enfonça dans le faubourg Saint-Germain et parvint rue Saint-Dominique au ci-devant hôtel de Luynes. Un avocat provincial, installé depuis quelque temps imprimeur à Paris et nommé David Monnier, a loué une partie de cette noble et vaste demeure pour y installer ses presses dans les grands salons dévastés. Fauche a correspondu jadis pour affaires de librairie avec ce David Monnier et celui-ci le reçoit joyeusement : « Vous êtes chez vous, dit-il, et vous êtes en sûreté ; à la moindre alerte vous n'avez qu'à tirer le cordon que voici »... Il le tire lui-même, une porte dérobée s'ouvre et découvre une cachette pratiquée dans l'épaisseur du mur. Monnier conduit ensuite son hôte au jardin de l'hôtel ; dans le tronc des vieux arbres

voisins de la clôture sont fichées de solides chevilles
de fer, formant échelons au moyen desquels on
peut atteindre la crête du mur et sauter dans la rue
de Grenelle. La maison est ainsi machinée depuis le
temps de la Terreur. Après avoir de la sorte rassuré
le proscrit contre les dangers d'une perquisition
improbable, Monnier l'installe dans « un bel appartement meublé en satin jaune », vestige de splen-
deurs abolies. L'imprimeur semblait, du reste,
accepter d'un cœur léger la catastrophe du jour : le
premier soir on prit le thé, en famille ; le lendemain
on eut pour invité « un Anglais » qui pouvait, à
l'occasion « rendre de grands services » ! « L'Anglais »
revint le jour suivant et cette fois la rondeur et la
bonhomie de Fauche le séduisirent si bien qu'il
divulgua sa véritable personnalité : il n'était pas
étranger, se nommait Botot et remplissait depuis
plusieurs années les fonctions de secrétaire particulier de Barras qui l'honorait de ses plus intimes confidences. Le Neuchâtelois ne fit pas non plus
mystère de son identité : il proclama qu'il était « ce
fameux Fauche-Borel » dont le nom flamboyait sur
toutes les murailles et il insista sur ce point « qu'il
ne fallait pas voir en lui un émissaire royaliste
subalterne, mais l'un des agents principaux de Sa
Majesté Louis XVIII » ; même il exhiba au secrétaire
de Barras « les pouvoirs qu'il tenait directement du
Roi ».

Botot prit très bien la chose : on causa des événements ; Fauche vanta la générosité et le haut

esprit politique des princes dont il possédait « toute la confiance » ; le secrétaire de Barras exalta de son côté la mansuétude et la puissante intelligence de son maître : on se quitta très bons amis.

Rien ne permet de mieux pénétrer la frivole psychologie de Fauche-Borel que son propre aveu des illusions dont sa pauvre cervelle était hantée en ces terribles jours de Fructidor. Pichegru qu'il a perdu et qu'il disait aimer part pour Cayenne; les nobles amis dont le libraire était si orgueilleux la veille sont emprisonnés ou fugitifs ; le parti qu'il servait se trouve brutalement anéanti; lui-même est réfugié chez un inconnu tandis que les sbires du Directoire le pistent par toute la ville... Il oublie tout cela; sa pensée est entière à la combinaison d'une nouvelle intrigue : il va maintenant « corrompre » Barras, lui acheter la France pour la vendre aux Bourbons ; le million perdu sur Pichegru, il le gagnera sur Barras; déjà se développent en son esprit toutes les phases de ce mirifique projet : par Monnier il aura Botot, par Botot il aura le Directeur; dans l'Europe enfin pacifiée grâce à son génie diplomatique, il se voit gratifié de titres et de richesses par les souverains reconnaissants, admis à la Cour des Tuileries, anobli, titré, chevalier des ordres du Roi, directeur de l'imprimerie de France... Il rêve à ces choses éblouissantes, la main sur le cordon de la cachette où il se jettera en cas d'alarme, et guettant le bruit assourdi du pas lourd et cadencé des patrouilles guidées par les policiers qui le cherchent.

II

L'AGENCE ROYALE

David Monnier et Botot, flairant en Fauche-Borel un songe-creux gonflé de prétentions plutôt qu'un dangereux conspirateur, jugèrent que ce naïf ne valait pas d'être arrêté ; il serait plus utile d'entretenir une correspondance avec ce prolixe agent des Princes que de l'envoyer à Cayenne ; ils lui procurèrent donc un passeport au nom de Louis-Frédéric Borelly, en lui laissant entendre, pour mieux l'amorcer, que cette faveur lui était accordée par Barras en personne, « comme preuve de ses dispositions franches et loyales ». Pour faciliter sa sortie de Paris, Monnier l'accompagna même, « en vertu d'un ordre spécial », jusqu'à Charenton, lui fit promettre qu'on s'écrirait, et accepta une traite de 7.200 francs que le libraire lui glissa dans la main avec sa magnificence habituelle. Cinq jours plus tard, Fauche passait la frontière, arrivait, de nuit, à Neuchâtel, où sa femme et ses enfants le pleuraient, le bruit de son arrestation et de son exécution s'étant répandu en même temps qu'on apprenait en Suisse les événements de Paris. Mais il ne séjourna pas longtemps dans sa petite ville : il s'y sentait trop menacé [1] et aussi trop indispensable ailleurs pour consentir à priver de ses services la cause des Bourbons ; en outre, il avait hâte d'entamer avec les confidents de Barras la négociation dont il venait de poser si habilement les bases ; enfin l'armée française menaçait la principauté de Neuchâtel, et il ne doutait pas que sa capture ne fût le but de l'expédition. Il quitta donc de nouveau les siens, passa en Bavière, gagna Augsbourg où il retrouva bon nombre de « fructidorisés » ; il y fut présenté à M. de Vezet, à M. de Précy, tous deux agents de Louis XVIII, et c'est ainsi qu'il s'affilia définitivement à cette vaste conspiration royaliste dont le Roi proscrit tenait les fils et qui comptait, disséminés dans toute la France et presque dans toute l'Europe, des complices en nombre infini dont l'histoire, si jamais on peut l'écrire, composera le plus étonnant chapitre des chroniques clandestines de la Révolution.

---

1. « 23 fructidor an V. Le Directoire exécutif arrête que les autorités constituées de Neuchâtel, en Suisse, seront invitées et requises d'apposer les scellés dans les maisons occupées par Fauche-Borel et par Courant, ci-devant au service du roi de Prusse, où se trouvent des papiers relatifs à la conspiration royale récemment manifestée à Paris. » (*Archives nationales*, F 7 4370.)

Le drame auquel sera mêlé Fauche-Borel paraîtrait invraisemblable, si l'on ne s'arrêtait à portraire tout d'abord le monde singulier auquel il va désormais s'adapter. Il ne s'agit pas, bien entendu, de présenter ici un tableau complet de ces agences secrètes qu'entretint en France le parti royaliste, depuis 1792 jusqu'en 1814, et de leurs insaisissables ramifications ; il suffit de fixer certains points de repère dans ce dédale presque inexploré, et d'esquisser quelques-unes des figures les plus caractéristiques de ce grouillement d'inconnus. Si cet aperçu semble peu flatteur, on ne doit pas oublier que les monarchistes se trouvaient mal préparés à la propagande politique : leur conviction, plus instinctive que réfléchie, était de celles qu'on ne discute guère ; elle tenait moins du raisonnement que d'une dévotion chevaleresque ; de là leur ferveur intransigeante, leur foi volontairement aveugle dans le succès toujours prochain, et, par suite, leur imprévoyance et leurs maladresses.

Après les grandes déceptions de 1792, le comte de Provence, régent de France depuis la mort de son frère Louis XVI, avait erré de Coblenz à Namur, à Hamm en Westphalie, à Livourne, à Turin ; il s'était fixé durant l'été de 1794 dans les états de Venise, à Vérone, et c'est là qu'il se proclama précipitamment Roi dès que circula le bruit de la mort de Louis XVII au Temple, événement depuis longtemps prévu, — on n'oserait écrire « désiré », — en l'attente duquel Louis XVIII occupait son impatience à « étudier

dans les ouvrages spéciaux le cérémonial du sacre » ;
il en avait même répété avec ses intimes les principales scènes « comme s'il eût été au moment de
partir pour Reims. » Sa cour de Vérone était
modeste, encore qu'il y tînt opiniâtrément son rôle
de Roi; dès son « lever », il était paré selon l'étiquette, « décoré de ses cordons et ceint de son épée
qu'il ne quittait que pour se mettre au lit. » Quand
il ne donnait pas audience, il s'enfermait chez lui
« et on l'entendait se promener en long et en large
avec beaucoup d'agitation[1] », seul exercice que lui
permettaient sa goutte et sa corpulence. Jamais il
ne sortait, passant des heures à lire le *Moniteur* et
autres journaux venus de France; il s'intitulait et
les Cours étrangères le nommaient *Comte de Lille*, et,
lorsqu'un visiteur lui donnait le titre de *Majesté*, il
poussait de profonds soupirs[2]. Sa table était peu
abondante, sans élégance; sa domesticité mal vêtue,
son appartement pauvrement meublé[3].

Le comte d'Avaray, son « capitaine des gardes »,
était le grand favori, l'intime, l'inséparable « un
véritable ami, une sorte de frère[4] » ; poitrinaire,
mélancolique, homme d'honneur et de loyauté, mais
opiniâtre, il était de ceux qui souhaitaient de for-
midables représailles comme don de joyeux avène-
ment de la monarchie restaurée; certains renchéris-

---

1. *Moniteur*, Réimpression, XXVII, 242.
2. *Idem*, et BARRAS, *Mémoires*, II, 109.
3. DAUDET, *Emigration*, I, 281.
4. DE LANZAC DE LABORIE, *Le Roi de l'Emigration*. (*Le Correspondant*, 25 mai 1907.)

saient, pour lui plaire : — « quarante-quatre mille têtes, une par municipalité », réclamait l'émigré Ferrand — ; « la pendaison de tous les survivants de l'Assemblée Constituante », exigeait le comte d'Oultremont ; — « point d'accommodements ! » conseillait d'Antraigues ; d'autres préconisaient « la fusillade en masse des acheteurs de biens nationaux. » Le duc de la Vauguyon, « premier ministre » du monarque exilé, se montrait plus modéré ; aussi d'Avaray l'avait-il pris en grippe ; le maréchal de Castries, bientôt évincé, le baron de Flachslanden, le marquis de Jaucourt complétaient le « Conseil du Roi » ; quelques gentilshommes, un chapelain, un secrétaire, deux commis formaient sa Cour et composaient ses bureaux. La maison de Vérone était « le temple de l'ennui » ; toutes les figures y étaient « allongées et bâillantes [1]. »

Il fallut pourtant quitter ce morne asile ; l'armée de Bonaparte approchait, et, quoiqu'on ne redoutât pas beaucoup « toute cette ladrerie de la Provence et du Languedoc conduite par un capitaine gueux[2] », la Sérénissime république de Venise invita Louis XVIII à s'éloigner. Il protesta et partit *incognito*, le 21 avril 1796, à trois heures du matin, seul dans une berline légère avec son fidèle d'Avaray, par la route de Bergame et du Saint-Gothard, tandis que la Vauguyon, « qui lui ressemblait beaucoup », prenait ostensiblement la route

1. *Moniteur*, Réimpression, XXVII, 241.
2. Le mot est d'Alfiéri.

du Tyrol [1]. Le comte de Lille traversa la Suisse, se rendant à l'armée des émigrés ; le 28 avril, dans la nuit, il arrivait à Riegel, en Brisgau, où le prince de Condé avait son quartier général.

Louis XVIII put se croire là véritablement Roi, tant les Condéens l'acclamèrent. Leur foi était si ferme qu'ils s'imaginaient tenir en lui la victoire; l'un d'eux, le jour où tous les corps de l'armée furent admis à l'honneur de « faire leur cour », vit l'exilé et demeura frappé de la majesté de cette réception : — « C'était, écrit-il, dans une méchante auberge ; au lieu du salon du trône, un *stube* enfumé et un huissier, ou celui qui en faisait les fonctions, ouvrant l'huis royal, ou plutôt une porte basse et mesquine dont il chercha vainement les deux battants en nous criant, comme d'usage : *Messieurs, le Roi!* — Le Roi parut; il portait l'uniforme gris de fer de l'état-major de Condé, avec ses épaulettes à couronne; sa taille, sans être svelte, n'avait pas cette obésité dont il eut tant à souffrir depuis; son buste était beau, sa tête remarquable par la noblesse et la régularité des traits et par cet air de sérénité qui annonçait de la confiance dans l'avenir; son organe était mélodieux et décisif. Il nous parla de sa situation sans jactance ni abattement et de notre dévouement à sa cause avec une vive expression de reconnaissance, et cela, sans descendre d'une seule ligne de sa sommité... Qu'on mette dans la même

---

1. CAUDRILLIER, *Trahison de Pichegru*, 257.

position un homme ordinaire, dépouillé du prestige
de la royauté, la scène ne sera que ridicule, burlesque même, qu'une plate et ignoble parodie.
Louis XVIII sut l'ennoblir, lui imprimer un caractère grandiose, la rendre sublime[1]... » C'était la
première fois qu'il figurait en Roi ; lui-même en fut
grisé ; il prit goût à la représentation ; il montait à
cheval, exercice qui lui était peu familier ; il passait
ces revues dont on faisait au Directoire des gorges
chaudes et où l'on voyait paraître, ricane Barras,
« des régiments de quinze, de dix et même de quatre
hommes : — Sire, voilà votre régiment d'Auvergne,
disait sérieusement le prince de Condé, voilà votre
régiment de Champagne, votre régiment de la Couronne... Les tambours battaient aux champs, le
canon tirait[2]... » Mais la présence du Roi à l'armée
gênait l'Autriche qui, comptant encore sur la
victoire, ne voulait par en partager les profits ; il
reçut l'ordre de s'éloigner et dut obéir. Où s'arrêter ?
Ce Bourbon errant épouvantait toutes les Cours de
l'Europe qui redoutaient, en lui donnant asile, les
représailles de la République française. Seul, le duc
de Brunswick consentit, par pitié, à le recevoir, sous
la condition qu'il n'habiterait pas sa capitale et
qu'il se logerait à l'auberge. C'est ainsi que, à la
fin d'août 1796, la « Cour de France » s'installe à
Blankenbourg, au pied du Harz, pays froid et bru-
meux, dans la chétive maison d'un épicier « dont la

1. Comte ALEX. DE PUYMAIGRE, *Souvenir de l'Emigration*, 430.
2. BARRAS, *Mémoires*, II, 111.

façade est toute en vitrage et dont les chambres
sont à peine logeables [1]. » Trois pièces : l'une devient
l'appartement du Roi; l'autre est réservée aux
« gentilshommes de service » et sert en même temps
de chapelle; la troisième est « la galerie », à la fois
salon et salle à manger. O Versailles [2]! Dans ce
taudis, Louis XVIII allait régner dix-huit mois, si
c'est régner que de dire : « mon peuple, mon sceptre,
ma couronne », et d'assurer, au moyen de corres-
pondances incessantes, la liaison entre une nuée
d'agents secrets ou se croyant tels, disséminés dans
toutes les régions du « royaume de France. »

Dès avant la chute de Robespierre le Roi avait à
Paris un émissaire, un espion pour mieux dire,
chargé de surveiller et d'activer les progrès de
l'esprit public. C'était Lemaître, désigné dans la correspondance sous les noms de *Letraine* [3], *Boissy* [4], *le
Juif* [5], et sous bien d'autres encore. Lemaître était né
conspirateur : la trigauderie, le mystère, les caches,
les dangers, les poursuites, les travestissements lui
étaient aussi indispensables qu'à tout autre l'air et

1. *Souvenirs* de MONTGAILLARD, 219.
2. Il y avait dans le voisinage un château appartenant au duc de
Brunswick, mais ce prince ne l'offrit pas; on n'osa pas le lui demander. C'était bien assez qu'il tolérât le séjour du comte de Lille dans
ses Etats, en feignant de l'ignorer. — DAUDET, *Emigration,* II, 376.
Cependant, vers la fin de son séjour à Blankenbourg, Louis XVIII
dut résider au château; la tradition locale l'affirme; les guides du
voyageur l'attestent; on montrait même, il y a quelque quarante ans,
les chambres qu'il y avait occupées.
3. *Moniteur*, Réimpression, XXVI, 209.
4. LOUIS BLANC, *Révolution, Les agents de Paris.*
5. CHASSIN, *Pacification de l'Ouest*, II, 129.

le pain. Secrétaire du Conseil d'État des Finances sous l'ancien régime, et domicilié à Paris depuis 1778, il avait été déféré au Châtelet pour des pamphlets sortis d'une imprimerie clandestine qu'il possédait à Belleville. Deux fois il eut les honneurs de la Bastille en compagnie de Madeleine Castillon, dite Goton, sa cuisinière et sa complice[1]. Quand vint la Révolution et qu'il présagea son triomphe, il se déclara contre elle, bien qu'il pût passer pour « une victime de la tyrannie », titre dont il eût tiré avantage; mais il préféra conspirer. On le voit, ou on croit le voir, parmi les émigrés, à Bâle, en 1794[2]; il avait dû se signaler, au temps de la Terreur, comme un habile homme et rendre à la cause royale d'éminents services qui n'ont pas été révélés, puisque, dès thermidor, en dépit d'antécédents peu recommandables, Louis XVIII l'élisait son représentant à Paris et lui confiait la direction de la plus importante agence[3]. Il faut croire que Lemaître ne prit pas la chose très au sérieux; même après la défaite de l'insurrection des sections, au 13 vendémiaire, il n'eut pas la précaution de se confiner chez lui : il fut « cueilli » par un inspecteur de police, au café de Valois, où il venait tranquillement lire les journaux et prendre sa demi-tasse; on trouva dans la cuisine de son logement, rue Sainte-Croix

---

1. En décembre 1785 et en juillet 1788. FUNCK BRENTANO, *Les prisonniers de la Bastille*, nᵒˢ 5208, 5209, 5255.
2. LOUIS BLANC, *loc. cit.*
3. Le 9 juillet 1791. CHASSIN, *Pacification de l'Ouest*, I, 23, note.

de la Bretonnerie [1], à peine dissimulée, mais très bien classée, toute la correspondance de l'agence royale et Lemaître, traduit devant une commission militaire, fut guillotiné en place de Grève [2]. Comme il était l'une des très rares victimes de la répression conventionnelle [3], on estima généralement que ce conspirateur obstiné savait trop de choses; « chacun souhaitait qu'il disparût pour qu'il n'eût personne à faire rougir ou périr [4]. »

Déjà, par ordre du Roi de Blankenbourg, une seconde agence fonctionnait à Paris, composée de l'abbé Brotier, du chevalier Despomelles et de Duverne de Praile, tous trois collaborateurs du malheureux Lemaître. Brotier [5], helléniste réputé, éditeur de Plutarque et du *Théâtre des Grecs*, quoique extrêmement ferré sur la morale d'Epictète, n'avait point peut-être les qualités de discrétion et de prudence qu'exigeait la délicate mission de représenter à Paris la monarchie proscrite. Il passait pour être disputailleur et inconséquent; l'abbé Maury disait de lui : — « S'il ne s'agit que de

1. *Moniteur*, réimpression, XXVI, 239.
2. Le 11 novembre 1795. *Journal des Français* du 21 brumaire, an IV.
3. Lebois et Lafond de Soulé furent, avec Lemaître, les seuls vendémiaristes exécutés.
4. Louis Blanc, *loc.cit.* On a imprimé, en l'an IV, par ordre de la Convention, la *Correspondance saisie chez Lemaître*. De nombreux extraits en ont été lus à la tribune et se trouvent au *Moniteur*. On peut consulter aussi *Pétition pour Pierre-Jacques Lemaître*, 7 brumaire, an IV.
5. André-Charles Brotier, neveu du grand latiniste Gabriel Brotier de la S. J., etait né en 1751, à Taunay en Nivernais. La vie de Brotier est contée par lui-même dans les débats de son procès devant le conseil de guerre, p. 143.

tout brouiller, on ne pouvait trouver mieux que l'abbé Brotier; il désunirait les légions célestes [1]. » Despomelles, ancien maréchal de camp, était plus ordonné; mais il vivait à Bourg-la-Reine et s'occupait presque exclusivement de diriger une vaste association qui, sous le nom *d'Institut philanthropique*, étendait ses ramifications dans toute la France. Despomelles s'illusionnait sur la puissance de cette société secrète : il était, écrit Mallet du Pan : « de ces hommes qui voient des clochers dans la lune. » Duverne de Praile, ancien officier de la marine royale, émigré rentré et caché sous le nom de *Dunan* dans sa propriété du Nivernais, était venu offrir ses services à Louis XVIII lors du passage de celui-ci à Zurich, en avril 1796; on l'avait employé à quelques missions en Angleterre et en Vendée [2]. Tels étaient les agents que le frère de Louis XVI autorisait « à parler et à agir en son nom pour tout ce qui concernait le rétablissement de la Monarchie [3]. » Il leur adjoignit La Villeurnoy [4], ex-maître des requêtes, dépossédé de sa charge par la Révolution, homme fin, de manières distinguées, mais besoigneux, soucieux surtout de trouver un mari pour sa fille et de gagner le titre de ministre

---

1. *Journal* de La Villeurnoy, publié par Honoré Bonhomme, 213, note.

2. Un long exposé de la carrière de Duverne de Praile, fait par lui-même, se trouve dans *Débats du procès instruit par le Conseil de guerre permanent de la XVII° division militaire*, 255 et suiv.

3. Lettre du 25 février 1796. CHASSIN, *Pacification*, 1, 23, note.

4. Charles-Honoré Berthelot de La Villeurnoy, né à Toulouse, vers 1750.

de la police dans la monarchie restaurée[1]. L'agence avait pour mission de se concilier les militaires, de corrompre l'Administration, de préparer des élections royalistes, tâche écrasante qu'auraient à peine menée à bien des politiques experts, connaissant à fond le personnel gouvernemental et l'opinion du pays ; les commissaires royaux étaient des novices, très confiants en leur propre adresse et trop enclins à prendre leurs désirs pour des faits acquis ; conspirateurs de comédie, fort communicatifs avec tout le monde et gardant entre eux seuls une réserve soupçonneuse, s'accusant réciproquement « d'imprudents bavardages, d'ambitions cachées, de défaut de zèle, de basses convoitises et même de trahison[2]. »

La première préoccupation des représentants du Roi avait été l'organisation de leurs bureaux, le recrutement des secrétaires, le classement de la correspondance : « il ne leur manquait qu'un livre de caisse et le répertoire des gens corrompus[3] ». Comme bien on pense la police connaissait aussi bien qu'eux le fonctionnement de l'agence, centre d'un va-et-vient incessant de complices et d'émissaires de tous rangs, pêle-mêle de turbulents, de fidèles, de vendus, de traîtres aussi ; on y verra Rochecotte, l'intrépide chouan, qui se fait fort, avec cinquante hommes, d'enlever les cinq Directeurs ;

1. FORNERON, *Emigrés*, I, 307.
2. DAUDET, *Emigration*, II, 21.
3. FERNAND ENGUERRAND, *Ange Pitou, agent royaliste et chanteur des rues*, p. 134.

— Bourmont, sous le nom de Regnard, agent principal du Roi en Bretagne et en Vendée, — l'héroïque et tenace Frotté et son ancien camarade du régiment de Colonel-Général, le prince Louis de la Trémoille, tous deux de même âge, également dévots de la royauté ; — un avocat de talent, Jean-Marie-François[1], ex-émigré, ex-précepteur des ducs d'Angoulême et de Berry, qui vit, rue de la Lune, dans une chambre machinée et pourvue d'une armoire tournante, permettant, en cas d'alerte, la fuite par un escalier dérobé[2] ; — Carlos Sourdat[3], jeune garçon de vingt ans, petit, chétif, au teint brun, aux cheveux et aux sourcils très noirs, aux yeux de braise, âme candide et cœur résolu[4] ; — deux vieilles filles, effacées et silencieuses, Madeleine et Josèphe More de Prémilon, servant de secrétaires à l'agence[5] ; — Bénard, employé dans les bureaux du Directoire, un des « corrompus », sans doute, qui s'est offert pour conquérir Barras à la cause royale ; — le baron allemand Léonard de Poli, éclopé à béquilles, chargé spécialement d'enroler de « bons garçons » pour le

---

1. Né à Chauffailles, Saône-et-Loire, en 1792.

2. François, condamné à mort en juillet 1798, acheta sa grâce par d'abondantes révélations et fut attaché au ministère de la police où il resta jusqu'en 1814. *Archives nationales*, F⁷ 6147, V. *Un agent de la police secrète, J.-M.-François.* Communication de M. Paul Montarlot à la Société d'Histoire contemporaine, 22ᵐᵉ assemblée, 20 juin 1912.

3. Son père, magistrat à Troyes, s'était offert en décembre 1792 à défendre Louis XVI devant la Convention.

4. V. les dossiers de Charles Philippe, dit *Carlos* SOURDAT, *Archives nationales*, F⁷ 6407, et aux Archives administratives de la Guerre.

5. FERNAND ENGUERRAND, *Ange Pitou*, 106, et note, 107 et note 2, 113 et note, 141-143 et 270.

coup décisif[1] ; — Dandré, l'ex-constituant, inféodé
à l'Angleterre « et à tous les partis qui peuvent
payer[2] », homme d'une laideur repoussante mais
d'une pénétrante sagacité et qui fait sa fortune à
servir un roi sans royaume ; — Jouve, autre « corrompu », chef de bureau au ministère de l'Intérieur,
acquis au parti monarchique[3] ; — un chanteur populaire, Ange Pitou, tour à tour et sans cesse arrêté,
mis en liberté, hué, applaudi et chantant toujours
ses vaudevilles aux carrefours ; — un grand seigneur, le prince de Carency, jeune débauché scep-
tique et séduisant qui, en sa qualité de fils du duc
de la Vauguyon, premier ministre de Louis XVIII,
est le confident de tous les secrets de la conspiration ; — un pauvre abbé normand, Julien-René
Leclerc[4], qui vit depuis quatre ans, tantôt caché
dans les fourrés du bois de Vincennes, tantôt à
Paris même, exerçant « l'emploi simulé » de clerc
de procureur ; signe caractéristique : un œil vairon ;
— un tailleur à façon, mué pour la circonstance
en « homme de loi ayant patente de commissionnaire[5] » et nommé Béranger-Mersix : il est l'un des

1. Voici quelle était la formule des engagements : — « Je soussigné
— promets et m'engage de faire tout ce qui dépendra de moi pour
rétablir sur son trône Stanislas-Xavier, Louis XVIII. J'en prête le
serment entre les mains de M.   . Je donne ma parole d'honneur d'obéir aux chefs qu'il me fera connaître et de ne me mêler dans
aucun mouvement que lorsque j'en serai prévenu par lui ». (*Débats
du Procès* Brotier, La Villeurnoy, etc., 131.)

2. Barras, *Mémoires*, II, 472.

3. Daudet. *Emigration*, II, 59.

4. Né à Bazoches-en-Houlme ou Bazoches-sur-Bohène, Orne, en
1762.

5. *Débuts du procès* Brotier, La Villeurnoy, etc., 98.

dépositaires des fonds de l'agence, et son petit garçon, âgé de dix ans à cette époque, se rappellera plus
tard que son père l'employait à porter aux conjurés
de l'argent, « dont ceux-ci, disait-il, paraissaient
user plus pour leurs besoins particuliers que pour
l'accomplissement de leurs projets[1]. » Ce petit garçon
deviendra le chansonnier Béranger.

L'or anglais coule à flots, en effet ; le chargé
d'affaires en Suisse du cabinet britannique, Wickham,
est en relations constantes avec l'agence au moyen
d'un émissaire « probe et roué » appelé Bayard[2] ;
Wickham envoie les fonds par virement du banquier
Jacques Martin, de Genève, sur le banquier Audéoud,
de Paris[3] ; celui-ci, suivant l'ordre de son correspondant, a ouvert un crédit à Bayard, mais il s'étonne et
s'inquiète de verser tant d'argent à un jeune homme
qui déclare, sans spécifier, « s'occuper d'affaires com-
merciales ». Il lui remet parfois jusqu'à 4.000 louis,
qui, en temps d'assignats, représentent une somme
quasi-fabuleuse. Or Bayard, quand il est à Paris,
loge chez sa maîtresse, une femme Mayer, « ci-devant comédienne », qui tient, rue de la Loi[4], un
restaurant dont Bayard a payé, — 20.000 francs, —
l'installation. Il reçoit là souvent la visite d'un cer-

1. BÉRANGER, *Ma biographie*.
2. Il paraît difficile de discerner lequel des trois frères de ce nom,
originaire de Saint-Claude, était l'homme de confiance de Wickham.
Charles, Louis et David Bayard semblent avoir servi simultanément
la cause royale et sont étiquetés à la police comme agents de l'Angleterre.
3. *Le Rédacteur*, 21 germinal, an VII, cité par Aulard. Réaction
thermidorienne, V. 462.
4. Rue de Richelieu.

tain *Julien* qui n'est autre que le jeune prince de Carency : lorsqu'il ne séjourne pas auprès de son père, le duc de la Vauguyon, à la Cour de Blankenbourg, Carency fréquente assidûment chez la Mayer, attiré par les charmes de l'ancienne comédienne et par le désir de rencontrer Bayard, toujours « cousu d'or. » Car le beau prince dépense beaucoup et ne se montre pas très scrupuleux sur les moyens de se procurer des ressources : l'année précédente, ne s'est-il pas avisé de se présenter aux autorités de Francfort comme étant l'ambassadeur d'Espagne auprès de l'Empereur d'Autriche et d'emprunter, en cette fausse qualité, une somme considérable aux riches banquiers de cette ville ! L'escapade s'est ébruitée et Brotier, Duverne de Praile et La Villeurnoy, les trois représentants de Louis XVIII à Paris, tiennent maintenant, autant que possible, à l'écart, le fils du premier ministre du Roi, leur maître.

Vers la fin de 1796, Bayard part pour la Suisse, en mission près de Wickham ; Carency, profitant du veuvage temporaire de la femme Mayer, s'offre à remplacer son ami dans les bonnes grâces de la dame et, pour se présenter sous tous ses avantages, lui révèle sa véritable personnalité, celle de Bayard ainsi que les grands intérêts politiques dont celui-ci est chargé ; puis il dévide tout le secret de la conjuration. L'effet n'est pas celui qu'il attendait : au lieu d'être flattée, la Mayer prend peur, disparaît[1],

---

1. Neuf ans plus tard la police impériale la cherchait encore vainement. Louis Bayard également demeurait introuvable ; son frère

et Carency, privé de sa maîtresse et de son ami, ainsi que des ressources qu'il tirait de l'un et de l'autre, commence à réfléchir que tout n'est pas rose dans le métier de conspirateur. C'était le moment où les commissaires royaux estimaient si bien préparées les voies de la Restauration qu'ils souhaitaient tenir sous la main, à Paris, un prince de la famille royale tout prêt à cueillir la couronne. Louis XVIII réservait cette tâche facile et glorieuse à son neveu, le duc de Berry, alors âgé de dix-neuf ans. L'un des membres de l'agence, Duverne de Praile, avait entrepris le voyage d'Angleterre afin de préparer l'entrée en France du jeune prince : il répondait de la tête de celui-ci comme de la sienne : il le conduirait par la Hollande et la Belgique jusqu'à Saint-Omer ; de là il gagnerait avec lui les environs de Paris, lui procurerait une carte de sûreté pour entrer dans la ville où vingt abris sûrs devaient s'ouvrir afin de recevoir l'avant-coureur du Roi[1]. La chose était donc décidée et Duverne revenait de Londres, fier d'un autre succès : il avait décidé les ministres anglais à verser 300.000 francs par mois à l'agence, plus 188.000 francs « pour habiller les troupes royales ! »

Et voilà que tout s'effondre en une demi-heure. Le 31 janvier 1797, Duverne, Brotier et La Villeur-

Charles s'était suicidé ; son frère David, employé dans un ministère, s'était, lui aussi, éclipsé. Voir, sur les Bayard et la femme Mayer, D'HAUTERIVE, *la Police secrète*, I, n° 951, II, à la table, et *Archives nationales*, F⁷ 6217, 6295, 6457.

1. DAUDET, *Emigration*, II, 48.

noy, fidèles à leur mission de « gagner habilement les officiers », se sont rendus chez le chef d'escadron Malo qu'ils se flattent d'avoir circonvenu et avec lequel ils ont pris rendez-vous à l'École militaire qu'il habite et où sont casernés tous ses dragons. Malo a caché deux de ces hommes sous les matelas de son lit : il reçoit les naïfs conspirateurs qui n'ont déjà plus de secrets pour lui ; ils lui exhibent, sans nulle méfiance, les pleins pouvoirs qu'ils tiennent de Sa Majesté Louis XVIII et dont ils ont pris grand soin de se munir. Aussitôt ils sont tous les trois happés par les soldats, conduits au bureau central, puis à la Tour du Temple redevenue depuis peu prison d'État. L'agence royale de Paris avait vécu. L'effet de cette arrestation fut, pour le petit monde de comparses qui gravitaient autour d'elle, celui d'un coup de bêche dans une fourmilière : chacun courut au plus pressé : le chevalier Despomelles, le seul des commissaires royaux qui fût encore en liberté, eut le temps de détruire les plus compromettantes des pièces conservées dans les archives ; la sœur de Duverne de Praile[1] brûla en hâte d'autres papiers ; Carlos Sourdat s'empara des brevets signés en blanc par le Roi et des portraits de Louis XVIII destinés à la propa-

---

1. Duverne, quoiqu'on en ait dit, n'était pas marié ; au cours de son interrogatoire, le président du Conseil de guerre lui demande : — « Etes-vous marié ? — Non, citoyen. — Vous avez cependant déclaré l'être. — Non, citoyen, je ne le suis pas ; je vis, depuis quatre ans, avec une sœur qui a eu la générosité de partager mon sort ; elle est venue à Paris avec une enfant orpheline qu'elle a retirée du couvent ; j'espérais par là cacher toutes les apparences, et c'est sous ce deguisement que nous avons vécu ensemble comme mari et femme ». (*Procès*, 271.)

gande[1] ; quant au pauvre abbé Leclerc, l'homme à l'œil vairon, il escamota les dossiers de Brotier et les croix de Saint-Louis que les commissaires royaux avaient le droit « de fabriquer et de distribuer[2]. « La police s'empara donc seulement des pièces que les conjurés ne parvinrent pas à détruire, et il arriva ceci, qui est vaudevillesque : au nombre des écrits saisis se trouvait une noble et généreuse proclamation de Louis XVIII que l'agence avait été fort empêchée de répandre : cette proclamation fut publiée au *Moniteur*[3] et reproduite dans nombre de journaux ; l'impression en fut immense et le chevalier Despomelles pouvait, sans hâblerie, écrire au Roi : — « Votre Majesté ne se doute pas du merveilleux effet qu'a produit sa proclamation... Cela lui a conquis une foule de partisans... » L'arrestation de ses commissaires valait donc à Louis XVIII un succès que ne lui avait jamais procuré leur maladroit dévouement.

1. Plusieurs de ces pièces furent saisies chez lui plus tard ; quelques-unes se retrouvent dans son dossier aux *Archives nationales* : F⁷ 6407. Sous les portraits se lit cette inscription : *qui oserait se venger quand le Roi pardonne ?* Les brevets revêtus du sceau de France et destinés aux membres du Conseil des Anciens sont ainsi conçus : — « Nous avons donné et donnons par ces présentes à M***, membre du Conseil des Anciens, le pouvoir de traiter en notre nom et aux conditions qu'il jugera convenables avec ceux de ses collègues qui voudront nous servir, donnant Notre parole royale de remplir les engagements qu'il aura pris avec eux, à condition néanmoins et non autrement, que les dits engagements auront été ratifiés par la personne qui lui remettra de Notre part le présent pouvoir. Donné sous notre seing et notre sceau ordinaire, le 5 avril 1797. Louis ». — La pièce, on le voit, était antidatée, probablement en vue des élections de cette même année.

2. Sur la fabrication des croix de Saint-Louis par l'Agence, V. *Procès* de Brotier, 219.

3. Décadi, 20 pluviôse, 8 février 1797.

Il faudrait raconter comment l'un de leurs affidés,
— Sourdat, bien probablement, — tenta audacieusement de les tirer de leur prison; comment, lorsqu'on apprit qu'ils allaient comparaître devant le Conseil de guerre, le brave Ange Pitou, le chanteur des
rues, s'évertua à les sauver en achetant leurs juges :
il dépensa à cette « acquisition » tout l'argent gagné
à chansonner le gouvernement et les sommes qu'il
emprunta sous sa garantie à des royalistes aussi
peu fortunés que lui[1]; comment, quelques jours
avant l'ouverture des débats[2], Duverne de Praile,
pris de peur, « avant même qu'on lui eût donné
l'assurance de la vie, comme il l'avait demandé »,
révéla le fonctionnement complet de l'agence,
dénonçant tous les affiliés, « leur résidence, leurs
ressources, les attenances de chacun[3]; » comment,
voyant tarir la source où il puisait, le cynique
Carency se mit aux gages de la police, de sorte que
les Directeurs eurent la joie de voir ce gentilhomme,
ce Paul-Maximilien-Casimir de Quelen de Stuer de
Caussades de la Vauguyon, prince de Carency,
époux de mademoiselle de Rochechouart-Faudoas,
beau-frère des ducs de Richelieu et de Pienne, fils
du premier ministre du Roi exilé[4], vendant son hon-

---

1. FERNAND ENGERRAND, *Ange Pitou*, 141 et suiv.
2. 11 ventôse an V, 1er mars 1797.
3. BARRAS, *Mémoires*, II, 322. Le texte des déclarations de Duverne
de Praile est reproduit par Barras.
4. Il est vrai que, depuis le 1er mars 1797, le duc de la Vauguyon,
pris par Louis XVIII en flagrant délit d'indélicatesse et d'indiscrétion,
avait été « chassé » par le Roi et remplacé par le comte de Saint-
Priest.

neur, son nom, son maître et ses amis pour payer
ses débauches [1]. On devrait esquisser aussi le procès
des conjurés devant le Conseil de guerre siègeant à
l'Hôtel de Ville : outre Brotier, La Villeurnoy et
Duverne dont ses compagnons ne soupçonnaient
pas les délations, comparurent devant les juges le
baron de Poly, Carlos Sourdat, Béranger-Mersix,
les demoiselles More de Prémilon et une douzaine
de complices obscurs. Après vingt jours de débats [2],
les quatre premiers accusés furent, à l'unanimité
des voix, déclarés coupables et condamnés à la peine
de mort, immédiatement commuée, et non moins
unanimement, par le tribunal, en quelques années
de détention. Les révélations de Duverne de Praile [3],
et aussi l'argent d'Ange Pitou [4] avaient contribué à
émousser les rigueurs de la répression. Brotier,
Duverne et La Villeurnoy furent écroués à la Tour du
Temple où l'on se promettait de les oublier [5]. Le
désarroi gouvernemental était tel, à ce printemps

1. Carency, après d'extraordinaires escroqueries, renié par tous,
même par son père, mourut fou à Paris dans une maison d'aliénés,
à l'époque de la Restauration. Il ne laissa pas de postérité.

2. Depuis le 22 ventôse jusqu'au 11 germinal.

3. En réalité, Duverne, en sauvant sa tête, avait sauvé aussi celles
de ses compagnons, le tribunal ne pouvant punir inégalement ces
conspirateurs également compromis. M. E. Daudet remarque que
Louis XVIII, d'abord indigné de la défection de son représentant,
se montra par la suite moins sévère. Lors de la Restauration,
Duverne reçut même une pension, ce que n'obtenaient pas facilement les plus fidèles serviteurs de la Monarchie. (*Emigration*, II, 61.)

4. Les demoiselles More de Prémilon attestèrent toujours qu'elles
devaient leur acquittement aux démarches du chansonnier. (F. ENGER-
RAND, *ouvrage cité*, 141-142.)

5. Duverne y fut *oublié* en effet; mais les deux autres, en fructidor, et sans nouveau jugement, devaient être joints aux déportés; ils
moururent tous deux à Cayenne.

de 1797, les fonctionnaires de tous ordres croyaient si peu à la durée du régime directorial que l'emprisonnement ralentit à peine l'activité des commissaires royaux : du fond de leurs cachots ils continuaient à participer aux « travaux » de l'Agence dissoute dont était seul titulaire leur collègue Despomelles, demeuré, comme on l'a dit, en liberté. Il correspondait avec un comité royal installé à Augsbourg et dont Wickham était l'homme important. Mais ce n'était là qu'un expédient : la monarchie comptait en France trop de partisans pour que le roi n'eût point, à Paris même, un représentant presque officiel : les prisonniers du Temple désignèrent donc à l'honneur périlleux de leur succéder l'abbé d'Esgrigny.

L'extraordinaire roman de ce royaliste sans notoriété permet d'entrevoir ce que dut être, au cours de la révolution, la vie de tant d'autres dont la chronique n'a retenu ni les noms ni les aventures. Ancien vicaire général de Mgr de Cicé, archevêque de Bordeaux[1], l'abbé d'Esgrigny, émigré en 1792, ayant fait partie de l'expédition de Quiberon, s'étant soustrait à la fusillade par un subterfuge ingénieux[2], erra durant un an dans la Vendée

---

1. L'almanach royal de 1791 cite un abbé d'Esgrigny comme titulaire de l'abbaye de Doudeauville, diocèse de Boulogne. Le revenu de cette abbaye était de *1.300 liv.*

2. Il se donna pour être un malheureux matelot engagé de force par les Anglais et soutint son rôle avec un naturel si bien joué, qu'il signa d'une croix sa déclaration. CHASSIN, (*Pacification*, I, 581.)

et en Bretagne, dormant rarement sous un toit, se
nourrissant de racines, dépisté par les chiens des
Bleus dressés à chasser le Chouan. Une femme charitable, madame de la Bougonière, informée de ses
misères, lui offrit chez elle un asile; mais il fallait
atteindre Angers où elle habitait, et l'abbé se mit
pédestrement en route à travers le Bocage et l'Anjou, ne marchant que la nuit, n'osant suivre les chemins. Il parvint exténué au but et se mit aussitôt à
excercer son ministère et à correspondre avec les
chefs royalistes. Or madame de la Bougonière était
la sœur de La Revellière-Lépeaux, l'un des cinq
membres du Directoire et le plus hostile « aux prêtres
et aux rois. » C'est donc chez la plus proche parente
de ce fanatique ennemi de la religion que, pendant
près d'une année, un ecclésiastique, réfractaire aux
lois de la République, célébra la messe et entretint une correspondance avec les ennemis de l'État.
C'est là que vint le trouver l'avis de se rendre à
Paris pour y remplir une mission importante. Il se
dirigea vers la capitale, toujours se cachant, réussit
à passer les barrières, se présenta chez Rochecotte
et prit l'intérim de l'Agence, ce qui lui valut une
lettre flatteuse du Roi : « Je n'oublierai jamais les
services que m'a rendus M. l'abbé d'Esgrigny dans
le temps où ils étaient le plus utiles pour moi et le
plus dangereux pour lui[1]. » Mais la tâche était trop
nouvelle pour ce pauvre prêtre depuis si longtemps

---

1. D'Esgrigny arriva à Paris le 22 février 1797, un mois après
l'arrestation de Brotier.

vagabond[1]. Despomelles s'était enfui, dépité, et l'agence royale restait sans direction effective. Il y fallait un chef ; mais on ne s'entendait pas sur les candidats acceptables et l'abbé d'Esgrigny, tiraillé et déçu, s'efforçait à se dérober. On en était là à l'approche de Fructidor : la légèreté, les divisions, l'imprudence, les querelles, les irréductibles illusions des royalistes avaient compromis cette institution que nul ne prenait au sérieux, et cela précisément à l'heure où la France, lassée de désordres et d'intrigues, appelait de ses vœux un gouvernement fort, honnête et stable qui lui rendît son calme bonheur depuis tant d'années aboli.

Le tableau serait trop incomplet si n'y figurait pas, au moins par spécimens, la foule d'émissaires utiles ou encombrants, de besoigneux plus doués d'aplomb que d'adresse, de contre-révolutionnaires sincères et ardents, de mystificateurs, d'étourdis, d'utopistes qui, par dévouement réel ou par intérêt, mettaient spontanément au service du Roi et de ses agences leur zèle souvent brouillon et compromettant. Bon nombre de royalistes, accoutumés depuis des années à la vie aventureuse de la Chouannerie, retrouvaient en ces équipées « l'espèce de satisfaction » d'aller de cache en cache et de vivre de cette existence de romanesques dangers « dont les hommes

1. Le 29 août 1815, l'abbé d'Esgrigny, aux environs de Nîmes, fut abattu à coups de fusil par des hommes apostés. Il resta vingt-quatre heures étendu sur la route, sans secours, et mourut dans de cruelles souffrances.

de ce parti avaient une si longue habitude[1]. » Ils s'exposaient à la mort, à la déportation ou, tout au moins, à l'emprisonnement; mais il semble que ce risque était pour eux un attrait de plus : cette lutte de ruses avec la police aiguillonnait leur activité.

Au premier rang de ceux dont on retrouvera les noms au cours de ce récit, il faut citer l'abbé de La Marre[2] : « quarante à quarante-cinq ans, grand bel homme, cheveux noirs poudrés, figure pleine »; au moral, si l'on en croit un bulletin de police, c'est un « atroce scélérat », jadis très lié avec Saint-Just et certains membres du Comité de Salut public. Il a des amis dans tous les camps, car, bien qu'étant sorti de France, il est rayé de la liste des émigrés. Fort de cette immunité, il retourne à l'étranger, se présente à Blankenbourg, séduit d'Avaray et obtient la confiance du Roi dont il devient le courrier préféré, sorte de plénipotentiaire nomade. Il circule incessamment entre l'Allemagne, la Suisse et Paris, passe les frontières sans malencombre, n'est nulle part inquiété ni suspect à personne : à peine se cachera-t-il à Fontainebleau dans les jours qui suivront Fructidor et il se remettra en voyage, portant les plans et les instructions du Roi aux agences, aux ministres étrangers, courant les routes en compagnie d'un valet de chambre « pâle, au grand nez », dans une « très jolie voiture anglaise, petite, toute

1. PASQUIER, *Mémoires*, II, 34.
2. ANDRÉ, dit Delamarre, *Archives nationales*, F⁷ 6371-6442 ; D'HAU-TERIVE, *Police secrète*, I, 513 ; II, 707, 865, 1282-1428.

neuve, de couleur jaune », que signalent les espions
que le gouvernement français entretient dans toutes
les grandes villes d'Europe. Il s'appelle tantôt *Falike*,
tantôt *Bellecombe* ou *David Pachoud*, et cette simple
précaution déroutera toutes les polices. Il a un logement à Leipsick, dans une tabagie, chez Wagner; il
y recevra son ami d'Avaray. Plus tard, à Londres,
pris de folie ou de dégoût, il dénoncera au comte
d'Artois « toutes les perfidies et les malversations
des principaux agents royalistes » et, à tous ceux
qu'il accuse, il adressera un répertoire de leurs
méfaits et de ses griefs; expulsé d'Angleterre à la
suite de cet esclandre, il sera « déporté » dans l'Allemagne du Nord, et cet exil mettra fin à sa carrière
diplomatique.

Un autre ecclésiastique, l'abbé Ratel[1], quoique
mentionné parfois comme « agent principal des
princes », est moins en vue que de La Marre. Ce
n'est point qu'il ne s'agite; complice de Brotier et
condamné comme tel à la déportation, il s'échappe,
gagne la Normandie, organise à Rouen une agence
de correspondance royaliste, passe en Angleterre,
est chargé par le cabinet britannique de porter une
somme d'argent considérable aux militants du parti,
rentre en France sous le nom de *Lemoine*, y reste
peu, retourne à Londres, vit là « joyeusement »,
forme de grands projets, n'en exécute aucun. —
Est-ce lui cet abbé R... qui s'offrira, en 1800, pour

1. Louis-Jean-Baptiste-Justin Ratel, né à Saint-Omer.

« frapper » le Premier Consul[1]? — Et quand on lui demandera des comptes, il les fournira si peu limpides qu'il cessera d'être employé ; d'autant plus que, depuis qu'il se mêle de politique, sa conduite n'est pas exemplaire ; une jeune femme, Julienne Sper, est trop souvent mêlée à ses aventures. Aussi, quand, à la Restauration, il se hasardera à réclamer la récompense de ses services, le gouvernement de Louis XVIII lui fera comprendre que sa présence à Paris n'est pas désirée, et il retournera en Angleterre[2].

Le marquis de Bésignan[3], lui, est un convaincu, par malheur écervelé. En août 1792, il a fortifié son château de la Drôme, armé ses gens et soutenu un siège contre les troupes du général d'Albignac qui dut employer le canon pour réduire le rebelle auquel, par compassion, « il accorda trois heures pour disparaître. » Bésignan s'enfonce dans les montagnes du Forez, lève une soixantaine de vagabonds à l'aide desquels il va triompher de la Révolution : on le retrouve à Rome, conjurant le Saint-Père de l'assister dans ce dessein, puis à Mulheim, au camp de Condé. Il propose un vaste plan d'insurrection du Lyonnais, du Velay, de l'Auvergne, de la Bresse et de la Provence. Wickham lui fournit l'argent, sans confiance, essaie de le retenir en Suisse ; mais Bésignan, pressé d'agir, part de Genève pour Lyon, por-

1. AULARD, *Paris sous le Consulat*, I, 638.
2. *Archives nationales*, F ' 6.439 et 6.624 et D'HAUTERIVE, *Police secrète*, passim.
3. Pierre-Charles-Joseph-Marie DUCLAUX, seigneur de Bésignan, né à Mirabel, district de Nyons, dans la Drôme.

tant dans ses bagages un volumineux paquet de
lettres et de mémoires au Roi, cinq cents pièces
« constituant le plus remarquable dossier de la croi-
sade contre-révolutionnaire avec l'interminable liste
des membres secrets du parti. » L'esprit tout absorbé
par ses vastes combinaisons, Bésignan oublie que la
douane française visitera ses porte-manteaux, ce qui
ne manqua point ; et le receveur du bureau-frontière
de Megrin, s'étonnant de ce monceau de paperasses,
les saisit et les envoya à ses chefs qui les expédièrent
au Directoire. L'insurrection de la région lyonnaise
en resta là, et tel fut le plus notoire exploit du marquis de Bésignan. D'Avaray disait de lui : — « C'est
un fol qui compromettrait le Père Éternel[1]. »

Sur Danican[2] tout le monde est d'accord : « le plus
vain, le plus bavard, le plus fanfaron et, en même
temps, le plus nul des hommes », disait Réal[3]. Soldat au régiment de Barrois, en 1782, gendarme en
1789, son avancement fut rapide : quatre ans plus
tard il était général de brigade et divisionnaire en
1795, malgré quelques heurts dans sa carrière : on
a dit qu'il fut protégé par Camille Desmoulins et
qu'il compta au nombre des « gardes du corps » de
Robespierre[4]. Comment ce pur révolutionnaire se

---

1. Sur BÉSIGNAN, *Archives nationales*, F' 6430 et U 1021. DAUDET,
Emigration, II, 9 et suiv. CAUDRILLIER, *Trahison de Pichegru*, 162.
Biographie du Dauphiné par A. ROCHAS.

2. Louis-Michel-Auguste THÉVENET, *dit* DANICAN, né à Paris, paroisse
de Saint-Séverin, le 28 mars 1764, fils d'un employé des Aides. Sa mère
se nommait Marie Guérin.

3. *Essai sur les Journées de Vendémiaire*, 56.

4. BARRAS. *Mémoires*, I, 148.

trouva-t-il investi du commandement des sections
royalistes insurgées, au 13 vendémiaire, contre la
Convention ? Personne n'a pu le dire, ni lui-même ;
cette inexplicable promotion lui valut d'être, durant
une soirée, l'adversaire, — vite en déroute, — de
Bonaparte, grand honneur pour un stratège de sa
taille. Il était loin déjà quand la commission militaire du Théâtre-Français le condamna à mort. En
Angleterre, où il se réfugia, sa quasi-gloire fut payée
d'une pension de 12.000 francs ; pour la gagner, le
« général » parcourra l'Europe, formant contre la
République des plans d'attaque dont pas un ne recevra un commencement d'exécution. Il ira chez le
Roi, à Blankenbourg ; chez Wickham, en Suisse ; se
posera en fier-à-bras ; on l'accusera, sans preuve,
de l'assassinat des plénipotentiaires de Rastadt ; il
menacera de débarquer à Paris et « d'enlever » le
Directoire ; plus tard, il parlera d'escamoter Napoléon. Les bulletins de police font de lui un épouvan-
tail ; puis, comme il n'entreprend rien, on l'oublie.
Lorsque Louis XVIII récupéra son trône, Danican
crut venue l'heure des grandes revanches : il n'obtint rien, ni une place, ni un écu, et mourut misérable, à Itzehoë, dans le Holstein, en 1848.

La monarchie proscrite n'avait pas que des partisans de cette sorte : beaucoup d'hommes modérés
et sages lui restaient obstinément fidèles et la servaient activement, mais sans fracas : tels Imbert
Colomès, l'ancien premier échevin de Lyon ; Camille
Jordan, autre lyonnais, d'une droiture et d'une pureté

modèles ; le vieux président du parlement de Besançon, de Vezet ; Précy, le héros malheureux de l'insurrection lyonnaise contre la Terreur, et nombre
d'autres dont la coopération, quoique plus efficace
que celle des tapageurs, resta volontairement effacée.
On peut même assurer qu'ils ne considéraient pas
sans tristesse la vaine agitation de tant d'étourdis,
voire de tant d'imposteurs avérés que la misère incitait à guigner le succès éventuel de la cause royale
comme une spéculation profitable, et qui s'y consa-
craient « à corps perdu », d'autant plus bruyants
et prometteurs qu'ils ne se sentaient pour talent que
leur audace, pour préparation que leur besoin de se
signaler ou de soutirer quelques louis : — « des fan-
tômes dans les ténèbres », écrivait d'eux Mallet du
Pan. Ceux-ci sont légion : on les reconnaît tout
d'abord à une disproportion flagrante entre l'énor-
mité de la tâche qu'ils s'offrent à remplir et la modi-
cité du salaire qu'ils mendient : comme cet inconnu
qui, moyennant 720 francs, prétendait acheter les
cinq Directeurs et les amener soumis et repentants
aux pieds du Roi ; — ou cet autre qui, plus tard, sollicite l'envoi de douze louis qui lui sont nécessaires
pour rallier Bonaparte au parti des Bourbons ; — ou
ce troisième, médecin au pays de Gex, qui, à très
bas prix, propose au prince de Condé « d'introduire
la peste en France[1] ». Hors les quémandeurs atteints
de folie manifeste ou les fanatiques offrant leurs

1. D'HAUTERIVE, *Police secrète*, II, 214.

poignards, Louis XVIII ne rebute personne; il
répond à tous; non point qu'il imagine tirer jamais
parti de ces extravagances; mais il ne veut décourager aucun dévouement, si obscur et si saugrenu soit-
il. Quoique chacune des heures de son exil lui apporte
une leçon, et qu'il acquiert peu à peu « cette grande
vertu royale » dont parle Casanova « et qu'on nomme
la dissimulation », il demeure crédule à tout ce qui
le flatte. Il est entouré de conseillers méfiants dont
l'affection le devrait mettre en garde : d'Avaray
veille à écarter les indiscrets; le duc d'Havré a montré le danger d'employer des personnes « qui, jouis-
sant de peu de crédit, compromettent à la fois ceux
qu'ils servent et ceux qui les secondent [1] »; mais
eux-mêmes, par amour pour leur maître, écoutent
les dupeurs dont les vantardises bercent leurs illusions. Qu'importe, au reste, ces vilenies ?
Louis XVIII se sait armé d'une force qu'aucune
puissance humaine ne peut entamer ni détruire : son
« droit ». Il est sans ressources et sans asile; il n'a
pas de quoi vêtir ses valets ni garnir sa table; mais
il est le Roi de France; c'est parce que personne au
monde ne peut lui ravir ce titre que les guerres
sévissent et que tous les trônes sont ébranlés. Quels
que soient les hommes qui usurperont sa place,
tyrans redoutés ou conquérants invincibles, ils ne
seront jamais que des aventuriers et des éphémères.
Lui-même ne peut pas vouloir qu'il en soit autre-

1. DAUDET, *Emigration*, II, 385, note.

ment; sa disparition ne changerait rien à cette imprescriptible préordination ; sa mort ne serait qu'un incident sans portée : et c'est là sa pensée constante, sa religion, sa foi, sa certitude. Le jour où il quitta l'armée de Condé, à Villingen, dans la Forêt Noire, comme la balle d'un assassin demeuré inconnu avait effleuré son front, et que son entourage épouvanté manifestait ses craintes et son indignation, quelqu'un dit : — « une ligne plus bas, pourtant ! — Eh bien, fit Louis XVIII, le Roi de France se fût appelé Charles X ». Telle était toute sa politique, et l'habileté des plus experts diplomates, la formidable puissance des armes, devaient rester sans prise contre ce roc inattaquable.

Ce succinct exposé des moyens et du personnel dont le parti royaliste disposait est nécessaire à l'intelligibilité des incidents qui vont suivre : sans ce préambule on serait en droit de s'étonner que, débarquant à Augsbourg, parmi les émigrés, Fauche-Borel fût pris un seul instant au sérieux. Il y retrouvait toutes les « fortes têtes » du parti, composant ce qu'on appelait « l'agence de Souabe », — Précy, de Vezet, Imbert Colomès, Dandré, — sans parler d'un certain nombre de « fructidorisés » groupés là pour garder le contact avec Wickham, le grand distributeur des millions de l'Angleterre. Ces gens, sagaces pourtant, avaient tous été en rapport avec tant de visionnaires ou d'exploiteurs qu'ils n'en étaient plus à compter leurs erreurs et leur déception : soit

indélébile courtoisie, soit conviction que le négociateur de l'affaire Pichegru pouvait rendre d'importants services, le libraire neuchâtelois fut reçu en
renfort appréciable : c'est ainsi que, trop porté déjà
à se croire un personnage, il prit, de la confiance
qu'on lui témoigna et de la politesse avec laquelle
on écouta ses amplifications, une opinion démesuré-
ment avantageuse de sa valeur. Tout concourait par
malheur à entretenir cette illusion : lorsque, quittant
Augsbourg, il arriva à Berlin, comme on était
curieux de questionner un échappé de Paris, il fut
prié à dîner par le prince de Reuss, avec Son Excellence le comte Panin, ambassadeur de Russie, Son
Altesse le feld-maréchal Repnin, envoyé extraordinaire du Czar, et lord Elgin, ambassadeur d'Angleterre auprès de Sa Majesté Prussienne. Fauche les
intéressa « vivement[1] » en leur parlant du 18 fructidor et de Pichegru ; il confia aux éminents convives,
— et par la même occasion à tous les serviteurs
qui tournaient autour de la table, — « le projet qu'il
avait conçu de gagner Barras à la cause des Bourbons ». — « Tout ce que je leur dis parut leur faire
impression », écrit-il, et cela doit être authentique,
car ces diplomates de carrière, taciturnes et impéné-
trables par habitude professionnelle, devaient juger
unique en son genre ce conspirateur qui prenait, en
leurs personnes, pour confidents tous les cabinets de
l'Europe. Il aurait bien voulu s'en expliquer avec le

1. *Mémoires*, II, 190.

Roi Frédéric-Guillaume et sollicita une audience qu'il n'obtint pas; le Roi se privait des conseils du libraire « pour ne pas contrarier la politique de ses ministres ». Fauche se contenta donc d'exposer ses vues au comte Haugwitz, ministre des Affaires étrangères et président du Conseil. Ce qui le frappa dans cette entrevue c'est que le chef du cabinet prussien avait passé, pour le recevoir, son grand uniforme et arboré toutes ses décorations. Haugwitz se leva de son fauteuil pour accueillir son visiteur qui, « fort à son aise », parla « sans déguisement... des dangers de laisser la Révolution s'étendre sur toute l'Europe », sujet vaste et vague.

Il fut écouté « avec beaucoup de soin », et l'Excellence lui exprima sa gratitude par ces paroles textuellement rapportées : — « C'est bien précieux ce que vous nous dites, monsieur Fauche, nous vous en devons des remerciements[1] ». Sur quoi le libraire se retira et se prépara à partir pour Londres « où il était appelé par le ministère britannique ». Il l'assure et, peut-être, le croyait-il : car, on n'en saurait douter, le malheureux était dès lors atteint d'une aberration d'un genre assez rare et qu'on pourrait désigner sous le nom de mégalomanie diplomatique. Les crises de cette vésanie allaient désormais se succéder avec une intensité progressive, jusqu'au jour, lointain encore, où le pauvre homme succomberait à son mal dans un dernier coup de délire.

1. *Mémoires*, II, 200.

Dans l'été de 1798, il embarque pour l'Angleterre, et, là encore, révèle à qui veut l'entendre, qu'il se dispose à « corrompre » Barras et va clore par ce coup d'éclat l'ère des révolutions. Il donne quelques avis au cabinet britannique, indique « la route qu'il faut suivre pour obtenir des résultats décisifs[1] », secoue la torpeur des agents du Roi, et s'insinue en conseiller chez tous les hommes d'État. — « Il y a dans les Cours, écrivait La Bruyère, des apparitions de gens aventuriers d'un caractère libre et familier, qui se produisent eux-mêmes, protestent qu'ils ont dans leur art toute l'habileté qui manque aux autres, et qui sont crus sur leur parole. » Fauche-Borel était de ceux-là.

Quand, au début de l'hiver, il se décida à regagner Hambourg, une désagréable surprise l'attendait : il avait si souvent et à tant de monde exposé son projet de « corrompre » Barras, qu'un émigré, M. de la Maisonfort, auquel il avait ressassé sa combinaison, se l'était appropriée, jugeant l'idée fructueuse, et s'en faisait gloire auprès de Louis XVIII. Fauche cria « au voleur » ; en vain l'infortuné libraire revendique l'idée de « l'affaire », s'efforçant d'en évincer la Maisonfort et d'y reprendre le premier rôle ; elle l'absorbe durant toute l'année 1799. Il court de Hambourg à Berlin, à Mitau, en Courlande, où se trouve maintenant Louis XVIII, se fixe à Wesel, sur le Rhin, pour être plus à portée des

1. *Mémoires*, II, 206.

espions que lui dépêche Barras et que Fauche prend sottement pour des émissaires. Il se dit sûr de réussir, et peut-être ici ne s'illusionne-t-il pas, car il est très possible que Barras ait conçu le projet de vendre aux Bourbons la République qu'il sentait parvenue à son terme et dont il n'attendait plus aucun avantage. Fauche reçoit de Paris des lettres encourageantes : *tout va bien*, ou : *sous peu de bonnes nouvelles*. Il va les attendre à Francfort et là il apprend, avec stupeur, par les gazettes, la chute du Directoire : un nouveau pouvoir s'élève ; Barras s'effondre et, avec lui, la machination de Fauche-Borel qui, pour la seconde fois, voit, à la veille du succès, sa diplomatie déjouée par les soubresauts de la politique française.

Ce grand événement se repercuta, comme on le sait, dans toute l'Europe ; la Révolution était terminée ; les puissances armées contre la France allaient se résigner à traiter avec le nouveau consul. Fauche-Borel, lui, ne désarma point ; au printemps de l'année 1800, il part pour l'Angleterre « dans l'intention d'éclairer les ministres de Sa Majesté Britannique[1] ». Ceux-ci, pour se débarrasser sans doute de cet encombrant rêveur, le chargent de porter une dépêche à Wickham, qui se trouve aux environs de Vienne. Fauche traverse l'Europe « à toute chaise » ; il voyage à présent en personnage de marque, heureux de vivre, de rouler sans arrêt, de descendre aux

---

1. *Mémoires*, II, 345.

bonnes auberges ; il aime ce mouvement continu qui berce ses chimères, la traversée des petites villes, l'admiration des bonnes gens qui, du pas de leur porte, contemplent au passage ce grand seigneur vite entrevu, bien rencogné sur les coussins, se rengorgeant, la face épanouie, ses gros yeux à fleur de tête, tandis que le postillon, le cornet aux lèvres, sonne une fanfare et que le maître du relais, bonnet bas, s'empresse à servir *Son Excellence*. Il va ainsi, en moins d'un an, de Vienne à Wesel, à Hambourg, retourne à Londres, retraverse l'Europe pour atteindre Baireuth, revient à Francfort, et, pour la première fois depuis quatre ans, s'arrête enfin, dans l'été de 1801, à Neuchâtel, — chez lui, — et revoit sa maison, sa femme et ses enfants.

Sa bourse était bien garnie, car, pendant ce séjour, il acheta[1] cinq cents louis un beau terrain à quelque cent toises de la ville, dans un site agréable, au lieu dit *le Vieux Chatel* et s'occupa aussitôt d'élever là une maison de campagne. Mais il était écrit que la politique aurait toute sa vie et, comme sortaient à peine de terre les fondations de l'immeuble projeté, Fauche reçut de Londres une lettre l'invitant à se rendre au plus tôt auprès des ministres anglais. L'Europe, — en paix cependant pour la première fois

1. D'après les archives de l'Etat de Neuchâtel, cette acquisition n'aurait eu lieu qu'en novembre 1802 : or, à cette date, on le verra, Fauche était loin de sa ville natale. D'après ses *Mémoires*, il aurait acquis le terrain et commencé la construction de sa maison dans l'été de 1801.

depuis dix ans, — a besoin de son concours : il part[1], prend la route de France, traverse Paris, bien qu'il n'ignore pas que la police consulaire le guette, gagne Calais sans être inquiété, et arrive à Londres. Il apprend là que le cabinet britannique lui réserve une mission de haute confiance et dont la réussite exige une habileté sans pareille : quoique le gouvernement anglais ait signé la paix avec la République française, il n'a pas renoncé à replacer les Bourbons sur le trône : il veut abattre Bonaparte et, pour obtenir ce résultat, opposer à son prestige, de jour en jour grandissant, celui de deux hommes dont le nom est demeuré populaire et qui sont aimés de l'armée : Pichegru et Moreau. Pichegru, échappé par prodige à son exil de Cayenne, est à Londres ; il consent à se rapprocher de Moreau, et c'est lui qui a désigné aux ministres de George III Fauche-Borel comme étant le seul homme capable de mener à bien la réconciliation désirée. Fauche partira donc pour Paris afin de tâter les intentions du vainqueur de Hohenlinden. Telle est la version du libraire ; il est probable que la vérité s'y trouve tout au moins « embellie ».

Ce qui est sûr c'est qu'il quittait Londres le 5 juin

---

1. Le dossier F⁷ 6319 ᴬ, aux Archives nationales, contient ce passeport : — « Nous, les quatre ministraux de la ville de Neuchâtel, en Suisse, prions et requérons tous gouverneurs de villes de laisser passer et repasser M. Louis Fauche, bourgeois de cette ville, négociant, 39 ans, taille 5 pieds 4 pouces, cheveux et sourcils châtains, yeux gris foncés, menton à fossette, bouche grande, visage plein, qui se rend à Genève pour ses affaires, 28 septembre 1801. » Ce doit être la date à laquelle Fauche quitta Neuchâtel.

1802 et, soit qu'il poussât l'inconscience jusqu'à
la témérité, soit que l'amour des lucratives intrigues
l'eût aveuglé au point de lui ôter toute prudence,
six jours plus tard il s'établissait à Paris où, depuis
près de cinq ans, son nom et son signalement étaient
connus des policiers de tous grades. On peut croire
que, semblable en cela à beaucoup de ses contemporains, il jugeait attrayante cette vie romanesque et
périlleuse du conspirateur contraint à la double face,
à la dissimulation, aux feintes incessantes, à une perpétuelle lutte d'astuce contre les espions qui foison-
naient dans le Paris de cette époque si bien machiné
pour ces existences clandestines, rues étroites et
sinueuses, encombrées et grouillantes, maisons à
double sortie, raccourcis imprévus, angles sombres,
longs passages à nombreuses issues; dès le déclin du
jour on circule dans l'ombre, les rares lanternes des
carrefours repèrent mais n'éclairent pas; à vingt pas
de chez soi on est un étranger, et l'on trouve dans
tous les quartiers des logements avec caches, trappes,
armoires tournantes, cheminées à échelles, enseignes
réceptacles, alcôves à coulisse, que fabrique secrètement avec art un marguillier de la paroisse Saint
Laurent, nommé Spin[1]. Fauche-Borel se logea rue
et *hôtel des Bons Enfants;* il comptait que sa nationalité et son apparence de placide libraire, venu à
Paris pour affaires de son commerce, lui épargne-
raient les tracasseries de la police; il ignorait que

1. *Procès de Moreau et autres,* passim, et *Archives nationales,*
F¹ 6405.

son double jeu était connu et qu'il était déjà noté
comme un incorrigible meneur, ayant toujours « un
projet de complot dans une poche et un manuscrit
à éditer dans l'autre. » Cette fois, le but avoué de
son voyage était « de renouveler connaissance avec
ses confrères » et il apportait des écrits inédits de
Jean-Jacques Rousseau, — les mêmes dont il avait
jadis pris prétexte pour pénétrer chez Pichegru à
Blotzheim, — qui, dès son arrivée, furent acceptés
par Bossange, Masson et Besson, libraires-éditeurs,
rue de Tournon, n° 6.

Dans cette même maison habitait un autre libraire
nommé Charles-Frédéric Perlet avec lequel, quoiqu'il s'en défende, Fauche dut lier connaissance, car
il retrouvait en lui un compatriote, Perlet étant né à
Genève[1], où il avait vécu longtemps et où il s'était
marié[2]. Devenu veuf, établi imprimeur à Paris, il
y avait entrepris, en novembre 1790, la publication
d'un journal[3] qui connut la vogue et prospéra.
Quoique cette feuille portât le titre de *Journal de
Perlet,* celui-ci n'y écrivait guère : il passait pour
fort peu instruit et même pour « ne posséder aucune

1. Le 26 janvier 1759, fils d'Abraham Perlet, de Genève, et de Charlotte Giguoux, de Nion. (*Archives de l'Etat de Genève.*)
2. Le 9 janvier 1779, avec Marthe-Elisabeth Quiby, fille de Claude
Quiby, bourgeois. (*Archives de l'Etat de Genève.*)
3. Le titre primitif de cette gazette était. *Assemblée nationale et
Commune de Paris ou rapport très exact des séances...* A partir
du début de 1791, la feuille porta la grifle de Perlet et prit, après le
9 thermidor an II, le titre de *Journal de Perlet.* TOURNEUX, *Biblio-
graphies,* II, 10283 à 10290. On trouve a l'*Almanach Royal pour 1792*
(p. 309): « M. Perlet, imprimeur du Tribunal de Cassation, rue Saint-
André-des-Arts, hôtel de Chateauvieux. »

espèce d'aptitude[1] », en quoi on se trompait, comme
on le verra... D'ailleurs Perlet devait inspirer confiance à Fauche-Borel, car il était bon royaliste : il
se vantait d'avoir contribué, en 1795, par un article
retentissant, à la libération de Madame Royale, fille
de Louis XVI. Compris dans les proscriptions de
Fructidor, déporté à Cayenne, rappelé d'exil au début
du Consulat, il fit en Europe une dramatique rentrée
en scène : le bateau qui le portait se brisa sur les
côtes d'Écosse; Perlet, jeté au rivage, recueilli par
des pêcheurs, transporté à Édimbourg[2], avait
séjourné en Angleterre, et visité l'Allemagne avant
de rentrer à Paris où il s'était fixé depuis deux ans,
précisément dans cette maison où Fauche fréquentait, en l'été de 1802, sous le prétexte d'imprimer
ses inédits de Jean-Jacques Rousseau. Perlet, marié
en secondes noces à la sœur de l'écrivain Fiévée,
essayait alors de retrouver son succès d'antan; mais
ruiné par la proscription, sans crédit, sans talent,
il végétait dans un vague commerce de librairie et
se trouvait réduit aux expédients. C'était un homme
de quarante-trois ans, de belle taille, aux yeux

1. *Biographie nouvelle des Contemporains,* par ARNAULT, JAY, etc.,
1824.

2. « Job Aimé, Perlet, Parisot, Barraudeau et Berthollon, ainsi
que la fille et l'épouse de ce dernier, qui revenaient sur le *Phaéton,*
capitaine Gardner, de Cayenne où ils avaient été déportés par ordre
du Directoire, ont fait naufrage sur la côte d'Aberdeen; mais,
reconnus à temps et transportés sur le rivage, ils y ont été accueillis
avec la plus grande hospitalité : M. Parisot, madame Berthollon et
sa fille sont morts depuis, des suites de ce naufrage; les autres
passagers sont actuellement à Edimbourg où ils attendent des passeports pour se rendre à Londres. Cette nouvelle est donnée par les
journaux anglais ». (*Gazette de France,* 12 mars 1800.)

bruns et portant sur le visage quatre « signes particuliers » périlleusement signalétiques pour un ex-proscrit dont les démélés avec la police ne sont pas terminés : deux au côté gauche de la bouche, l'autre au-dessus du nez près de l'œil gauche et un petit trou au milieu du menton[1].

Après quelques jours passés rue des Bons-Enfants, Fauche-Borel crut prudent de s'établir dans un quartier plus solitaire : il confia ce désir à madame Masson, femme de son éditeur, et celle-ci lui trouva un logement discret rue Saint-Hyacinthe[2], non loin de la place Saint-Michel[3]. Il transporta là ses papiers les plus importants et commença les démarches dont le cabinet britannique l'avait chargé : il vit Moreau, dans la coquette maison que celui-ci occupait à Chaillot, rue Saint-Pierre[4], lui parla, avec son abondance accoutumée, de Pichegru, du parti royaliste, de la Restauration prochaine de la Monarchie; commis-voyageur en corruption et « marchand de consciences », il montra au général les prometteuses lettres patentes rédigées par Louis XVIII à l'adresse de Barras et qui n'avaient pas été utilisées; il les sortait volontiers de sa poche, ainsi qu'une lettre

---

1. Signalement. Ecrous du Temple. *Archives de la Préfecture de Police*, A. B. 327.

2. Remplacée aujourd'hui par la rue Malebranche.

3. Aujourd'hui Carrefour Médicis.

4. FAUCHE-BOREL, *Mémoires*, III, 15, rapporte que Moreau habitait *Petite rue Saint-Pierre* : c'est une confusion. La Petite rue Saint-Pierre était située aux environs de la Bastille; elle a été absorbée par l'actuelle rue Saint-Sabin. La rue Saint-Pierre, à Chaillot, n'était, d'ailleurs, qu'une ruelle dont le Musée Galliera occupe aujourd'hui l'emplacement.

autographe du Roi, qu'il portait sur lui en manière d'honorable référence. Moreau ne se laissa pas tenter ; Fauche lui prête un long discours ; mais il paraît manifeste qu'il fut mis froidement à la porte, car il ne risqua pas une seconde visite. Il fut plus heureux chez un fervent royaliste qui n'était autre que cet abbé Leclerc, affligé d'un œil vairon, qu'on a vu, en janvier 1797, sauver au péril de sa vie les dossiers et les croix de Saint-Louis de l'agence Brotier. L'abbé Leclerc vivait, caché sous le nom de *Boisvalon*, dans une maison de la rue du Pot-de-Fer ; Fauche le trouva « très au courant de tout ce ce qui se passait en France » et très déterminé à reprendre, dès l'occasion, la vie d'aventures. Depuis près de quinze jours le libraire neuchâtelois courait ainsi les rues de Paris, menant de front son commerce et sa conspiration : le 7 juillet[1], comme il sortait de chez ses éditeurs, Bossange et Masson, et qu'il tournait l'angle de la rue de Tournon pour s'engager dans la rue du Petit-Lion[2], deux hommes surgirent derrière lui, le poussèrent dans un fiacre et le conduisirent à la Préfecture de Police. Le soir même il entrait à la prison du Temple, était écroué dans les formes et enfoui, sous des portes de fer, dans la Tour tragique, au grand secret.

---

1. Fauche date son arrestation du 1er juillet. Son écrou au Temple est, sur le registre de la prison, du 18 messidor an X, 7 juillet 1802.
2. Partie de l'actuelle rue Saint-Sulpice comprise entre la rue de Tournon et la rue de Condé.

III

PRISON D'ÉTAT

Sans prétendre que Fauche se réjouit d'être en prison, on discerne aisément qu'il acceptait avec philosophie ce désagrément. Son incarcération consacrait de façon éclatante l'importance des services par lui rendus à la cause royale, et il n'y a pas besoin de lire entre les lignes de ses abondants *Mémoires*, ou des lettres demeurées à son dossier, pour constater combien il était intimement flatté de compter au nombre des détenus de cette déjà légendaire Tour du Temple, réservée aux captifs de marque, où devaient plus ou moins séjourner les plus zélés champions de la Monarchie ; la détention de la famille royale avait rendu cette prison fameuse et, de ce moment, si l'on excepte quelques noms d'obscurs anarchistes depuis longtemps disparus, le livre d'écrou ressemblait à un armorial : pour combler de faveurs ses plus fermes soutiens, la Restauration prochaine n'aurait qu'à puiser en cette liste de fidèles persécutés.

Fauche prit donc sa captivité en patience : le premier mois, passé au secret, fut, certes, peu agréable ; dans l'étroit réduit où il gisait enfermé, il souffrait du manque d'air et d'exercice ; à part les gardiens chargés de lui apporter sa nourriture, il ne voyait personne de tout le jour et ne recevait d'autres visites que celles des chauves-souris dont la vieille tour foisonnait ; mais, ces jours d'épreuve terminés, dès qu'il fut admis au régime commun, il jugea la réclusion très supportable. C'est que le Temple alors ne ressemblait en rien à ce qu'on imagine d'une prison : le concierge en était le maître absolu, à la fois directeur, économe, geôlier-chef et administrateur ; pourvu qu'il représentât, à toutes réquisitions, les pensionnaires que lui envoyait le Grand-Juge ou la Préfecture de Police, il faisait dans son domaine la loi à sa guise, décrétait le règlement qui lui était le plus commode et traitait en camarades les détenus selon son humeur ou ses sympathies. Or le concierge du Temple était, en 1802, le geôlier le plus jovial, le plus « arrangeant », le moins vétilleux qu'on pût souhaiter : il s'appelait Louis-François Fauconnier, était âgé de cinquante ans, et avait femme et cinq enfants [1]. On ne peut dire comment il gagna ses grades et la place enviable qu'il occu-

_____

1. *Archives nationales*, F¹, 6185ᴬ.

pait ; il assurait, dans un rapport, « avoir servi la
Révolution de sa personne et de toute sa fortune [1] » ;
c'était un homme bien bâti, au nez busqué, aux cheveux bruns, au front dégarni [2] ; bon vivant assez
instruit, s'exprimant bien, aimant à rire et facile à
vivre pourvu qu'on ne lui demandât rien qui l'ex-
posât à perdre sa place. Il commandait au Temple
depuis quatre ans et se flattait d'avoir apporté au
régime des prisonniers certaines modifications
appréciables : à sept heures du matin ses guichetiers
ouvraient les portes des cachots et les détenus
étaient libres de se promener dans tout l'enclos jusqu'à dix ou onze heures du soir, suivant la saison.
Il autorisait les visiteurs du dehors à pénétrer au
Temple à toute heure du jour et de la soirée, à partager les repas des prisonniers, à monter dans leur
chambre et à y séjourner ; de sorte que la sinistre
tour dont les locataires forcés ne manquaient pas
d'argent, prenait, à certains jours, l'aspect d'un
hôtel de bon ton où l'on faisait bombance à tous les
étages : d'ailleurs, Fauconnier avouait ses préférences pour ceux de ses pensionnaires qui, friands
de bonne chère, ne négligeaient pas de l'inviter à
dîner : il leur recommandait aussi la prudence,
n'étant pas sûr de tous les détenus, au nombre desquels pouvaient se glisser des espions, — des *moutons* en terme d'argot pénitentiaire : — « Il ne faut
rien dire devant moi qui ne puisse être répété à la

1. *Archives nationales*, F¹, 6185ᴬ.
2. Ecrou du Temple, *Archives de la Préfecture de Police.*

police, car si je ne le rapportais pas, d'autres s'en
chargeraient, et je perdrais ma place [1] ». Une telle
liberté d'action était laissée aux détenus que l'un
d'eux, ecclésiastique vénérable, transforma une
cellule en oratoire et y conservait le Saint-Sacre-
ment [2].

Dès que Fauche fut libéré du secret, Fauconnier
tint à le présenter lui-même aux autres détenus : le
libraire, que les belles fréquentations chatouillaient
agréablement, trouvait là de quoi se satisfaire : il
allait, durant son séjour au Temple, lier connaissance avec nombre de gentilshommes dont ildresse
orgueilleusement la liste : le duc de Bouillon, le
prince Pignatelli, le marquis de Puyvert, le marquis de Rouzière, les comtes de Valmorel et de
Frotté, le baron de La Rochefoucauld, les cheva-
liers de Vaudricourt, de Mézières et de Velcourt ;
un richissime Anglais, lord Camelfort, beau-frère
de lord Grenville, sans compter d'autres personnages notables dont il se targuera toujours d'avoir

---

1. Fauconnier recevait 3.000 francs de traitement, plus une indemnité de 1.200 francs: mais, comme il fournissait aux détenus la nourriture
a leur gré, — et à leurs frais ; — comme beaucoup d'entre eux ne
regardaient pas à la dépense, la situation de concierge du Temple
devait être fort lucrative. On ne comprend pas cependant ce que
pouvait être la gestion de cette maison où le nombre des prisonniers
montait ordinairement à 40 ou 50, parfois bien davantage, et où
chacun d'eux semble, à lire les *Memoires* du temps, avoir fait table à
part et commandé son menu : témoin le R. P. de Closrivière écrivant: — « Je fais mon ordinaire avec M. de la Rouzière... Le trai-
teur nous sert très bien à vingt sous par tête ». Fauconnier avait
recours aux restaurateurs voisins du Temple ; mais ceci implique un
mouvement des porteurs et de garçons servants qui devait rendre
bien illusoire la surveillance.

2. Le *R. P. de Closrivière*, par le R. P. Terrien.

partagé la captivité. De si belles relations le rehaussent à ses propres yeux et lui font apprécier le séjour de la prison ; d'autant qu'il ne s'y trouve pas matériellement malheureux : il a de l'argent ; il semble même en avoir beaucoup [1]. Et puis il reçoit des visites : on n'a pas oublié, peut-être, les deux enfants de son beau-frère Vitel qu'on a vus pleurant leur père exécuté à Genève au temps de la Terreur : l'aîné, Édouard, a maintenant atteint sa vingt-troisième année ; il tient à Paris, rue des Saints-Pères, un petit établissement de commissionnaire en librairie ; quotidiennement, souvent même deux fois par jour, il vient au Temple causer avec son oncle Fauche et se charge de sa correspondance au dehors, car, dans cette prison de bonne compagnie, on s'abstient de fouiller les visiteurs. Fauche-Borel voit fréquemment aussi une de ses parentes, Neuchâteloise fixée à Paris où elle a épousé un officier de cavalerie originaire d'Alsace, nommé Scholl. Même l'attentionné concierge, plein de sollicitude pour le libraire, lui offre d'installer dans son logement un dépôt de livres que placera dans Paris le fils Fauconnier ; Fauche s'empresse d'adopter cette combinaison où il voit l'avantage de continuer ses affaires et surtout d'y intéresser le concierge [2] ; avec la belle assurance

1. « Nombre d'émigrés, assure-t-il, auxquels j'avais consenti des avances, à Neuchâtel, s'empressèrent d'acquitter leur dette dès qu'ils apprirent mon emprisonnement. » Mais cela ne suffit pas à expliquer le train luxueux qu'il menait au Temple.

2. La spéculation ne fut pas heureuse ; elle débuta par la perte de 750 exemplaires des *Considérations sur la France*, œuvre de Maistre, que la police confisqua. — « 19 juillet 1803. On a arrêté à la frontière

7

dont il est coutumier, il trouve en cette association
une telle garantie de sécurité que le voilà, au Temple
même, complotant de nouveau et poursuivant la
mission dont l'a chargé le cabinet britannique : il
écrit à Moreau qui, d'ailleurs, s'obstine à ne pas
répondre ; il envoie son neveu Edouard Vitel chez
le général, au château de Grosbois, et chez l'abbé
Pichegru, frère du proscrit de fructidor ; il correspond même avec l'Angleterre par l'entremise de son
co-détenu, lord Camelfort, et jamais, sans doute,
prisonnier d'Etat n'aura, du fond de son cachot,
conspiré aussi audacieusement contre l'autorité qui
le tient captif[1].

Tout cela, du reste, paraît assez louche : la police
n'ignorait pas la téméraire et ténébreuse besogne à
laquelle le libraire neuchâtelois employait les loisirs
de sa détention ; elle savait, sans qu'il s'en doutât,
le but de son voyage en France, et cette réconciliation de Pichegru avec Moreau qu'il avait entreprise
n'était pas pour gêner le Premier Consul. Bonaparte,
en effet, soucieux d'évincer ces deux illustres rivaux,
les voyait sans déplaisir ruiner leur popularité par
des compromissions avec ce Fauche-Borel, agent
soudoyé de l'Angleterre ; et, peut-être, tandis que
le détenu s'applaudissait de son astuce, servait-il

deux ballots de livres envoyés par la maison de Fauche-Borel, détenu
au Temple, à la librairie Giguet et Michaud, rue des Bons-Enfants.
Ces ballots contenaient plusieurs exemplaires du *Journal de Cléry*
et des *Considérations sur la France.* » (Aulard, *Paris sous le consulat*, IV, 252.)

1. *Mémoires* de Fauche-Borel, 36 à 66, *passim*.

inconsciemment les plans de celui qu'il voulait combattre. Fauriel, bien renseigné quoiqu'il n'appartînt plus à la police au moment où Fauche jouait ce rôle étrange d'agent provocateur sans le savoir, Fauriel, à coup sûr perspicace, semble avoir pénétré la complication de cette obscure intrigue : — En poursuivant Moreau de ses propositions, « Fauche-Borel, écrit-il, ne pouvait agir que par l'influence même de l'autorité qui le retenait dans les fers[1] » ; et une note ajoutée à son manuscrit complète le diagnostic : — « Je crois qu'il était de bonne foi. » C'est bien ça : toute sa vie Fauche, si infatué de ses talents diplomatiques, sera, « de bonne foi », le jouet et la dupe de ses adversaires ; et si l'on croit devoir s'étendre sur son séjour au Temple, c'est parce que la police consulaire le gardait là, — en observation, pourrait-on dire, — étudiant ce phénomène de vanité et de maladresse, en prévision du profit qu'elle tirerait tôt ou tard de tant de présomption, d'incompétence et de crédulité.

Il arriva que, après dix-huit mois de supportable captivité, pressentant que les événements politiques allaient se précipiter et que, si l'on n'y mettait obstacle, Bonaparte usurperait le trône de France, Fauche-Borel jugea qu'il était le seul nomme capable de contrarier un si audacieux projet ; il lui fallait au plus tôt gagner l'Angleterre afin d'éclairer

1. *Les derniers jours du Consulat*, manuscrit inédit de Fauriel publié et annoté par Frédéric Lalanne 154, 155.

les monarchies européennes et de leur dicter un plan de conduite. Il résolut donc de s'évader du Temple, et il faut reconnaître qu'il manigança ingénieusement cette difficile entreprise. Edouard Vitel qui, comme on l'a dit, venait au Temple deux fois par jour, et était en conséquence parfaitement connu des guichetiers, commanda à un modeleur un masque en cire fait à sa ressemblance ; de son côté, Fauche manifesta le désir de célébrer par une bombance le 1er janvier de l'année 1804, et il convia à cette agape, outre quelques-uns de ses co-détenus et deux ou trois amis du dehors, le concierge Fauconnier qu'il avait souvent invité à sa table et qui s'en était bien trouvé. Fauche l'allécha par la perspective d'une ripaille monstre, avec vins des bons crus, champagne à discrétion et liqueurs de choix.

Au jour dit, dès le matin, il tira de sa réserve parculière de vénérables bouteilles et les distribua, en manière d'étrennes, aux guichetiers et aux porte-clefs. Il eut soin de les abreuver durant toute la journée, afin de les entretenir en de favorables dispositions. Le soir, les invités se présentèrent, entre autres Edouard Vitel, portant sous son ample manteau le masque de cire et, sous prétexte d'une rage de dents, tenant sur sa joue un bandeau qui lui cachait la moitié du visage. Les guichetiers compatirent à la malchance du jeune homme et l'introduisirent dans la pièce où le couvert était dressé: c'était une petite salle située au premier étage du bâtiment du greffe.

On se mit à table : on mangea et l'on but fort, sauf le malheureux Vitel que la douleur empêchait de prendre sa part de la gaîté générale. Vers neuf heures, au moment du café, l'amphitryon se leva afin d'aller jusqu'à sa chambre et d'en rapporter une bouteille de crème des Barbades dont Fauconnier était particulièrement friand. En traversant l'antichambre, le libraire jeta sur son dos le manteau d'Édouard Vitel, plaqua sur son visage le masque figurant les traits de son neveu, rabattit son chapeau jusqu'au nez de cire et, tenant son mouchoir appliqué sur sa joue de façon à dissimuler du mieux possible la compromettante fixité du postiche, il descendit en hâte l'escalier, passa devant le guichetier endormi et cuvant son vin, traversa la cour, parvint à la loge du portier qui, occupé comme les autres à fêter le ci-devant 1er janvier, demanda, — le prenant pour Vitel, — « comment allait sa fluxion ». Fauche répondit par un grognement de douleur. Le cordon était tiré, la porte entre-bâillée ; il l'ouvrit, la referma derrière lui et se trouva dans la rue. Il était libre [1]. Tout en brisant et en éparpillant au hasard de sa marche le masque auquel il devait sa délivrance, il se dirigeait vers la rue Saint-Lazare qu'habitait son parent Scholl, l'officier de cavalerie dont on a déjà cité le nom. Fauche savait trouver là asile, en attendant de risquer le départ pour l'Angleterre. Scholl

---

1. Le livre d'écrou du Temple porte cette mention : « Fauche-Borel... Le nommé ci-contre s'est évadé le 10 nivôse an XII — 1er janvier 1804 — sous un travestissement. »

l'attendait, en effet, et lui fit fête : Fauche était ivre de joie ; la seule ombre à son bonheur était le remords d'avoir laissé Édouard Vitel aux mains de son geôlier et l'anxiété de savoir comment ce dernier accepterait la mystification si habilement perpétrée par son prisonnier.

Fauconnier avait attendu, d'abord patiemment, en vidant le fond des bouteilles, que Fauche-Borel apportât le précieux flacon de liqueur ; ne le voyant pas reparaître, il alla à sa recherche et Vitel profita de son absence pour s'esquiver ; ce qu'il réussit sans peine : un seul des guichetiers, à demi ivre, s'étonna : — « Mais n'êtes-vous pas déjà sorti, monsieur Vitel ? — Oui, mais ne m'avez-vous pas vu rentrer ? » Il passa la porte, mêlé à un groupe de plusieurs personnes venues au Temple pour fêter la nouvelle année avec des prisonniers, arriva rue Saint-Lazare presque en même temps que son oncle, puis il rentra chez lui, rue des Saints-Pères. Le lendemain, il reprit son train ordinaire, s'acquitta, sans se cacher, des obligations de son commerce ; mais, à la tombée du jour, comme il venait de rentrer chez lui, il vit paraître Fauconnier, accompagné d'un commissaire et d'une douzaine de policiers : il fut mené par eux à la Préfecture, pressé de questions [1], et comme il refusa de révéler l'asile de son oncle, il rentra le même soir au Temple, non plus en visiteur, cette

1. Et même un peu torturé ; les juges instructeurs de ce temps-là faisaient grand usage des poucettes, et Vitel peut être cru quand il dit qu'il fut soumis à ce supplice.

fois, mais en captif[1]. Presque à la même heure Fauche-Borel repassait, lui aussi, encadré de gendarmes, la porte de la prison[2]. Il avait été arrêté au moment où chez Scholl il venait d'écrire à sa femme une lettre annonçant sa prochaine arrivée à Neuchâtel, retour au bercail qui était, d'ailleurs, bien loin de ses intentions; il avait inséré dans cette lettre un court billet qu'il priait madame Fauche de mettre aussitôt à la poste et qui était destiné à égayer l'ami Fauconnier. Par ce billet il s'excusait, en termes goguenards, d'avoir quitté le geôlier de façon un peu brusque; « mais celui-ci était mari et père et il partagerait certainement la joie qu'éprouvait Fauche-Borel à retrouver enfin sa femme et ses enfants ». Tel était le thème de ce badinage : on s'en divertit beaucoup au Temple — pas Fauche-Borel, — quand, deux semaines plus tard, arriva de Neuchâtel à l'adresse de Fauconnier, ce persiflage de l'évadé réintégré dans son cachot depuis une quinzaine de jours.

1. (Archives de la préfecture de police, *Ecrou du Temple*, III, f° 570.) « Vitel, Edouard, natif de Verrières en Suisse, comté de Neuchâtel, commis de négociant, domicilié à Paris, rue des Cinq (*sic*) Pères, faubourg Saint-Germain, n° 1222. Entré le 11 nivôse an XII — 2 janvier 1804. — Taille 1 m. 71, cheveux et sourcils châtain foncé, yeux gris et assez grands, nez long, gros, aquilin et allongé au bout, bouche petite, les lèvres un peu épaisses, menton rond et long, visage ovale, les joues creuses, front ordinaire. »

2. « 8 nivôse an XII — 30 décembre 1803. Le nommé Fauche-Borel de Neuchâtel, s'est évadé hier de la maison du Temple où il était détenu et avait pris les habits de son neveu qui était allé le voir. Il a été découvert et arrêté aujourd'hui par le citoyen Pasques, inspecteur du ministère, dans une maison rue Saint-Lazare où il était caché. » (AULARD, *Paris sous le Consulat*, IV, 604.) On ne s'explique pas comment l'évasion ayant eu lieu le 1er janvier 1804, ainsi que le constate le livre d'écrou, un policier pouvait en rendre compte dès le 30 décembre 1803.

La situation du pauvre libraire n'était pas enviable : son ex-ami Montgaillard, vendu au régime triomphant, le dénonçait avec une diabolique insistance et signalait à la police qu'elle tenait en lui, sous les verrous, l'un des plus incorrigibles agents des princes [1]. On était au début de cette année 1804 qui devait marquer dans les annales de la Tour du Temple, déjà si chargées de drames. Journées tragiques, nuits d'angoisses, expectatives d'épouvantes. Cela commença par un cri lugubre qui retentit, un matin, dans le silence du donjon : — « Au secours, Un couteau ! Un couteau ! » L'un des détenus, nommé Bouvet de Lozier, présumé agent de Louis XVIII, venait de se pendre : on coupa à temps la cravate de soie qu'il avait prise comme hart et Fauconnier le rappela à la vie. Interrogé, tout pantelant, il dévoila une vaste conspiration dont les princes proscrits, Moreau, Pichegru, Cadoudal étaient les chefs et qui avait pour but l'enlèvement ou l'assassinat du Premier Consul. Et, dans les jours qui suivirent, Fauche-Borel vit successivement arriver au Temple tous ceux que ce moribond avait dénoncés : Moreau, d'abord, calme et résigné, Pichegru, qu'il aperçut, traversant le préau, vêtu

---

1. En germinal, Montgaillard publia, en manière de réquisitoire contre Pichegru, un mémoire au cours duquel, après avoir conté par le détail les entrevues de Fauche avec Pichegru, à Blotzheim, il mettait en note : « Nous apprenons en ce moment que Fauche-Borel est au Temple ». C'était pousser le libraire à l'échafaud. (*V. Mémoire concernant la trahison de Pichegru dans les années 3, 4 et 5, rédigé en l'an 6 par M. R. de Montgaillard et dont l'original se trouve aux archives du Gouvernement*, page 9, note.)

d'un frac bleu, « boitant tout bas », un mouchoir
blanc enveloppant sa main gauche; Georges Cadoudal, le terrible Breton, un colosse trapu, agile et
imposant, en dépit de son obésité : Fauche le voyait,
par le trou de sa serrure, couché sur son lit, les
mains liées sur le ventre et surveillé par deux gendarmes. Bientôt le Temple regorgea ; plus de cent
détenus étaient entassés dans les quatre étages de la
Tour ; il y avait là de tout : paysans du Morbihan,
officiers de la marine anglaise, gentilshommes français, pêcheurs normands, ci-devant grands seigneurs,
généraux, gens du peuple, même deux enfants de
neuf à dix ans, mousses de l'équipage du capitaine
Wright et capturés avec lui, qui dessinaient au char-
bon, sur les murs du préau, des potences au fil desquelles était suspendu Bonaparte : les compagnons
de Cadoudal se groupaient sous les arbres pour
réciter le chapelet ou chanter des cantiques ; d'autres
jouaient aux barres, la plupart insouciants, résignés
à la mort, mais redoutant les interrogatoires dont
certains revenaient les doigts mutilés par les poucettes des policiers. On voyait aussi, parmi cette
population hétéroclite, circuler un prêtre, septuagé-
naire, dont la sainteté, la sérénité et l'indulgence
avaient conquis les plus hostiles : c'était le Père
Picot de Closrivière : de même qu'il avait traversé
la Révolution en quête de crimes à absoudre et de
misères à soulager, il se mêlait à la foule turbulente
des détenus, parlant à tous de pardon et d'espérance.
On l'avait emprisonné parce qu'il avait reçu trop

d'aveux et savait trop de choses ; la police insinuait à ce « vieux fou » qu'il obtiendrait sa liberté en échange de quelque confidence : il n'avait même pas compris et il s'estimait heureux d'être là puisqu'il y trouvait des âmes à fortifier et des incrédules à convaincre. Fauche-Borel ne se douta jamais que de pieuses femmes, dans Paris, sollicitées par son compagnon de captivité, adressaient au ciel des prières afin d'obtenir sa conversion au catholicisme[1].

Et puis, il arriva qu'on entendit, un matin d'avril, un grand vacarme dans la prison. Les guichetiers s'empressaient, consternés ; Fauconnier bousculait ses gens ; une terreur planait, sans qu'on sût encore quel nouveau drame s'ajoutait à tous ceux dont le vieux donjon avait été le théâtre ; il vint des juges en robe, des officiers ; enfin, passa une civière sur laquelle un cadavre était étendu : celui de Pichegru qu'on emportait vers le Palais de Justice à fin d'autopsie solennelle[2]. Fauche, que ce décès imprévu émeut particulièrement, questionne les geôliers, s'informe, enquête, s'évertue à établir que son voisin

_____

1. Il y avait au Temple, à cette époque, deux protestants : Fauche-Borel et son compatriote Christin, dont M. F. Barbey a écrit l'histoire. V. aussi le *Contemporain*, janvier 1878. Christin fut converti par le P. de Closrivière. Quant à Fauche-Borel, il cite dans ses *Mémoires*, III, 32, « l'excellent Père Picault ». Celui-ci écrivait à mademoiselle de Cicé : — « Faites vous-même et engagez vos bonnes amies à faire une neuvaine en l'honneur de Notre-Dame de la Merci... L'intention de cette neuvaine est la conversion d'un calviniste, homme intéressant par lui-même et par l'emploi qu'il occupait ; il paraît très bien disposé ». L'historien du P. de Closrivière ne doute pas, sans l'affirmer rigoureusement, qu'il s'agit ici de Fauche-Borel. (*Le R. P. de Closrivière*, par le R. P. Terrien.)

2. *La mort de Pichegru*, par Fred. Barbey.

de cellule ne s'est pas donné la mort, ainsi qu'on le proclame, mais qu'il a été assassiné; et pas un instant il ne conçoit un remords de ce lamentable dénouement. Si le conquérant de la Hollande, au désespoir de sa gloire avilie, est mort misérablement dans l'oubliette de cette Tour maudite, c'est parce que sa déchéance eut pour origine cette rencontre dans un village d'Alsace où, pour la première fois, quelqu'un l'incita impunément à trahir son devoir. L'a-t-on assez pourchassé à lui offrir des millions, des châteaux de rêve, à lui promettre la reconnaissance du monde, à lui persuader que l'honneur même lui commandait la désertion! L'a-t-on assez grisé de fallacieuses paroles et d'illusions flatteuses! Tout cela pour aboutir à cette flétrissure du trépas volontaire et de l'inhumation clandestine.

Les quarante-cinq accusés du grand procès qui s'ouvrit en mai quittèrent le Temple pour la Conciergerie; le 9 juin l'arrêt était rendu : vingt-et-un furent acquittés, dix-neuf étaient condamnés à mort; la peine de sept d'entre eux fut commuée, ils devaient avec les cinq autres, punis de deux ans de prison, traîner de geôle en geôle jusqu'à la chute de l'Empire récemment institué[1]. Quant à Fauche-Borel, soit que le suicide de Pichegru eût rendu inutile sa comparution devant le tribunal, soit que la police estimât opportun de ménager cet étourneau prétentieux et bavard, il fut extrait du Temple et expédié

Le 18 mai 1804.

à la prison de la Force, parmi les détenus de droit
commun. La Force était un cloaque sordide et infa-
mant; mais de ce transfèrement le libraire souffrait
plus dans son orgueil que dans ses aises : et c'est
bien là-dessus que l'on comptait[1].

Cette police consulaire, encore que, depuis près
de deux ans elle ne fût pas officiellement sous la
direction de Fouché, conservait les traditions de la
forte organisation dont il l'avait armée alors qu'il
en était le chef. Elle continuait ses errements et ses
procédés; d'ailleurs il est avéré que, même durant
son interrègne[2], il exerçait sur cet important service
l'autorité occulte d'un créateur. Les deux acolytes
éminents dont il avait fait choix et qu'il allait conserver durant toute la durée de son second ministère, Réal et Desmarest, avaient été dressés à son
école et s'inspiraient de ses leçons. L'un et l'autre
sont de ces gens dont on peut dire, comme du
« fameux cardinal », qu'ils ont fait trop de bien pour
en dire du mal et trop de mal pour en dire du bien.
Ainsi que Fouché lui-même, ainsi que tous ceux
qui disposent en maîtres de la vie et de la liberté de
leurs contemporains, ils ont eu des détracteurs
acharnés et des apologistes fervents. Réal qui, au

---

1. Le *Transfèrement* de Fauche-Borel est daté du 12 juin 1804.
Ecrou du Temple.

2. Fouché fut ministre de la Police du 2 thermidor an VII — 20 juillet 1799 — jusqu'au 15 septembre 1802, date à laquelle le ministère
fut supprimé. Quand on le rétablit, le 11 juin 1804, Fouché en reprit
la direction jusqu'au 3 juin 1810.

dire des uns, était de figure « irrégulière mais char-
mante d'expression et éclairée par un regard bleu,
lucide et transparent[1] » avait, selon d'autres, « une
tête de chat-tigre qui restait toujours présente à la
mémoire quand on l'avait une fois aperçue[2] ». Tous
s'entendent à lui accorder infiniment d'esprit et de
malice; il était « tout police des pieds à la tête[3] ».
D'après Pasquier, qui le connut bien, « il n'avait pas
le cœur aussi mauvais que pouvait le faire supposer
une sorte de jovialité qui ne l'abandonnait jamais,
même dans l'exécution des mesures les plus rudes...
Il interrogeait les prévenus sur un ton de dureté et
d'ironie tout à fait inconvenant[4] ». Mais il lui arrivait parfois de « témoigner des sentiments généreux
exprimés avec une sensibilité expansive[5] ». Il fut,
jusqu'à la rentrée de Fouché au pouvoir, le directeur
de la police sous l'autorité du Grand Juge[6]. Desmarest, son sous-ordre, chef de la division de la sûreté
générale et de la police secrète, prêtre défroqué,
naguère jacobin bruyant, habile homme d'affaires
et, pour tout dire, assez déclassé, était « intelligent,
prudent et habile[7] ». Homme d'ordre et de probité,
il avait, a dit Sainte-Beuve[8], « cette gravité, cette

1. NODIER, *Souvenirs de la Révolution*, II, 264.
2. D'ALLONVILLE, *Mémoires secrets*, IV, 66.
3. *Histoire secrète du Directoire*, IV, 332.
4. PASQUIER, *Mémoires*, I, 263, II, 33.
5. *Idem.*
6. Sous le second ministère de Fouché, Desmarest dirigea le « premier arrondissement », comprenant les départements de l'est, du
nord et de l'ouest.
7. MADELIN, *Fouché*, I, 468.
8. *Le Globe*, 20 avril 1833, cité par A. Savine, préface de *Quinze
ans de haute police.*

discrétion qui prouvent l'honnête homme »... à moins que, comme d'autres l'ont assuré, il ne fût « étranger à toute délicatesse... ne répugnât à aucune trahison, employant sa profonde et criminelle habileté à devenir... l'instigateur des plus odieuses mesures [1] ». Au vrai, l'habitude l'avait rendu, sinon impitoyable, du moins insensible; il excellait dans les interrogatoires, trompant les malheureux qui tombaient entre ses mains par une allure bonasse et presque de camaraderie, « les désorientant, les déroutant, les désarçonnant par des questions insidieuses [2] » et les servant à la justice merveilleusement « cuisinés » et, en même temps, persuadés qu'ils avaient trouvé en lui un soutien, voire un défenseur. Fauche-Borel devait tomber dans ce panneau-là.

Réal et surtout Desmarest commandèrent durant toute la durée de l'Empire l'armée « ténébreuse et bigarrée [3] » de la police secrète. Plusieurs milliers de cartons d'archives témoignent de leur perspicace activité ; il y a là de quoi fournir pendant des siècles les chroniqueurs de sujets singulièrement variés : drames, parfois affreux, où jouent leur rôle des odieux espions, des naïfs pris au piège, des magistrats implacables, des femmes hardies et rusées. Les dissensions politiques ont de vilains dessous. Certes, la fusillade et la guillotine sont

---

1. FORNERON, *Histoire des Émigrés*, II, 237 et Bire, cité par Savine *loc. cit.*
MADELIN, *Fouché*, I, 498.
3. *Idem.*

trop souvent la conclusion des questionnaires si
facétieux de Réal et si enlaçants de Desmarest;
mais, respectueux du précepte de Fouché, ils ne
veulent pas de parti-pris « la mort du pécheur »; ce
qui leur importe avant tout, c'est « d'être renseignés ». Leur rabat-on quelque chouan, quelque
émissaire d'une de ces agences royales dont on a
essayé d'esquisser le fonctionnement, ils ne leur
laissent de répit qu'après les avoir confessés, vidés
de tout ce qu'ils peuvent connaître : si le pauvre
homme éperdu, séduit, terrifié, affolé par les promesses et les menaces, résiste encore et répugne à
livrer ses secrets, il « marinera » dans un cachot,
supprimé du monde, se croyant oublié, jusqu'au
jour où, n'en pouvant plus, il consentira à livrer ses
amis. Comme ce boueur enrichi qui, pour que ses
fils ne rougissent pas de son ancienne profession,
exigeait, avant de les doter, qu'ils se plongeassent
jusqu'au cou en un tonneau rempli de fange, Réal
et Desmarest imposaient à leurs patients « un bain
de police » et une épreuve de forfaiture; ils y
gagnaient de tenir à jamais le malheureux par la
preuve de sa félonie forcée, soigneusement conservée à son dossier, et de pouvoir, à leur fantaisie, le
discréditer aux yeux de son parti. Combien, et des
plus nobles, et peut-être des plus braves, qui
auraient courageusement subi, sans un aveu, les
tortures physiques, ne supportèrent pas sans faiblir
cette torture morale. Des noms éclatants de notre
histoire étaient devenus ainsi des noms de traîtres;

on doit les taire et se borner à citer les plus obscurs :
Bayard, le courrier de Wickham, — l'ancien précepteur des ducs d'Angoulême et de Berry, François,
dont les noms ont déjà figuré dans ce récit,
passèrent ainsi du service des princes à celui de
Fouché; Dubouchet, chef d'une agence royaliste de
la Provence, après avoir mérité le sobriquet de
Cadoudal du Midi, fut enrôlé parmi les mouchards
de Desmarest[1]; Alphonse de Beauchamp, gentilhomme désemparé, devint, lui aussi, « l'un des
rouages de la formidable machine »; d'autres,
comme Rivoire ou Vernègues, transfuges du camp
royaliste, « moutonnaient » pour Réal dans les prisons[2]; le pur et chevaleresque Carlos Sourdat,
l'ancien agent de Brotier et de La Villeurnoy,
rallié à force de harcellements, suppliait qu'on l'en-
voyât à l'armée et n'obtint de porter l'uniforme
qu'après avoir « donné des gages » de sa contrition[3].

Fauche-Borel eut moins de résistance; après trois
jours passés dans l'abjection de la prison de la
Force, il était, pour emprunter un mot au vocabulaire de la police, « cuit à point ». Il adresse à Desmarest une humble supplique, protestant de son
repentir, attestant que la mort de Pichegru, avec
lequel il était lié, le libère complètement; il proclame « son attachement au gouvernement »; sa sou-

---

1. MADELIN, *Fouché*, I, 479, d'après *Archives nationales*, F⁷ 6448, où
se trouve une note de Desmarest sur Dubouchet.

2. *Archives nationales*, F⁷ 6371 et le *R. P. de Closrivière*, par le
R. P. TERRIEN.

3. *Archives nationales*, F⁷ 6107.

mission est sans ambages, et rien de plus net : —
« Je me livre entièrement à vous, ainsi que j'en ai
eu souvent le désir : vous savez que je puis vous
servir *bien directement* et que peu de personnes en
ce moment peuvent le faire avec autant d'avantages
que moi. Je vous développerai mes moyens et saurai mériter votre confiance par ma discrétion, mon
zèle et mon dévouement : c'est en m'attachant aux
personnes qui savent travailler et distinguer les
intrigants des honnêtes gens que je puis espérer
mon avancement et l'avantage de ma famille[1]. »

Desmarest expérimenta-t-il aussitôt ce zèle dont
lui faisaient hommage la platitude et la peur? Fouché,
rentré au ministère quelques semaines plus tard,
tira-t-il du libraire, comme entrée de jeu, des dénonciations ou des renseignements utiles? C'est probable; car, le 16 août, Fauche obtenait de rentrer au
Temple, sans doute en qualité de « mouton ». Il y
revenait non plus comme prévenu de *conspiration*,
mais seulement de *manœuvres* contre la sûreté de
l'État[2] ; la différence était appréciable et tel était le
prix dont on payait son reniement. Il ne restait plus
qu'à lui rendre la liberté; mais pour lui conserver
son crédit et de ne pas le « brûler » aux yeux des
émigrés vers lesquels il devait retourner, non plus

1. Lettre de Fauche-Borel, écrite de la prison de la Force, le 26 prairial an XII — 15 juin 1804. Desmarest écrivit en marge de cette
lettre : *demande d'être traité comme espion*, et il la classa soigneusement au dossier du personnage — F⁷ 6319ᴬ, — pour l'y retrouver
à l'occasion.
2. *Ecrou du Temple*, Archives de la Préfecture de Police.

en féal, mais en espion, il fallait à son élargissement quelques atermoiements.

D'abord il appela à Paris son frère François, le libraire de Hambourg, qui arriva porteur d'instructions très pressantes adressées par le roi de Prusse à son ministre en France, le marquis de Lucchesini; tandis que celui-ci postulait en faveur du détenu, François Fauche, profitant de son séjour dans la capitale pour conclure quelques affaires, entra en rapports avec ce libraire Perlet dont on a conté sommairement ci-dessus la réussite première, les vicissitudes et la déchéance. Perlet, on l'a dit, était de Genève, presque un concitoyen des Fauche; il se montra très serviable, offrit l'appui de ses relations : quoique chaud royaliste, — du moins à l'en croire, — il était lié d'amitié d'enfance avec un personnage bien autrement influent que ne pouvait l'être le ministre de Prusse : c'était Veyrat, l'inspecteur général de la Préfecture de Police, — une puissance. Veyrat lui aussi était Genevois; nul doute qu'il ne s'entremît avec empressement à obtenir la libération sollicitée. De ces rencontres et de ces démarches aucune trace ne subsiste aux dossiers : on en est réduit aux *Mémoires* de Fauche-Borel qui, sur ces incidents, est, par trop rare exception, singulièrement laconique et dont le récit témoigne même de quelque embarras. Bref, grâce à l'action combinée du ministre de Prusse et d'un policier redouté, Fauche vit enfin s'ouvrir les portes de sa prison après trente-et-un mois de détention. L'arrêté

ordonnait qu'il serait conduit par la gendarmerie
jusqu'à la frontière et déposé sur le territoire de Sa
Majesté prussienne. Son frère et le concierge Fauconnier lui-même, qui avait eu le temps de s'attacher
à son prisonnier, le conduisirent jusqu'à Saint-Denis,
première étape du long trajet; là, le libraire fut lié
d'une corde dont deux gendarmes enroulèrent à leur
poignet les extrémités, et on se mit en route, à pied :
telle était l'étiquette du voyage « par la correspondance », c'est-à-dire de brigade en brigade. Le soir
venu, on déposait pour la nuit, dans une prison de
village, l'infortuné libraire, dont la délicatesse souffrait grandement de ce régime. A Laon[1], il obtint
de la complaisance du brigadier de gendarmerie une
chaise de poste[2]; il traversa Namur, Aix-la-Cha-
pelle, passa le Rhin et arriva enfin, le 6 mars, à
Wesel, hors du territoire de l'Empire : il était entré
en France, deux ans et demi auparavant, agent
royaliste; il en sortait espion aux gages de Fouché.

Il semble bien qu'il ne comprit pas, dès l'abord,
la gravité et le danger de cette évolution. On l'eut
bien étonné en l'avertissant qu'il avait rivé une
chaîne dont il ne se déchargerait pas aisément. Il ne
pouvait raisonnablement se flatter de l'avoir rompue
par le seul fait de passer la frontière : la police de

1. Il écrit *Langres*, évidemment par erreur.
2. « Hier, 18 février, à 7 heures du matin, Fauche-Borel est parti
du Temple pour se rendre à Munster. Par des motifs d'économie, il
a préféré faire la route à pied, de brigade en brigade, au lieu d'aller
en voiture, accompagné d'un officier de gendarmerie, ainsi que le
portait l'ordre ». (Bulletin de police du 30 nivôse an XIII, 19 février 1805.
D'HAUTERIVE, I, 931.)

Réal et de Desmarest étendait ses tentacules sur toute l'Europe, et nul de ceux dont elle avait à se plaindre, fussent-ils à Berlin, à Rome ou à Vienne, n'échappait à son étreinte. « Toute la Suisse, l'Allemagne, la Prusse, le Danemark étaient sous l'influence de Bonaparte, à tel point qu'il eût suffi d'un mot de son ambassadeur auprès d'une de ces puissances pour nous faire ramener en France prisonniers », écrivait un chouan évadé des geôles de l'Empire[1]. Or l'arrivée de Fauche-Borel en Prusse était déjà signalée de Paris à M. de la Forest, l'ambassadeur de France à Berlin; on le recommandait « à sa surveillance spéciale[2]. » A quel parti allait s'arrêter Fauche? Servirait-il ses nouveaux maîtres ou les Bourbons? Essaicrait-il de jouer, l'alternance ou même de cumuler les deux emplois? Pour débuter, il adressa, de Wesel même, un premier rapport à Desmarest[3]; puis il se dirigea vers Berlin. Comme il faisait halte à Munster, il eut un instant d'émotion en y rencontrant ce Leclerc-Boisvalon, l'homme à l'œil vairon, l'infatigable royaliste qui, depuis si longtemps, vivait de hasards et passait de cache en cache, — celui-là même auquel Fauche-Borel avait rendu visite l'avant-veille de son arrestation. Les deux hommes s'abordèrent avec une méfiance réci-

---

1. *Mémoires* de MICHELOT MOULIN sur la chouannerie normande, publiés par la Société d'Histoire contemporaine, 247.

2. Bulletin de police du 4 prairial an XIII-24 mai 1805. D'HAUTERIVE, I, 1388.

3. Bulletin de police du 25 ventôse an XIII-16 mars 1805. D'HAUTERIVE, 1, 1038.

proque : Fauche, que sa conscience tourmentait peut-être, s'inquiétait de trouver là, juste à point pour constater son passage, ce nomade de la « bonne cause » dont les agissements et les moyens d'existence restaient mystérieux. Cet énigmatique Leclerc était-il un mouchard de Fouché, chargé de s'assurer que le transfuge restait fidèle au pacte qu'il avait conclu, ou un agent de l'Angleterre déjà informé de la défection du libraire? Celui-ci préféra ne pas approfondir la question et s'éloigner au plus vite ; car, en cette époque, et dans ce monde douteux qui composait ce qu'on pouvait appeler les résidus de l'émigration, on ne savait jamais si l'on avait affaire à un ami sûr ou à un faux frère : combien de ces malheureux, repoussés de partout, à bout de misère, d'humiliations, de dégoûts, s'étaient résignés à vendre leur âme dans l'espoir d'obtenir du pain et de mériter plus tard la grâce de rentrer en France?

En arrivant à Berlin, Fauche dut se présenter à l'ambassadeur de France qui lui donna le choix entre trois résidences : Breslau, Dantzig ou Varsovie, où il serait placé sous la surveillance de la police française[1]. La perspective de ce noviciat ne le réjouissait guère : qu'irait-il faire là? Comment y retrouver, au service secret de l'Usurpateur, une situation égale à celle que lui avait value la confiance des Princes? Il fallait aviser, car il ne possédait plus un thaler ; à Wesel il avait dû mettre ses deux montres en gage ;

1. Bulletin de police du 4 prairial an XIII-24 mai 1805. D'HAUTERIVE, I, 443.

il lui était interdit de rentrer à Neuchâtel, ce dont il se consolait, du reste, sa vieille maison de la rue de l'Hôpital étant, pour sa valeur, un théâtre trop mesquin : la pauvre madame Fauche y vivait misérablement : on le sait par le récit de quatre agents de Louis XVIII, évadés du fort de Joux : l'un d'eux, Charles de Frotté, frère du célèbre chef de la chouannerie normande, ayant passé par le Temple, s'y était rencontré avec Fauche-Borel qui, à tout hasard, lui avait remis une lettre de recommandation. Errant, au mois de janvier de cette année 1805, dans les montagnes du Jura, les quatre fugitifs parvinrent à Neuchâtel, se présentèrent à madame Fauche, qui les accueillit avec charité, fit chauffer de l'eau, lava elle-même leurs pieds meurtris, leur servit un souper; mais, quoi qu'ils fussent sans argent, elle ne trouva pas chez elle un écu à leur prêter[1]...

Fauche-Borel, lui, vivait dans la fréquentation des « têtes couronnées. » Payant d'audace, il a résolu de servir Fouché, pour ne point s'attirer de ce côté-là des désagréments, et de poursuivre en même temps sa carrière d'agent des Bourbons, si malencontreusement interrompue alors qu'elle s'annonçait brillante et productive. Et il reprend avec aplomb sa vie d'autrefois; il ne traverse pas une capitale sans se croire obligé de rendre ses devoirs au souverain du pays ; c'est ainsi que, à Brunswick, il se présente à Son Altesse Sérénissime le duc

---

1. *Mémoires* de Michelot Moulin sur la chouannerie normande, publiés par la Société d'histoire contemporaine.

régnant; à Potsdam, il obtient une audience du roi
de Prusse Frédéric-Guillaume et de la reine Louise,
dont les paroles bienveillantes « resteront burinées
dans son cœur. » Il va voir à Berlin M. Jakson,
ministre d'Angleterre, M. le comte de Nowosiltzoff,
ambassadeur de Russie, auquel il remet trois notes
« importantes » destinées à S. M. le Czar. Partout
il raconte sa captivité au Temple; on l'écoute « avec
attendrissement. » Il s'occupe ensuite à « réveiller
en Prusse l'esprit militaire » dont le sommeil, sous
cette latitude, n'est jamais bien profond, et il publie,
dans ce but, à ses frais, une brochure de d'Antraigues : car il sait rendre ses démarches lucratives :
il faut le croire puisque, dès le début de son séjour
à Berlin, il dispose déjà de sommes assez importantes[1]. Si grand est son désir de paraître bien renseigné qu'il lui advient de transmettre à Londres, par
la voie d'un courrier de cabinet, l'heureuse nouvelle
de la sanglante défaite subie par Napoléon... à
Austerlitz! Le bruit d'une victoire des Russes s'était,
en effet, propagé à Berlin, et Fauche se pressait un
peu trop de l'authentiquer conformément à ses vœux.

Entre temps, pour endormir les méfiances de l'ambassadeur de France sous la surveillance duquel il
est placé, il envoie, par l'entremise de cette Excellence, des rapports à Desmarest — rapports insigni-
fiants, il est vrai[2], mais qu'il promet de compléter

---

1. FAUCHE-BOREL, *Mémoires*, III, 233. Il perdit, dit-il, 50.000 francs
dans une entreprise de librairie qu'il venait de fonder à Berlin.

2. Bulletin de police du 3 nivôse an XIV-24 décembre 1805. D'HAUTERIVE,
II, 629.

prochainement. De fait, il adressa bientôt, et par deux voies différentes, à la police de Paris, un document de première importance : c'était la copie, faite, insistait-il, « sur l'original qui lui avait été communiqué », d'une déclaration indignée et émouvante de Louis XVIII protestant solennellement contre l'occupation de son trône par le général Bonaparte. Fauche rendait un véritable service aux acolytes de Fouché en leur signalant cette pièce à sensation dont l'introduction clandestine en France aurait pu raviver des souvenirs redoutés. Mais, tandis qu'il dénonce hypocritement à Desmarest cet écrit subversif, Fauche l'imprime à Berlin, le tire à dix mille exemplaires et se charge de l'expédier à toute la société parisienne, à tous les gens en place, à tous les libraires qu'il connaît en France, à nombre de particuliers qu'il sait disposés à le propager et même à son ami Fauconnier, le concierge du Temple. Quand, avisé par des peureux, tremblants de recevoir, sans savoir d'où, cet imprimé compromettant, Desmarest eut fait saisir à la poste une bonne partie des envois[1]; quand il eut constaté que toutes les adresses étaient de la main de Fauche-Borel et que celui-ci s'activait à répandre le manifeste dénoncé par lui comme séditieux, il ne lui fallut pas longtemps pour lire dans le double jeu de ce fourbe ingrat : un rapport fut

---

1. Le dossier de Fauche-Borel, aux Archives nationales, contient plusieurs exemplaires de la protestation royale : ils sont du format d'une carte à jouer, de façon à pouvoir, sans être pliés, être placés sous une enveloppe ordinaire.

adressé à l'Empereur[1] et l'ordre fut expédié à Berlin
de mettre ce mystificateur en arrestation. Le Roi de
Prusse y consentit volontiers, car, s'apprêtant à
combattre Napoléon, il s'ingéniait à faire figure du
plus docile de ses alliés; il joua même l'indignation
en apprenant la scélérate impertinence du libraire[2]...
auquel il conseilla secrètement de se mettre à l'abri
des poursuites de ses gendarmes. Fauche l'assure
dans ses *Mémoires*[3], et ce doit être vrai, car cette
duplicité porte bien la marque prussienne. Profitant
sans tarder de cet amical avis, Fauche s'embarqua
pour l'Angleterre[4]. Il croyait échapper ainsi à la

1. Bulletin de police du 10 janvier 1806. D'HAUTERIVE. II, 684 : « Il
est impossible de douter que la proclamation aux Français n'ait
été imprimée à Berlin, du moins, c'est certainement de cette ville
qu'elle a été expédiée ; c'est là que toutes les enveloppes et les adresses
ont été faites, quoiqu'il en ait été reçu en France sous les timbres de
Hanovre et de Francfort; mais les adresses de ces différents envois
sont toutes écrites de la même main; même papier, même cachet. Il y
a plus, c'est qu'il est parfaitement reconnu que toutes ces enveloppes
parvenues, jusqu'a présent a la police, sont de l'écriture de Fauche-
Borel. L'identité de l'écriture est complète et il n'y a pas le plus léger
doute. D'ailleurs on voit que, dans ces expéditions, Fauche-Borel n'a
oublié aucun de ses amis ou de ses ennemis, ou même de ses connais-
sances, y compris le concierge du Temple. Ainsi, quand cet intrigant
envoyait récemment le manuscrit de cette proclamation au chef du
bureau de la police en protestant de son dévouement et de sa fidélité
à tenir la promesse qu'il avait faite de servir les intérêts de la France,
il ne faisait que puiser dans le dépôt qu'il avait entre les mains. On
ne lui a pas encore accusé réception de son envoi; on va le faire
aujourd'hui avec la mesure qui convient au but qu'on se propose... »
2. Bulletin de police du 27 février 1806. D'HAUTERIVE, II, 857.
3. *Mémoires*, III. 232.
4. Il prétend qu'il passa par le quartier général du roi de Suède et
qu'il obtint de ce monarque deux entretiens confidentiels. Les bulletins
de police, bien renseignés, ou, tout au moins, plus croyables, notent
qu'il allait à Londres, chargé par le prince Pignatelli-Marsiconovo,
son ex-compagnon de captivité au Temple, de vendre à l'Angleterre,
moyennant quelques millions, une armée dont le dit prince prétendait
disposer en ses états italiens. (Bulletin de police du 6 février 1806,
D'HAUTERIVE, II, 775.)

vengeance de Desmarest ; mais déjà celui-ci, d'esprit inventif et plein de ressources, mûrissait sa revanche en policier de génie. — « Il est très probable, écrivait-il à l'Empereur, que le trompeur sera un jour pris au piège qu'il a tendu[1] ».

Un mois à peine après son arrivée à Londres, Fauche-Borel reçut une lettre de son frère François, l'inconstant libraire hambourgeois qui, après avoir transféré sa maison à Brunswick d'abord, s'était ensuite fixé à Berlin. François Fauche restait, depuis son séjour à Paris, en correspondance avec Perlet, ce pauvre hère de journaliste qui, objet des rancunes jacobines, végétait maintenant, après cent aventures retentissantes, ruiné, sans moyens de refaire sa fortune, mais se vantant de garder au cœur les irréductibles convictions du plus pur royalisme[2]. Perlet écrivait donc à François Fauche, épanchant ses tristesses et ses rancunes, lui confiant sans détour sa douleur de voir la France courbée sous le joug d'un tyran. Très estimé des anciens « Fructidorisés », conservant des relations dans tous

1. Bulletin de police du 10 janvier 1806. D'HAUTERIVE, II, 684.
2. Quoiqu'en ait dit Fauche-Borel, Perlet était, avant 1806, en relations intimes avec lui autant qu'avec son frère François Fauche. On a de Perlet une lettre où il écrit : — « Je suis très lié avec Louis Fauche-Borel, actuellement à Berlin et continuant d'être l'agent de l'Angleterre et l'agent secret des Princes, et j'ai augmenté la confiance sans bornes qu'il avait déjà en moi en lui annonçant, le 21 novembre dernier, que j'étais très lié avec Vincent et que... nous parlions de lui très souvent ». Cette lettre, sans date et sans nom de destinataire, est adressée sans doute à Veyrat ; elle fut écrite vraisemblablement en décembre 1805 ou au début de janvier 1806. (Archives de la Préfecture de Police, *Affaire Fauche-Borel*.)

les partis, « ayant même, disait-il, pour ami l'un des
plus puissants fonctionnaires du nouveau régime, il
savait que Bonaparte n'était pas aimé ; l'entourage de
l'Empereur supportait impatiemment son despotisme
et n'aspirait qu'à la délivrance ; plusieurs de ses
généraux ne cachaient pas leur jalouse hostilité et,
si l'on parvenait à grouper ces mécontents, nul
doute que la cause du Roi ne trouvât en eux des
champions résolus ». Tel était le thème de la missive
de Perlet à François Fauche [1]. Celui-ci, dont le
commerce, plein d'intermittences, était peu pros-
père, gagné d'ailleurs, par l'exemple de son frère,
aux faciles et profitables besognes de la pêche en eau
trouble qu'était la politique de l'émigration, aperçut
tout le parti que l'on pourrait tirer d'un homme tel
que Perlet, bien renseigné, connaissant à fond les
gens et les choses de la Révolution, et tout disposé,
d'ailleurs, par sa haine contre Bonaparte qui négligeait de l'employer et par ses rancunes contre les
jacobins qui l'avaient proscrit, à servir les Bourbons
auxquels, de notoriété publique, il s'était montré
fidèle, même aux plus mauvais jours du Directoire.
Un tel homme serait un correspondant précieux et
dont ni la sincérité, ni l'attachement ne pouvaient

1. Il n'est pas inutile de préciser ici certaines dates : le 10 janvier 1806, Desmarest écrit : « Il est probable que Fauche-Borel sera
pris au piège qu'il a tendu ». L'original de la première lettre de Perlet a échappé à nos recherches ; mais elle doit être datée du 10 au
15 janvier au plus tard, car la réponse de François Fauche est « de
Berlin, 1er février ». Or il fallait, à une lettre transmise par la poste,
douze ou quinze jours pour parcourir la distance de Paris à la capitale de la Prusse.

être suspectés. François Fauche répondit donc à Perlet par une lettre très affectueuse, l'invitant à « ouvrir son cœur » et l'assurant que tout ce qu'il pourrait écrire concernant l'état de l'opinion en France serait très utile à la cause royale [1]. Perlet « ouvrit son cœur » et se livra tout entier : — « Les choses, dit-il, étaient beaucoup plus avancées qu'il ne l'avait annoncé dans sa première lettre ; il existait à Paris un *Comité secret,* composé de très hautes personnalités et formé dans le but de renverser Bonaparte à la première occasion favorable. Au nombre des membres influents de ce *Comité*, comptaient des maréchaux et des ministres, partisans résolus de la légitimité ; l'ami auquel il avait fait allusion en était l'un des plus influents ; la Police elle-même y était représentée de façon éminente, et cela expliquait le mystère, jusqu'à présent impénétrable, dont bénéficiait cette association aussi puissante que ténébreuse. »

Exultant au reçu de cette stupéfiante révélation, François Fauche ne crut pas pouvoir garder pour lui une communication de cette importance. Il la soumit à M. le comte de Moustier, représentant de Louis XVIII à Berlin ; Moustier, non moins surpris et non moins ravi, expédia aussitôt la lettre de Perlet au roi son maître, fixé depuis six ans à Mitau, en Courlande, où il était l'hôte du Czar Alexandre.

---

1. Il lui envoyait, outre le texte complet du manifeste de Louis XVIII, la recette d'une mixture propre à faire apparaître l'encre sympathique : — « Prenez de l'eau-forte dans laquelle vous aurez fait dissoudre une couple d'aiguilles à coudre... »

En attendant l'approbation du Prétendant, il fallait
« battre le fer » et entretenir activement cette correspondance; mais il convenait d'agir avec une prudence extrême, de crainte de compromettre l'héroïque
Perlet, d'abord, et aussi les membres du *Comité*
royal qui siégeait, ignoré du monde entier, à Paris.
Fauche-Borel fut avisé au plus tôt de l'existence de
ce *Comité;* il ne pouvait quitter Londres où il était
entré, sur la recommandation de Wickham, dans
les bureaux de M. de La Chapelle, chargé d'affaires
de Louis XVIII auprès du roi George III, ce qui lui
valait une pension annuelle de 400 guinées, —
10.600 francs. Mais il importait qu'il informât sans
délai le cabinet britannique de la situation nouvelle
créée par les confidences de Perlet, de façon à ce que
l'Angleterre se tînt prête à agir, — et à payer, —
dans le cas où les Bourbons seraient rappelés en
France avant d'avoir le temps de se retourner.

En attendant cet heureux jour, la correspondance
se poursuivait, extrêmement active, entre Perlet et
François Fauche. Ce dernier préconise « les plus
minutieuses précautions : » il est effrayé des dangers
auxquels « son bien cher ami » s'expose et consterné de sa témérité : « il ne faut pas écrire *en clair;*
il ne faut pas signer *Perlet :* ne sait-il donc pas qu'il
y a en France un cabinet noir, et que, si une
seule de ses lettres y était ouverte, c'en serait fait
de lui et de tous les membres du *Comité!* » Et il
envoie des formules d'encre invisible; encore n'ose-
t-il tracer ces deux mots et prend-il, pour faire com-

prendre la chose, un détour : — « M. Guillot part demain pour Paris, il vous porte une petite boîte contenant deux fioles *d'élixir pour les dents*[1]. » — « Quant à moi, proteste-t-il, je ne vous ai point nommé : ma tête tombera avant que votre nom sorte de ma bouche. Les intermédiaires doivent, en effet, rester ignorés jusqu'au terme des récompenses... J'espère que vous brûlez les originaux et que les copies ne restent pas chez vous... » Perlet, il est vrai, semble ne rien craindre, tant est forte et sincère l'ardeur royaliste qui l'anime : il consent cependant, pour rassurer sur son sort le trop craintif François Fauche, à signer du pseudonyme de *Bourlac* et à faire usage des encres sympathiques ; mais celles-ci sont trop corrosives ou trop faibles ; elles brûlent le papier ou manquent de mordant. L'une des lettres[2] est devenue sous leur action complètement indéchiffrable, et il est convenu qu'on réservera ces procédés chimiques pour les secrets d'importance. On fera habituellement usage d'un vocabulaire de convention, et, puisque les correspondants sont l'un et l'autre imprimeurs, leur cryptographie se composera de termes empruntés à leur profession et de noms connus dans le commerce de la librairie : *papier* signifie « artillerie » ; *in-quarto*, « armée intérieure » ; *petit format*, « tribunal » ; *vignettes* « frégates » ; *figures*, « fusillades » ; *volumes détachés*,

---

1. Lettre n° 7 de François Fauche à Perlet. Berlin, 6 mai 1806. (Archives de la Préfecture de Police. *Affaire Fauche-Borel.*)
2. Archives de la Préfecture de Police.

« biens nationaux »; Moreau devient *Firmin Didot;*
Louis XVIII, *Fietta;* Macdonald, *Charon;* le parti
royaliste, *Fain et Cie*; Desmarest, *Crapelet;* le préfet
de police Dubois, *Cellot frères;* le comte d'Avaray,
l'intime confident du Roi, *Courtener;* Fauche-Borel,
Dodeley; la mère Bonaparte (*sic*), *madame Masson;*
Napoléon, *Le Petit;* Fouché, *Maradan;* l'Autriche,
la veuve Frolich, etc., etc...[1], ce qui produit des textes
bizarres, tels que celui-ci : — « *Riss et Saucet ne conçoivent pas cette vénération que les compositeurs portent aux vieilles presses. Givel seul est bouquiniste et
telle est la puissance des vertus qui le guident, qu'en
moins de six mois, il força les papetiers à l'admirer
et à ne plus voir en lui que leur plus utile espérance,*
— ce qui veut dire : — « Les Russes ne conçoivent
pas cette vénération que les peuples portent aux
vieilles monarchies. Le roi de Suède seul est dans les
bons principes et telle est la puissance des vertus qui
le guident que, en moins de six mois, il força les
nations à l'admirer[2]... » Le stratagème était grossier,
car, en supposant que les espions du cabinet noir
ouvrissent les lettres de François Fauche, — indiscrétion dont elles étaient préservées, ainsi qu'on le
verra bientôt, — ils n'eussent pas manqué de s'étonner du cas extraordinaire de « ce bouquiniste forçant,
par la puissance de ses vertus, l'admiration des papetiers. » Mais François Fauche, auteur de ce vocabu-

---

1. Tous ces noms sont ceux de libraires, imprimeurs ou marchands
de papiers, naguère en correspondance avec la librairie Fauche.
2. Lettre de François Fauche à Perlet, n° 12 bis, 5 juillet 1806.
(*Archives nationales*, F¹ 6319 ᴬ.)

laire, était fier de son œuvre : — « On peut tout
dire, écrivait-il, sous le masque de la librairie [1]. »

Perlet, d'ailleurs, se dispensait, le plus souvent,
d'y recourir. Les nouvelles que, tous les quinze
jours, apportaient ses lettres, réjouissaient délicieuse-
ment François Fauche non moins que Fauche-Borel
auquel elles étaient aussitôt expédiées; et mieux
encore étaient-elles reçues, en copies, à Mitau, par
le comte d'Avaray et par Louis XVIII lui-même.
Elles annonçaient, en effet, que le mystérieux
Comité royaliste de Paris, parmi lequel Perlet
comptait tant d'amis puissants, se montrait impatient d'agir et que les heures de Bonaparte étaient
comptées. Perlet ne pouvait citer aucun nom, car
une telle imprudence « perdrait tout; » mais il
donnait comme certain que les plus hauts dignitaires
de la Cour Impériale, ceux que Napoléon, dans son
aveuglement, considérait comme les indéfectibles
soutiens de sa couronne, étaient tous gagnés à la
cause des Bourbons et n'attendaient qu'un signe du
roi de Mitau pour procéder à sa restauration. Perlet
affirmait ces choses étonnantes avec tant d'autorité;
il en développait les causes profondes avec une si
manifeste connaissance des plus ténébreux dessous
de la politique, qu'il était impossible de mettre en
doute ses assertions. Le comte d'Avaray, que l'exil,
le malheur et la maladie avaient aigri et qui tenait
en méfiance les plus avérés royalistes, le comte

---

1. Lettre n° 7 du 6 mai 1806. Même dossier.

d'Avaray croyait en Perlet. Le comte de Moustier, représentant de Louis XVIII à Berlin, croyait en Perlet. Louis XVIII lui-même, le plus prudent et le plus circonspect des hommes, avait foi entière en la sincérité de ce loyal correspondant. Il mandait à Moustier qu'il fallait songer à récompenser un tel zèle; il donnait l'assurance que « c'était là sa première sollicitude et que ce devoir était placé en tête de l'emploi projeté des fonds attendus[1]. »

François Fauche, d'ailleurs, chauffait de son mieux ces velléités généreuses dont il espérait une large part. Il écrivait à d'Avaray : — « J'adresse à *Louis* (Fauche-Borel) la lettre originale de *Bourlac* (Perlet). Si *ces messieurs* (le cabinet britannique) ne trouvent pas que ceci est du positif, que faudra-t-il leur envoyer? Des noms? On ne pourrait sérieusement le prétendre et ce serait mettre aux gens le marché à la main. Il est urgent de faire connaître à Londres la confiance que Sa Majesté Louis XVIII accorde à la correspondance de *Bourlac* (Perlet), aux œuvres et au zèle des *deux frères* (lui-même et Fauche-Borel) : ce trio est inséparable ». On le voit, il ne s'oubliait pas dans la distribution des faveurs et des indemnités prochaines. Grisé par la perspective des pensions, des grands cordons, des bonnes places dont la Restauration allait être prodigue, il délirait de joie, ainsi qu'en témoigne une lettre à Perlet, « son bien excellent ami ». — « Il ne se lasse

----

1. *Archives de la Préfecture de Police.* Affaire Fauche-Borel, lettre 14.

pas de lire et de relire le dernier rapport de Perlet ; il a senti son âme s'élever par cette divine lecture à une région de bonheur inconnue de son cœur, comprimé jusqu'ici par les longues misères publiques ; mais c'est le Roi lui-même, ajoute-t-il, qui doit vous exprimer les sentiments que vos glorieux travaux et vos hautes vertus méritent. Jouissez d'avance par ce que je sens du bonheur que vous venez de verser à pleines mains sur tant de cœurs affligés ; ce sera le prélude des récompenses qui vous attendent[1] »! Louis XVIII, en effet, manifestait le désir que l'expression de sa gratitude fût transmise à « l'estimable ami de François Fauche » et voulait, « malgré sa cruelle pénurie », supporter les frais de cette décisive correspondance[2]. Dès le mois de mai 1806, la seule inquiétude de François Fauche était que les choses n'allassent trop vite et que le Roi fût pris de court : Mitau est si loin de Paris ! Aussi jugeait-il prudent d'organiser un conseil de régence qui, au cas où l'on serait surpris par les événements, gouvernerait la France en attendant l'arrivée de Sa Majesté[3]. Et c'est ainsi que Perlet lui-même se voyait, — non sans étonnement peut-être, — chargé de composer le gouvernement provisoire qui allait succéder à Napoléon et rendre la France au frère de Louis XVI.

---

1. *Archives de la Préfecture de Police*, lettre 23.
2. *Idem*, lettre 5.
3. *Idem*, lettre 8.

VEYRAT

Inspecteur Général de la Police Impériale

(Archives de la Préfecture de Police)

IV

PERLET

Perlet était un mouchard ; le plus obscur, le plus vil, le plus méprisé peut-être de cette tourbe de déclassés dont se composait la police de Desmarest. A son retour de Cayenne où Fructidor l'avait expédié, il n'avait rien retrouvé d'une fortune estimée, d'après ses dires, à 500.000 francs. Le monde avait changé en son absence et il ne parvint ni à rétablir sa situation, ni à trouver un emploi qui l'aidât à vivre [1]. Ayant femme et enfants, las de traîner la misère, il sombra, comme bien d'autres, et tenta de s'affilier à la police.

[1]. Fiévée, beau-frère de Perlet, recommandant celui-ci, en 1810, au ministre de la Police, disait : — « Déporté à Cayenne, il s'échappa à travers mille dangers, revint en France et trouva sa fortune entièrement dilapidée. Toutes les tentatives faites depuis pour rétablir ses affaires ont mal tourné... » (*Archives nationales*, F⁷ 6238.) On trouve aux Archives de la Seine, *Domaines*, 34-99, un procès-verbal de la vente des meubles de Perlet en l'an V et en l'an VI.

Avant la Révolution, lorsqu'il habitait encore
Genève, il avait là pour ami un prêteur sur gages,
nommé Veyrat, qui, accusé d'émission de fausse
monnaie [1], condamné à la prison puis au bannisse-
ment, avait reparu aux bords du Léman lors de la
querelle entre « les natifs et les oligarches » et s'était
montré terroriste impitoyable [2]. Installé à Paris vers
la fin de 1795, Veyrat essaya d'abord d'un petit
commerce dans le faubourg Saint-Denis ; n'ayant
pas réussi au gré de ses ambitions, il entra dans la
police et fut créé inspecteur, à l'époque de Fructidor,
par le ministre Sotin [3] ; destitué par Dondeau [4], réintégré sous Duval [5], ne connaissant rien ni des partis
ni des hommes de la Révolution, sans attache à
aucune coterie, Veyrat n'avait qu'une conviction : il
était avide d'argent. Nommé inspecteur général à la
Préfecture de Police après le 18 brumaire, il fit
fructifier son emploi avec une âpreté ingénieuse. Le
nom de Veyrat reparaît à tout instant dans les
dossiers de la police consulaire et impériale : pourtant cette inquiétante figure n'a pas été isolément
étudiée ; elle est de celles qui passeront fréquemment
dans la suite de ce récit et il convient de s'y arrêter
quelque peu. Non point qu'il soit possible d'en fixer
bien exactement la silhouette : à l'égal de tous les

1. *Archives nationales*, F⁷ 6197.
2. *Archives nationales*, F⁷ 6197.
3. Sotin occupa le ministère de la Police du 26 juillet 1797 au 12 février 1798.
4. Ministre du 17 février au 15 mai 1798.
5. 29 octobre 1798 au 22 juin 1799.

policiers, Veyrat fut honni par les uns, — ceux qu'il prit à ses pièges, — très favorablement apprécié par d'autres, — envers lesquels il se montra serviable. Il semble, à lire ses rapports, qu'il fut un fonction-naire âpre au gain, mais non brutal; il écrivait correctement, avec facilité, précision et convenance et exerçait sans cruauté ses terribles fonctions. — « C'était un homme de bonnes manières, représentant fort bien », a écrit Charles Nodier, qui fut l'un de ses « clients »; et il ajoute : — « Si j'avais encore à être arrêté, il est probable que je regretterais M. Veyrat[1]. » Par contre, Rémusat, qui, comme nombre d'autres, eut affaire à lui, le traite de « bête féroce », sans, d'ailleurs, que les circonstances où il le met en scène justifient, il faut le dire, ce désobligeant qualificatif[2]. Pasquier, qui eut Veyrat sous ses ordres, le jugera « l'un des plus mauvais sujets qu'on pût rencontrer[3] » ; mais c'est là l'appréciation d'un chef et Veyrat ne devait pas être un subalterne facile à manier : comme il faisait argent de tout, il revendait, — très cher, — aux librairies, les livres obscènes qu'il avait mission de saisir[4]; bien mieux : il aurait « trafiqué de la liberté des citoyens » et,

---

1. *Souvenirs de la Révolution*, II, 13.
2. B. Fr. de Rémusat, *Mémoire sur ma détention au Temple*, 1797-1799.
3. *Mémoires*, I, 414.
4. Forneron, *Émigrés*, III, 35 et Pasquier, *Mémoires*, I, 451. Le préfet de Police, Dubois, ne revendait pas les livres obscènes saisis par ses agents, il les offrait à ses amis. — « On m'a raconté, dit Pasquier, que, plusieurs fois, donnant à dîner à ses collègues de la section de l'Intérieur, Dubois avait imaginé de leur faire à chacun la galanterie d'un paquet contenant ce qui avait paru de plus curieux en ce genre. »

moyennant une forte somme, variant de 50 à 200 louis, selon la gravité des cas, il évitait de rencontrer les suspects qu'il devait mettre en arrestation[1]. Ce qui le rendait redoutable, c'était son intimité avec Constant, le valet de chambre de l'Empereur : on le disait même en rapport direct avec Sa Majesté[2] et chef d'une police particulière chargée de renseigner le souverain sur ce qui se tramait à la Préfecture et au ministère où l'inspecteur général avait ses entrées.

Tel était le puissant personnage auquel Perlet, à bout de ressources, avait exposé sa pénurie, bien timidement, d'abord : — « Trahi, abandonné par toutes les personnes qui ont reçu de moi des bienfaits, je cherche à renouer avec un ancien ami que je n'ai pu oublier ; je me hâte de lui écrire et de lui demander un rendez-vous chez lui. — Perlet, 19 février 1805 ». Veyrat fut compatissant ; il donna audience à Perlet, « lui rendit son amitié », lui avança, deux semaines plus tard, 1.500 francs[3] et l'engagea à

1. *Archives nationales*, F⁷ 6197. Rapport de l'agent 8. Il est certain que Veyrat maniait beaucoup d'argent — et sans contrôle. Dans la seule affaire du comte de Tryon, courrier ordinaire des émigrés, condamné à mort en l'an VI, et de François, ex-précepteur des fils du comte d'Artois, devenu l'un des plus intimes acolytes de Fouché, Veyrat avait saisi et versé au bureau des fonds, 230.000 francs. (Voir *Précis des faits relatifs au nommé François, émigré, premier agent du prétendu Louis XVIII* (par Veyrat), et *Communication* de M. Montarlot à la Société d'*Histoire contemporaine*, 22ᵉ assemblée. 20 juin 1912.)

2. « Les Véra (*sic*) père et fils avaient un moyen de communiquer directement au cabinet de l'Empereur. » (*Mémoires* de Rovigo, édition Garnier, III, 243 et suiv.)

3. Le texte des lettres de Perlet à Veyrat a été publié à la suite des *Mémoires* de Lombard de Langres qui, en qualité d'avocat, rédigea, en 1816, le *Mémoire pour Louis Fauche-Borel contre Perlet, ancien journaliste*.

« travailler ». Perlet y consentit avec reconnaissance : l'inspecteur général l'essaya d'abord dans
quelques menues besognes : il s'agissait, tout simplement, d'aborder, sous un prétexte quelconque,
les promeneurs des jardins publics, d'engager avec
eux la conversation et, en provoquant leurs confidences, de les amener adroitement à « parler contre
le gouvernement », pour ensuite les dénoncer.
On a les premiers rapports de Perlet [1]; c'est puéril
et répugnant. Tout de même Veyrat reconnut en son
élève des dispositions manifestes, car il l'enrôla après
six mois d'apprentissage. Je ne sais si Veyrat exigeait de ses néophytes un serment d'obéissance passive et d'aveugle servilité; mais on retrouve, non
daté, écrit de la main de Perlet, cet engagement
solennel qui ressemble à une profession de vœux
éternels : — « Tout ce que tu me diras de faire, je
le ferai. Je ne regarderai point en arrière. Eprouve-
moi; si tu me trouves faible, sacrifie-moi. Ma détermination irrévocable est de servir ta fortune. Heureux, je veux partager ton bonheur; malheureux je
te serai dévoué. Je t'appartiens; rien au monde ne
me fera changer [2]... » A la fin d'août 1805, Perlet
recevait des appointements fixes et des gratifications
fréquentes [3]. Il était sauvé, — et perdu.

1. Ils sont au nombre de vingt-sept. (*Archives de la Préfecture de
Police, Affaires Jouvencel.*)
2. *Addition au Mémoire de Fauche et qui se trouve dans la
seconde édition*, LOMBARD DE LANGRES, II, 253.
3. Il recevra, outre les 1.500 francs du 3 mars, 500 francs le 6 septembre, 100 francs le 9 novembre 1805, 500 francs le 25 septembre,
1.500 francs le 11 octobre 1706, etc.

On saisit dès lors comment fut ourdie la nasse où devait se prendre Fauche-Borel : dans les premiers jours de janvier 1806, Desmarest s'aperçoit qu'il est joué par le libraire : le 10, il signale à l'Empereur, ainsi qu'on l'a vu, l'ingratitude de cet intrigant et proteste que « le trompeur tombera dans le piège qu'il a tendu[1] ». Le jour même il a pris ses mesures et cherché parmi ses agents secrets un homme connaissant les Fauche, possédant leur confiance et pouvant engager avec eux une correspondance. Veyrat consulté désigne Perlet, nouvelle recrue dont personne ne soupçonne encore l'enrôlement et qui, différentes fois, a été en relation avec les deux frères aux yeux desquels, en sa qualité de « fructidorisé », et en raison de ses protestations répétées, il passe pour un militant du parti royaliste. Et tout de suite la correspondance s'établit. Desmarest l'inspire et la dirige : l'idée du *Comité* royaliste, composé de sommités du parti impérialiste, doit être de lui ; car, on le pense bien, ce fameux *Comité*, dont Perlet vante l'activité et la puissance, est une conception purement fantaisiste. Le but que vise d'abord Desmarest est seulement d'attirer Fauche-Borel à Paris et de lui faire expier, — chèrement, — sa défection. Mais il importait que l'amorce fût tentante et l'hameçon bien caché : voici de quelles attirantes insinuations s'enveloppait l'invitation : c'est Perlet qui s'adresse à François Fauche[2] : — ... « J'ai des

1. Bulletin du 10 janvier 1806, cité plus haut.
2. La lettre est datée du 24 juin 1806. Elle est textuellement repro-

intelligences auprès des autorités... O mon ami! si avec tous mes moyens, tous mes préparatifs, il se présentait une bonne occasion et que l'on ne pût en profiter, faute d'un chef!... Il y aurait de quoi se brûler la cervelle! J'ai beau me creuser l'esprit pour chercher à Paris ce personnage capable de remplir ce but, je ne trouve rien; et, d'ailleurs, ce serait trop hasarder les intérêts les plus chers du Roi; c'est au Roi à indiquer ce personnage indispensable qui ne sera connu que de moi jusqu'au moment décisif... Je pourrai, sans le compromettre, lui faire connaître les différents personnages sur lesquels on peut compter... J'appartiens tout entier à Sa Majesté ». Perlet sait que ses lettres sont communiquées à Fauche-Borel; il sait aussi que celui-ci, très imbu de son « expérience », et très désireux de ne pas laisser le rôle à un autre, s'offrira de lui-même pour être « ce personnage indispensable » dont la présence à Paris est urgente. Ou plutôt Perlet n'est déjà plus qu'un instrument aux mains de plus habiles que lui; ayant constaté, par les réponses de François Fauche, l'incroyable crédulité de Louis XVIII et de son entourage, les policiers de Fouché ont vite envisagé tous les avantages qu'on peut recueillir de cette surprenante confiance : on ne renonce pas, certes, à attirer Fauche-Borel sur le continent; mais on espère avec lui en attirer d'autres : l'un des jeunes fils du comte d'Artois, d'Artois lui-même,

duite dans le *Mémoire de* LOMBARD DE LANGRES. — A Paris, chez Michaud, imprimeur du Roi, avril 1810, in-4°.

peut-être, ou, — qui sait? — décidera-t-on le Prétendant à risquer sa personne royale. En tout cas on va connaître ainsi les plans, les projets, les ressources de l'exilé et l'importance des subsides qu'il reçoit de l'Angleterre : c'est à quoi tendront peu à peu les cajoleries de la correspondance. Comme le travail est délicat et qu'on redoute, en forçant la note, d'éventer la mine, les expérimentés s'y attellent : Perlet n'est, à proprement parler, que l'agent transmetteur : il écrit les lettres; mais c'est Desmarest, le préfet Dubois, Fouché lui-même qui les dictent[1], et, par cette éminente collaboration, la fourberie atteint au grandiose. Pour bien montrer qu'il s'évertue et que, grâce à son activité, son *Comité* se renforce chaque jour, Perlet informe Fauche qu'il a gagné à la cause royale Veyrat lui-même, le pilier de la police impériale : — « Il est entièrement dévoué et nous ne faisons qu'un; mais il s'est bien expliqué : il ne se mêlera de rien avant d'avoir vu bien clairement que l'on a les moyens d'agir. Faites sentir, mon ami, cette nécessité et répondez-moi nettement sur cela... Il est nécessaire, — et le *Comité* est de cet avis, — qu'il connaisse tous les plans et tout ce que les partisans de *Fietta*

---

1. En 1815 Veyrat livra trente-cinq pièces ayant trait à cette intrigue, entre autres cinq lettres de Desmarest établissant, dit-il, « que la correspondance de Perlet avec les agents du Roi était dirigée par le ministre de la police générale ». LOMBARD DE LANGRES (*Mémoires*, II, 263. PASQUIER, *Mémoires*, I. 45), a tenu en main l'une des lettres écrites par Perlet, — celle du 3 mai 1806, — « elle est tout à la fois, dit-il, l'œuvre de M. Desmarest, de Perlet et de M. Dubois ».

(Louis XVIII), soit à Londres, soit ailleurs, ont envie de faire, afin de centraliser les mesures et ne pas se contrarier. »

Ce stratagème était fécond en avantages : il permettait à Fouché de diriger à sa fantaisie, de son cabinet du quai Malaquais, les affaires de l'émigration, et de choisir même, comme s'ils étaient ses subordonnés, les hommes dont le Roi proscrit s'entourait. L'un d'eux déplaît-il à Paris? Y souhaite-t-on, au contraire, voir tel autre entrer en grâce? Rien de plus simple : on introduit dans la lettre de Perlet quelque vive critique et un ou deux mots d'éloge émanant du mystérieux Comité : — « Je puis dire que M. d'Avaray n'entend rien aux grandes affaires ; ce n'est pas l'homme qu'il faut... — La rentrée de lord Moira au cabinet britannique me redonnerait bien du courage et avancerait sûrement les affaires de notre bon *Fietta* (Louis XVIII). » Ainsi la plume de Perlet influe-t-elle sur les préférences du Roi de Mitau et des ministres de George III ; — les uns et l'autre comptent sur le *Comité,* encore qu'ils n'en connaissent pas la composition. Perlet s'est toujours refusé à citer aucun nom ; — il ne procède que par allusions qu'on imagine là-bas transparentes, et, la « clairvoyance » de Fauche-Borel aidant, on s'ingénie à mettre des noms sur les chimériques silhouettes qu'esquisse vaguement Perlet.

Car, sur l'ordre du Roi, François Fauche a passé à son frère la direction de la correspondance : malgré la « connaissance approfondie » qu'a Fauche-

Borel du personnel révolutionnaire et des dessous de la politique », il ne parvient pas à percer les ténèbres dont s'entoure le *Comité* de Perlet. Mais là où il affirme ne pas s'illusionner, c'est en comptant sur « les bons sentiments » de Fouché, « qui a sauvé et sauve encore les vrais amis du Roi[1] ». Chose singulière, cette opinion courait, non point seulement dans la cervelle à l'évent de Fauche-Borel, mais parmi toute l'émigration : Fouché le Montagnard, Fouché le régicide, le proconsul de Nevers et de Lyon, le terrible policier de Bonaparte, passait, aux yeux des partisans de la légitimité, pour être la providence des royalistes : « Dès 1803, deux chefs chouans, Suzannet et d'Andigné, avaient déjà confié à d'Antraigues que Fouché était prêt à renverser le gouvernement de Bonaparte[2]. » Telle était aussi la croyance du cabinet de Saint-James ; Fouché le savait et, — chose plus singulière encore, — ça ne lui déplaisait pas. Aussi s'amusait-il manifestement à suivre dans la correspondance échangée entre Fauche-Borel et Perlet les efforts du premier pour obtenir « des noms » que l'autre s'obstinait, — par scrupule d'honnêteté, disait-il ! — à ne point révéler, ce dont il eût été bien en peine. Et c'est ainsi que ce *Comité* anonyme et inexistant influa sur la politique de l'émigration et, par contre-coup, sur celle de l'Angleterre, de l'Autriche et de la Russie.

Cet imbroglio, qui paraîtrait vaudevillesque s'il

1. FAUCHE-BOREL, *Mémoires*, III, 254.
2 MADELIN, *Fouché*, II, 16.

n'inspirait tant de répugnance, s'amplifia dès la première année par les soins diligents de Fauche-Borel
qui consacrait, à la conduite de cette « affaire »
immense », tout son zèle et tout son temps. Cet
imprimeur, qui imprimait si peu, était, en revanche,
un épistolier d'une fécondité déplorable : sous le
moindre prétexte, il couvrait huit pages de sa cursive,
assez incorrecte, d'ailleurs. Non seulement il correspondait avec Perlet, mais il recopiait les lettres reçues
de lui pour les transmettre au Roi, aux ministres
anglais, et il les accompagnait de commentaires
interminables et de considérations prolixes sur la
situation de l'Europe [1], ou de billets d'envoi signés
de son seul prénom Louis, prenant sous la plume une
allure de plus en plus royale. A force de vivre dans
la fréquentation des princes, des ambassadeurs, des
hommes d'État, Fauche imaginait être ministre, et
ce devait être un spectacle bien curieux que celui
de la vaniteuse gravité qu'il apportait à traiter, le
plus sérieusement du monde, la mystification dont
il était la dupe. Il y a des perles dans ses lettres à
l'ami *Bourlac*, — tel était, on le sait, le pseudonyme
adopté par Perlet sur la prière instante de Fauche :
— « Je suis chargé de vous dire, de la part de
M. *Courtenner* (d'Avaray), qu'il se porte bien et de

---

1. On retrouve des lettres de Fauche-Borel dans les cartons des
Archives de la Préfecture de Police, dans ceux des *Archives nationales*, dans ceux des *Archives des Affaires étrangères*. - Fonds Bourbon, notamment 604, 605, 615, 641. Des lettres de *Bourlac* (Perlet) sont
au carton 604 ; mais, comme la plupart étaient tracées à l'encre invisible, le papier, rongé par les réactifs, et devenu couleur de brou de
noix, tombe en poussière. Des copies sont jointes à ces pièces.

vous témoigner toute la satisfaction que *Fietta* (Louis XVIII) conçoit de votre travail et de celui de votre *Comité* [1] ». A ce *Comité* Fauche revenait sans cesse : il voudrait bien savoir quels personnages le composent : — « Tâchez de nous dire que vous comptez sur Fouché; on aimerait avoir dans nos affaires un homme à moyens comme lui [2] ». Perlet ayant annoncé que « la majeure partie de la police de Paris était aux ordres du *Comité* », cette bourde énorme fut acceptée sans l'ombre de scepticisme; et Fauche tente de se renseigner : — « Ètesvous bien avec la police de Fouché et de Desmarest, ou travaillez-vous avec celle de Dubois ? » (le Préfet)[3]. Le mouchard préférait ne pas s'étendre sur ce sujet; mais Desmarest, qui avait de l'esprit et aimait à plaisanter, glissa dans l'une des lettres de son agent une allusion discrète à l'offre que, deux ans auparavant, Fauche, prisonnier à la Force, lui avait faite de ses services, en protestant de « son dévouement au gouvernement impérial ». Perlet, jouant l'inquiétude, demande à Fauche « si ses convictions royalistes sont bien sincères, et s'il n'a jamais caressé le projet de se rallier à Bonaparte ». Fauche, indigné, riposta : — « Je ne comprends pas comment vous pouvez me parler de vos craintes au sujet d'un changement de parti, et de l'idée révoltante que je pourrais être assez vil pour m'être attaché à l'exécrable

1. *Archives nationales*, F 76519ᴬ, lettre 52.
2. Même dossier, lettre 40.
3. Même dossier, lettre 56.

tyran. Mille fois mourir, avant qu'une idée semblable me prenne[1] ! » Ce que lisant, Desmarest dut rire.

On perçoit l'écho de sa gaîté dans les bulletins rédigés sous sa surveillance et quotidiennement soumis à l'Empereur. Ordinairement graves, leur ton devient goguenard lorsqu'il y est question de « la prochaine défection complète et simultanée de tous les fonctionnaires de l'Empire français en faveur du Prétendant[2] ». On s'y amuse de la naïveté de Fauche-Borel et de la pleine confiance qu'il accorde à « son ami de Paris », — « du superbe plan de l'agent de police » (Perlet, que le bulletin ne désigne jamais autrement), plan qui consiste en « une légation royale à Paris composée d'un militaire marquant, d'un sénateur, etc., dont Fauche serait l'intermédiaire auprès du Roi[3] » ; — on y raille la joie crédule du dit Roi, « touché de la plus vive sensibilité en apprenant l'avancement donné à ses affaires par l'agent de police », et dont il parle « comme de son plus ferme soutien » ; — et l'on ne craint pas d'exposer à l'Empereur lui-même que « la base de ce fameux plan est de renverser le tyran et de purger la France de son infâme séquelle » ; — « l'affaire, note le bulletin, est préparée à Londres et il suffira d'un agent muni de pleins pouvoirs ». — Le succès est si certain que Fauche recommande

1. *Archives nationales*, F 76319 ᴬ, lettre 40.
2. Bulletin de Police du 23 avril 1806. D'HAUTERIVE, II, 1043.
3. Bulletin de Police du 27 juin 1806, D'HAUTERIVE, II, 1271.

déjà « qu'on ne l'oublie pas dans la distribution des fonds... » Tout cela, d'ailleurs, rapporté aux bulletins, sans détails ni développements, à l'égal d'un simple fait-divers, de façon que l'Empereur n'y pouvait, à vrai dire, rien comprendre si quelqu'un ne lui fournissait un complément verbal d'informations. On aimerait à penser qu'il ne le réclama point et n'autorisa jamais de son approbation cette supercherie indigne de sa grandeur.

Ce qui surprend c'est que Louis XVIII, réfléchi et circonspect, le cabinet britannique, prudent et rendu méfiant par l'expérience, s'y fussent laissés prendre. D'autant que le faux *Comité* de Perlet n'était qu'une redite : trois ans auparavant, un autre aventurier, Méhée de La Touche, stipendié, lui aussi, par la Police, avait joué de même façon le comte d'Artois, les ministres anglais ainsi que leurs agents du continent et, ayant tiré d'eux confidences et guinées, avait publié cyniquement, à grand fracas, l'hilarant récit de sa turlupinade[1]. Faut-il donc supposer que la finesse des plus perspicaces était alors émoussée par la brutale incohérence des événements? Après cent ans et plus, ils nous paraissent encore invraisemblables ; qu'était-ce donc pour les contemporains? Se représente-t-on le prodigieux effet que dut produire aux cours étrangères, figées depuis des

---

1. *Alliance des Jacobins de France avec le ministère anglais, suivie de stratagèmes de Fr. Drake, sa correspondance, ses plans de campagne.* Paris, an XII.

siècles dans la vénération de l'hérédité hiérarchique
et des antiques aristocraties, la première page de cet
Almanach impérial pour l'an XIII où, sous le titre
traditionnel : *Naissances et alliances des Princes et
Princesses de l'Europe, France,* on lut avec effarement ce nom de Napoléon, suivi de la kyrielle de
toute la famille. D'où sortaient ces gens-là? Celle-ci
était, il y a dix ans, ouvrière en linge à Marseille;
cet autre, aujourd'hui qualifié « beau-frère de l'Empereur, grand amiral, maréchal de l'Empire, gouverneur de Paris », est le fils d'un cabaretier. Et
toute cette bande vous a des « Grands aumôniers »,
des « Pages », des « Dames pour accompagner »,
des « hérauts d'armes » — qui se nomment Sallen-
gros et Zimmermann! Pouvait-on croire à la durée
de cette mascarade? N'était-il pas impossible que ces
parvenus risibles eussent des partisans en ce Paris
réputé par son tact et son respect des traditions!
Depuis le début de la révolution, les princes exilés,
dans une incompréhension parfaite du nouvel esprit
de la France, persistaient donc à garder l'illusion
que nul ne pouvait rêver sort plus désirable, que
celui de servir la cause royale, et gloire plus enviée
que celle de mériter leurs faveurs. Entre eux ils se
jalousaient et se craignaient : Louis XVIII redoutait
les inconséquences de son frère d'Artois, lequel se
méfiait du cousin d'Orléans; tous deux prenaient
ombrage de la popularité du prince de Condé et
même évitaient de mettre en avant les deux jeunes
ducs d'Angoulême et de Berry, de peur que la

France, enthousiasmée par leur bonne mine, ne se jetât dans les bras de l'un ou de l'autre. Mais, en dehors de leur propre famille, les Bourbons ne voulaient voir en tous leurs sujets rebelles que des amis prêts à se dévouer. Aussi, dès qu'un homme paraissait émerger de la démocratie ambiante et faisait preuve de quelque supériorité, ils imaginaient n'avoir qu'un mot à dire pour que celui-là se ralliât docilement à leur cause et protestât de sa soumission. C'est ainsi qu'on avait « tâté » Cambacérès, dès 1795 [1] prêt, croyait-on, à « demander sa grâce »; puis on voulut avoir Pichegru, ainsi qu'il a été conté; après Pichegru on s'adressa à Moreau, à Hoche, à Kellermann [2]; on essaya de séduire Boissy-d'Anglas [3], Oudinot [4]; un peu avant le 18 brumaire, ou crut pouvoir gagner *Talleyrand,* — on disait *l'Evêque d'Autun;* — mais le dit prélat « demanda l'impossible [5] ». On tenta Barras; on fit des avances à Carnot, encore que ces démarches répugnassent à d'Avaray qui, intransigeant, n'apercevait pas « l'utilité de rallier ces tyrans ensanglantés [6] ». Dès brumaire on s'attaqua à Lebrun, le troisième Consul,

---

1, *Souvenirs de* MONTGAILLARD, 248.
2. DAUDET, *Emigration*, I, 385, II, 16.
3. *Idem*, II, 24-25.
4. CAUDRILLIER, *Trahison de Pichegru*, 198 et note.
5. « Talleyrand envoya M. de Fontanes auprès du roi Louis XVIII, avec mission d'offrir ses services. Il ne demandait pour récompense que le duché de Périgord, et d'être affranchi des liens de son état ecclésiastique. Le roi accorda le premier point sans difficulté; sur le second il répondit que cela regardait le Pape. Cette négociation fut bientôt abandonnée. » (PASQUIER, *Mémoires*, I, 248. V. aussi DAUDET, *Emigration*, II, 403.)
6. DAUDET, *Emigration*, II, 29.

qui riposta par un refus sec et poli; on circonvint
Joséphine, la femme de Bonaparte, que madame
Hue, son ancienne amie, assurait être « royaliste »;
on pressentit à plusieurs reprises Berthier, le fidèle
compagnon de Napoléon; originaire de Versailles,
sa mère avait compté jadis au nombre des femmes
de chambre du château, et lui-même, à ses débuts,
fut employé par Louis XVI à la confection de la
carte des chasses : si grande était l'aberration de la
petite Cour du Prétendant qu'on n'y doutait pas des
regrets que ce passé flatteur devait éveiller au cœur
de Berthier, devenu ministre de la Guerre; mais il
se déclara satisfait de sa place actuelle, et ce fut
encore pour Mitau une déception. On aborda enfin
Bonaparte lui-même, — « un gredin très maladroit »,
au dire du comte de Vaudreuil[1]; — pour le vainqueur d'Arcole, Louis XVIII se mit en frais d'une
lettre personnelle, qui lui valut une réponse, de son
propre aveu, « insolente [2] ». Et malgré ces déboires
répétés, la foi subsistait toujours dans la constante
fidélité des « sujets » du Roi et dans sa Restauration
prochaine. Que ces puériles espérances aveuglassent
les émigrés, vivant depuis longtemps à l'étranger,
on peut, d'une certaine façon, le comprendre; mais
qu'elles ne fussent pas détrompées par les agents
que les Bourbons comptaient à Paris, voilà qui
paraît difficilement explicable.

1. BRIFAUT, *Souvenirs*, I, 143.
2. Il faut lire aux derniers chapitres du IIe volume de *l'Histoire de
l'Emigration*, par Ernest DAUDET, de très intéressantes correspon-
dances au sujet de ces diverses tentatives.

Il est vrai que, depuis 1804, Louis XVIII n'a plus en France d'agence officielle. Après Brumaire, s'est formé, sous les auspices et l'influence du comte d'Artois, un *Comité royal*, composé de gentils-hommes courageux, loyaux mais turbulents; ils s'amusent, caquettent, vont et viennent entre Paris et Londres, vivent dans des caches, dînent en ville et dépensent sans parcimonie les guinées de l'Angleterre; le duc de Coigny, Hyde de Neuville, le policier transfuge Dupéron[1] assument la direction de cette association, maladroitement nommée le *Comité anglais;* ils ont leur journal clandestin, — *l'Invisible,* — et un secrétaire, l'abbé Godard, si imprévoyant qu'il distribue, en pleine rue, les brochures de propagande royaliste. Il est aperçu, pisté, arrêté — et le *Comité anglais* a vécu. C'est à lui, certainement, que faisait allusion le duc d'Enghien lorsqu'il écrivait : « Je ne connais pas un mot de vos histoires d'agences... Je vois dans tout cela un tas de gens qui ne cherchent qu'à gagner de l'argent et qui sont plus nuisibles qu'utiles[2]. »

Le *Conseil royal*, la dernière en date des agences royalistes, et la plus sérieuse, subsistera jusqu'à l'aurore de l'Empire; il a été créé par le Roi et ne correspond qu'avec lui[3]; l'abbé de Montesquiou-

1. Voir sur Dupéron la préface par Albert Savine des *Quinze ans de haute police,* par Desmarest, édition Garnier, 1900, et *Profits de Conspirateurs en l'an VIII, Dupéron et la conspiration anglaise,* par H. Pauffin de Saint-Morel, *Revue de Paris,* 15 novembre 1910.

2. Welschinger, *Le duc d'Enghien,* 181.

3. *Le Conseil Royal* dut fonctionner dès après Fructidor : en 1820,

Fezensac, Royer-Collard, Dambray, André Jourdan, Beugnot, Fiévée, d'autres hommes éminents le composent; depuis Brumaire, il est, non point, bien entendu, reconnu, du moins, toléré par le gouvernement consulaire. C'est comme agents du Prétendant que ses membres sont reçus et fêtés dans les salons les mieux famés où ils rencontrent les gens en place, voire les ministres, avec lesquels ils s'entretiennent discrètement de leur mission et de leurs espoirs[1] : ils approchent même à l'occasion les consuls en personne! La preuve en est que l'abbé de Montesquiou remit lui-même à Bonaparte et à son collègue Lebrun les lettres adressées à ceux-ci par le Roi son maître. Par malheur, il lui était si dévotieusement attaché qu'il n'osait lui faire entendre la vérité désespérante : à Talleyrand qui demandait comment avait été reçue à Mitau la brutale réponse de Bonaparte, l'abbé de Montesquiou répondait : — « Elle n'est pas encore partie... Pourquoi ajouter aux chagrins de notre malheureux prince? Il saura toujours assez tôt que vous ne voulez rien faire pour lui[2] ». Voilà pourquoi le Roi exilé était si mal renseigné, même par ses agents les plus perspicaces : et quand la rupture fut définitive, après l'exécu-

Royer-Collard, qui en fut l'un des fondateurs, écrivait : — « J'ai été pendant six ans au péril de ma vie, le serviteur du Roi de France et son conseiller assidu... Ces relations .. ont commencé six mois après le 18 Fructidor.. elles ont définitivement cessé vers le milieu de l'année 1803. » (DAUDET, *Emigration*, II, 273, n.)

1. E. DAUDET, *Emigration*, II, 43 et s., relate une conversation bien singulière tenue entre l'abbé de Montesquiou et Talleyrand, dans le salon de la duchesse de Luynes.

2. E. DAUDET, *Emigration*, II, 438.

tion du duc d'Enghien et la proclamation de l'Empire, quand il fut constant que Bonaparte n'avait jamais songé à jouer le rôle de Monck, les royalistes persistèrent dans l'illusion ; c'est un mal tenace dont on s'efforce de ne pas guérir, tant il est captieux et séduisant ; ainsi s'explique la crédulité de la petite Cour de Mitau qui, lasse de déceptions, s'obstinait à vouloir être leurrée et, sous le grand déluge où s'étaient noyés tous ses espoirs, accueillait comme la colombe de l'Arche la mystification de l'odieux Perlet, annonçant qu'un revirement était proche et que l'Usurpateur, en apparence triomphant, ne comptait plus un partisan ni un ami.

Les coups répétés du malheur, l'éloignement, l'impossibilité d'un incessant contact avec la France, la préoccupation de tenir le rôle en dépit de l'inattention universelle, et, plus encore, les flatteries mensongères des aventuriers et des besoigneux, enveloppaient Mitau d'une sorte de léthargie. Quand, au début de 1798, chassé de Blankenbourg à la requête de la République française, le Prétendant avait reçu du Czar l'invitation de s'établir en Courlande, il craignit d'abord que ce lointain exil prît l'aspect d'une désertion. Pourtant, comme tout autre asile lui était refusé, il accepta bien à contre-cœur. Dans sa lettre de remerciement, il n'omettait pas d'insister sur « la douleur que cet éloignement allait causer à ses fidèles et malheureux sujets », lesquels, à la vérité, sauf quelques rares exceptions, ignoraient jusqu'à son existence. Le 13 mars, après

trente et un jours de route, il arrivait à Mitau.
C'était alors une ville régulièrement tracée mais
bâtie de maisons de bois, dominées par l'un de ces
immenses châteaux que, dans l'obsession de Versailles, bon nombre de souverains grands et petits
avaient élevés au cours du xviiie siècle. La demeure
était donc monumentale et pouvait passer pour
splendide, digne vraiment d'abriter l'exil de la plus
auguste monarchie du monde. Des bosquets coupés
d'étangs formaient parc, dissimulant tant bien que
mal l'étendue de la dune livide se confondant à
l'horizon avec la ligne grise du golfe de Riga. Par
malheur, ce noble et triste décor incitait à l'organisation d'une Cour, et l'on n'y manqua pas. Quoique,
si l'on excepte les grands appartements, le château
fût entièrement démeublé, qu'il n'y eût « point de
lits, point de couchettes, point de linge, ni rien de
ce qui est indispensable dans la plus chétive maison[1] », on s'installa à l'économie, mais de façon à
satisfaire l'étiquette. Dans ce grand palais on s'efforça
de reconstituer Versailles et les Tuileries, encore
qu'on disposât seulement des charités du Czar, un
lunatique, dont les munificences étaient intermit-
tentes. Ainsi avait-il eu la délicate pensée de former
un détachement de cent anciens gardes du corps du
Roi, ayant fait partie de la cavalerie noble de l'armée
de Condé et qu'il fit conduire à Mitau dans des four-

---

1. *Mémoires tirés du Journal de M. le vicomte d'H..., aide de
camp du Roi, sur l'émigration française et sur les circonstances de
l'exil de S. M. Louis XVIII. Mémoires secrets et inédits pour servir
à l'Histoire contemporaine,* par A. DE BEAUCHAMP, Tome II, 148.

gons de poste, afin que le Prétendant fût reçu à son
débotté avec les honneurs royaux; mais le Czar
avait négligé de donner des ordres au sujet du logement, de la paie et de l'habillement de cette maison
militaire improvisée, de sorte que, affamés et en
loques, réduits à l'aumône des habitants de Mitau,
ces gardes du corps n'eurent pour casernement
qu'une maison entièrement dégarnie où ne se
trouva pas même une botte de paille.

Tout de même, quand on se fut organisé, et après
l'arrivée de la Reine, demeurée jusqu'alors en
Bohême, et de Madame Royale, fille de Louis XVI,
internée à Vienne depuis sa sortie du Temple, la
Cour de Mitau prit un semblant de tenue. Le Roi
eut « sa maison » : grand aumônier, aumôniers en
service, gentilshommes de la Chambre, aides de
camp, chambellan par quartier... La Reine et Madame
— qu'on maria sans désemparer à son cousin le duc
d'Angoulême, — furent pourvues d'une dame d'honneur, d'une dame pour accompagner et d'un chevalier d'honneur. Près de trois cents Français vivaient
dans le château des ducs de Courlande, et d'être là,
après tant de dispersions et de misères, dans cette
oasis favorable aux illusions, ils souhaitaient que
rien ne vînt troubler cette accalmie et ils redoutaient
par-dessus tout les porteurs de mauvaises nouvelles.
Certes, les bénéfices matériels étaient minces, les
portions congrues, les livrées râpées; la chère était
maigre, la pénurie grande, car le Roi, qui tenait lui-
même les cordons de sa bourse, répartissait parci-

monieusement les deux cent mille roubles que lui
servait, — irrégulièrement — l'Empereur de Russie ;
mais, comme le dénuement était général et qu'on
n'avait point à souffrir des comparaisons, on en
prenait son parti, dans l'espoir des revanches prochaines. De ces résignations naissait une sorte d'in-
dolence accrue encore par l'éloignement de la France
et l'on s'explique que, à vivre repliés sur eux-mêmes,
isolés sous un climat soporatif, ces naufragés de la
révolution se fussent abandonnés à tous les songes
dont pouvait s'agrémenter leur somnolence.

Les gens de passage, ceux que la vie agissante
tenait éveillés et qu'un devoir, le hasard ou la simple
curiosité amenaient à Mitau, rapportaient de ce Versailles au Bois dormant des impressions lamentables.
Le prince de La Trémoille, chef temporaire de
l'agence royaliste, échappé à la fournaise de Paris
et venu à Mitau dans l'espoir d'y retremper son
ardeur, s'en revenait « écœuré jusqu'au dégoût », et
épouvanté de n'y avoir trouvé que des fossiles
endormis, volontairement sourds à tout ce qui trou-
blait leur rêve[1]. — La jeune duchesse Dorothée de
Biren, la future duchesse de Dino, dont le père
avait régné sur la Courlande, fut admise, encore
presque enfant, mais déjà douée d'une pénétration
singulière, à présenter ses hommages aux Bourbons
de France, hébergés dans le château qu'avaient
possédé ses ancêtres : on la présenta à « la Reine » ;

1. *Souvenirs de la Révolution, Mes Parents*, par le duc DE LA
TRÉMOILLE, 54 et suiv.

elle en eut peur : — « Je n'avais jamais vu une femme plus laide ni plus sale; ses cheveux gris, coupés en hérisson, étaient couverts d'un mauvais chapeau de paille tout déchiré; son visage était long, maigre et jaune; sa taille petite et grosse soutenait, je ne sais comment, un jupon sale sur lequel flottait un petit mantelet de taffetas noir tout en loques. La messe, les vêpres, le salut, la chasse, occupaient le duc d'Angoulême...; le duc de Grammont cherchait partout un bon dîner; M. d'Agoult soignait déjà mademoiselle de Choisy... [1] » La petite Dorothée jugeait que, « si l'on n'avait été aveuglé par le besoin de trouver intéressants des gens malheureux », on aurait pris très mauvaise idée des proscrits qu'abritait le domaine de ses pères. — Vers la même époque, c'est-à-dire dans les premiers mois de 1807, le Czar Alexandre voulut bien, sur l'instante prière de Louis XVIII, s'arrêter à Mitau qu'il traversait en se rendant à son armée. Les exilés avaient résolu d'éblouir ce puissant allié auquel ils devaient tant : à la poste il trouva le duc d'Angoulême venu pour le complimenter; au pied de l'escalier du château l'attendait le comte d'Avaray qui le conduisit jusqu'au grand salon garni d'un meuble de casimir bleu avec des bordures de casimir jaune[2]. Là se tenait « le Roi de France », empêché par la goutte, — ou par l'étiquette, — de s'avancer au-devant du

---

1. *Souvenirs* de la duchesse de Dino, cités par GILBERT STENGER, *Grandes Dames du XIX⁰ siècle*, 431.
2. Archives des Affaires étrangères, *Fonds Bourbon*, 604.

Czar. Les deux souverains s'embrassèrent et se retirèrent dans le cabinet du Roi où ils restèrent seuls près d'une heure. Puis le Czar consacra quelques instants « à la Reine » et à la duchesse d'Angoulême. Il quitta Mitau le soir même. Louis XVIII fut « enivré par cet entretien »; quant au Czar, choqué par la pauvreté prétentieusement dissimulée de son hôte, par l'aspect de ce goutteux obèse, par sa loquacité déconcertante, il sortit de là résolu « à abandonner les Bourbons et à ne favoriser en rien leurs projets », bien persuadé que le Prétendant, « débris d'une grandeur passée », était un homme médiocre qui ne régnerait jamais[1].

De même que l'optimisme opiniâtre des Français de Mitau leur montrait des éclaircies d'azur dans le ciel implacablement sombre de leurs destinées, de même l'accoutumance leur décelait-elle ce qu'avaient de piteux ce pastiche de cour et ce simulacre de décorum. Les étrangers jugeaient cette affectation presque inconvenante : ces gardes du corps, armés de pied en cap pour la défense de ce monarque perclus qui ne sortait pas de son appartement et que personne ne songeait à attaquer, l'oisiveté de ces gentilshommes, affairés à des riens et imbus de leur importance, cette soumission à une étiquette surannée et dénuée des élégances qui la rendaient naguère supportable, offusquaient comme des enfantillages. Et

---

1. DAUDET, *Emigration*, III, 407, 408. Le registre 615 du *Fonds Bourbon* aux Archives des Affaires Etrangères contient un récit de la visite du Czar à Mitau.

pourtant, parmi l'Europe submergée par le flot montant de l'idée révolutionnaire, il n'était pas sans
grandeur que, en cette sorte d'îlot perdu aux confins
du monde civilisé, le descendant de soixante-dix
Rois recueillît, comme un Robinson, les tristes
épaves du grand naufrage où s'était englouti le
vieux monde. Il avait groupé autour de lui, ainsi
qu'un symbole, les survivants augustes ou humbles
des tragédies régicides : la fille de Louis XVI, l'abbé
Edgeworth, le prêtre de l'échafaud royal, Hue et
Cléry, les derniers serviteurs du Roi martyr et jusqu'au pauvre Turgy, le garçon d'office du Temple.
Et quand tous les souverains empressés s'agenouillaient devant Bonaparte en attendant qu'ils le pussent
abattre, il était beau de voir le plus noble de tous,
réduit à la mendicité, affrontant le cyclone avec
intrépidité et se refusant à courber le front. Son
indomptable confiance en ses imprescriptibles droits
était un reproche pour les uns, un remords pour
d'autres, une leçon pour tous ; des indifférents,
même, en étaient frappés : un officier de Napoléon,
porteur d'une dépêche à destination de Saint-Pétersbourg et voyageant à grande allure, traverse, un
soir d'août 1807, une petite ville russe. C'est la poste :
on relaie. A l'auberge l'officier s'étonne d'entendre
tout le monde parler français ; la plupart des hommes
qui sont là ont à la boutonnière un ruban rouge.
Qu'est-ce ? — La légion d'honneur ? — Non, l'ordre de
Saint-Louis. — Comment donc s'appelle cette bourgade ? — Mitau. On est en France, en vieille France.

Remonté dans sa chaise de poste qui, de nouveau, brûle le pavé, le courrier de l'Empereur, se penchant, aperçoit, dominant les toits de la ville, la longue et superbe façade, tout éclairée, du château qui abrite la Royauté proscrite. De ce rapide coup d'œil germera dans son esprit une hantise inconsciente : cet officier de Napoléon, à dix ans de là, sera, aux Tuileries, gentilhomme de la chambre du Roi Louis XVIII [1]. Cette hantise, bien d'autres la subissent : le grand perturbateur, celui qui secoue et domine le monde, Napoléon, à l'apogée de sa gloire, en est lui-même obsédé. Il savait bien que « dix siècles d'Histoire ne pouvaient être effacés par les événements de dix années [2] », et, dans ses retours de conscience, l'idée le harcelait que la restauration des Bourbons était fatale. — « Je ne suis pas éloigné de croire, notait Pasquier, que, dans son orgueil, il était flatté de ne pouvoir être remplacé que par cette auguste dynastie [3] ». Ça le gênait qu'il y eût là-bas, au fond de la Courlande, un rival, sans un canon, sans un soldat, et plus puissant que lui pourtant à cause du principe dont ce banni était le représentant : — « Ah ! si j'étais seulement mon petit-fils ! » murmurait-il en contemplant avec tristesse son œuvre éphémère. Pour se délivrer de ce cauchemar, il tenta « d'acheter » à l'exilé son indélébile prérogative : un Prussien eut la platitude de transmettre la

1. *Mémoires* du Général Comte de SAINT-CHAMANS, ancien aide de camp du maréchal Soult, 81.
2. PASQUIER, *Mémoires*, I, 234.
3. *Idem*, II, 139.

proposition ; la réponse de l'exilé fut superbe : —
« Bonaparte se trompe s'il croit m'engager à transi-
ger sur mes droits... Il les établirait lui-même, s'ils
pouvaient être litigieux, par la démarche qu'il fait en
ce moment ». Et comme le Prussien insistait, alléguant que, par ce refus hautain, le Roi s'exposait à
perdre les subsides pécuniaires de la Russie, déjà
tremblante, Louis XVIII riposta : — « Je ne crains
pas la pauvreté. S'il le fallait je mangerais du pain
noir avec mes enfants et mes serviteurs... » Ce n'était
pas là un mot « à effet », puisque, peu auparavant,
dans le lamentable exode de Varsovie, la famille
royale, à bout de ressources, avait dû vendre ses
meubles et mettre en gage les diamants de la fille
de Louis XVI. Dans cette extrémité, le proscrit errant
ne parlait pas moins de « sa couronne », de « son
sceptre », de « son trône », de ses « fidèles sujets » ;
et cette opiniâtre confiance, accrue de toutes les
catastrophes qui auraient dû l'entamer, explique la
crédulité tenace du Roi et de ses entours aux rapports invariablement favorables de ses agents comme
aux machiavéliques perfidies de ses adversaires. La
naïveté et l'aveuglement comptent parmi les plus
estimés des apanages de la foi.

Ainsi, sans inspirer l'ombre de méfiance, depuis
le début de 1806, se poursuivait entre Mitau et les
mouchards de Paris cette correspondance dont on a
dit plus haut l'origine et le développement. Les lettres
de Perlet parvenaient à Fauche-Borel fixé à Londres,

ainsi qu'on l'a vu ; celui-ci en adressait copie à son frère François, retiré à Copenhague après l'invasion de la Prusse par les armées françaises, lequel les faisait parvenir en Courlande. Cette correspondance, — on se le rappelle peut-être, — était, d'abord, un piège du subtil policier Desmarest, désireux d'attirer Fauche-Borel en France : il fallait que, pour l'exemple, le libraire se livrât lui-même au châtiment dû à sa félonie : d'où l'invention de ce faux *Comité* royal, composé de personnages aussi éminents qu'imaginaires, et l'incessante objurgation que « quelqu'un », possédant toute la confiance de l'auguste exilé de Mitau, vînt personnellement se concerter avec eux. Tel était primitivement le traquenard habilement tendu ; la facilité avec laquelle les deux Fauche, d'Avaray, le Roi lui-même, « gobaient » cette bourde de taille, avait enhardi les policiers ; ils tiraient, de leur stratagème, de précieux renseignements sur la politique de l'émigration ; sous prétexte que le *Comité* réclamait d'être tenu « au courant de tout », Perlet recommandait à son cher Fauche de ne « lui rien cacher » ; même, soit que Desmarest eût jugé piquant de solder sa police aux dépens du gouvernement anglais, soit que Perlet eût résolu de refaire sa fortune abolie depuis fructidor, il insinua à son correspondant que le *Comité* avait besoin d'argent pour acheter certains concours subalternes et qu'une somme de 500.000 francs aiderait grandement à hâter l'heureux dénouement. Mais le point essentiel, sur lequel on insistait sur-

tout, c'était l'envoi à Paris « d'une personne de confiance », chargée de se mettre en rapport direct avec
le *Comité*.

Cette demande d'argent éveilla quelques soupçons :
les ministres anglais, ayant déjà dépensé des milliards
sans parvenir à triompher de Bonaparte, estimaient
bien mesquine cette somme de 500.000 francs. On
leur eût réclamé quelques millions de livres sterling,
que leur confiance dans le *Comité* de Perlet en eût
été renforcée ; mais 500.000 francs ! Quel résultat
attendre d'une si misérable avance ? Fauche dut faire
comprendre à Perlet que la modestie de ce chiffre
causait mauvais effet, et qu'il aurait grand tort de se
gêner : — « Les 500.000 francs et tous les fonds
qu'une entreprise de ce genre nécessitera seront toujours à votre disposition », écrivait-il [1] ; mais avant
d'ouvrir ses coffres, le cabinet de Saint-James exigeait une preuve irrécusable de l'influence du *Comité*
et de sa coopération avec la police de Fouché : cette
preuve consistera en deux passeports en blanc,
« revêtus de toutes les formalités » et signés du
ministre Fouché : l'un de ces passeports sera directement adressé à *Fietta* (Louis XVIII), l'autre, par
la voie de Hollande, à un libraire de Londres qui le
remettra à Fauche-Borel : ce dernier sauf-conduit
servira à « la personne de confiance » qui entre-
prendra le voyage de Paris afin de s'y aboucher avec
le *Comité* royal. Perlet ne satisfit pas à cette

---

1. Le 21 novembre 1806. *Archives nationales*, F⁷ 6468.

demande : sans doute Desmarest ne consentait-il point à immuniser par un passeport signé du ministre « la personne de confiance » dont il attendait impatiemment la venue. Louis XVIII émit l'idée que le crédit de Perlet serait suffisamment prouvé si celui-ci envoyait, au lieu des deux passeports, « une liste des royalistes actuellement détenus au Temple. » Le policier expédia la copie du livre d'écrou et cette prouesse établit surabondamment que cet homme admirable ordonnait à Paris la pluie et le beau temps et que le *Comité* dont il était l'organe disposait à son gré de tous les services administratifs.

Restait à choisir « la personne de confiance » qui aurait l'honneur de se concerter la première avec les membres du *Comité*. Fauche-Borel, comme on l'imagine, souhaitait ne laisser à personne le bénéfice de cette aubaine; d'ailleurs il se jugeait le seul capable d'apprécier, en homme rompu aux grandes affaires, l'importance du mouvement qui se préparait, les personnages qui allaient s'y trouver mêlés, leurs ressources, leurs projets, « d'enflammer leur zèle et d'évaluer les sommes nécessaires à leurs dépenses secrètes[1] ». C'était lui, du reste, que le *Comité* désirait et Perlet insistait beaucoup, dans l'intérêt de « la cause », pour qu'il se décidât à se mettre en route. Mais Fauche était un peu refroidi par les admonestations du comte d'Antraigues, grand expert en intrigues et convaincu que « l'affaire Per-

---

1. FAUCHE-BOREL, *Mémoires*, III, 334-335.

let » était une périlleuse mystification [1]. Lord Howich lui-même, secrétaire d'État du ministre des Affaires étrangères, — soit qu'il redoutât les prétentions de Fauche, soit qu'il n'eût en lui qu'une médiocre confiance, le mettait en garde contre quelque guet-apens et eût préféré envoyer à Paris l'un de ses compatriotes. Fauche, n'ayant pas oublié, lui, le mauvais tour joué à Desmarest et sachant qu'il s'exposerait beaucoup en bravant le policier sur son domaine, se résignait, sans trop de peine, à céder la mission à un autre ; mais comme il la prévoyait immensément retentissante et lucrative, il tenait absolument à ce qu'elle fût confiée à quelqu'un des siens et il désigna au ministre son neveu Charles Vitel, récemment débarqué à Londres.

C'était le plus jeune des deux frères ; celui qui, treize ans auparavant, à Genève, s'était, un jour de Terreur, échappé de la maison familiale pour courir à l'endroit où son père était mis à mort : on avait dû arracher l'enfant du lieu de l'exécution, ainsi qu'on l'a vu au début de ce récit. Charles comptait maintenant vingt-sept ans : c'était un grand garçon aux traits fins, aux yeux clairs, aux cheveux châtains, à l'air un peu féminin et mélancolique. Il s'était engagé à dix-huit ans dans l'armée anglaise et revenait, en ce mois de décembre 1806, d'une campagne aux

---

1. Ce fut de tout temps aussi l'avis du comte de Puisaye, lequel écrivait à d'Antraigues, en octobre 1807 : — « Je persiste plus que jamais à croire que c'est un second volume de l'affaire Mehée de La Touche. Je ne pense pas pour cela que Fauche soit de mauvaise foi, mais il est trompé ». (*Archives des affaires étrangères. Fonds Bourbon*, 641.)

lndes où il avait servi, en qualité d'enseigne, sous les ordres de Sir Arthur Wellesley, le futur duc de Wellington. Fauche-Borel avait présenté son neveu à tous les personnages dont il se flattait d'être estimé ; le jeune homme plut par sa distinction, sa bonne tenue, sa mine « candide » et distinguée. Quand il se déclara prêt à partir pour Paris, Lord Howich lui représenta les dangers de l'entreprise ; mais Charles insista, alléguant qu'elle n'offrait pas pour lui autant de difficultés que pour un autre : il connaissait Perlet qu'il avait rencontré à Londres, en 1800, lorsque le déporté revenait de Cayenne ; en une heure d'entretien avec cet homme précieux, il apprendrait les noms des sénateurs et des maréchaux composant le *Comité*, se présenterait chez les plus qualifiés et reprendrait aussitôt la poste. Il ne ferait donc que toucher barre à Paris, et il serait, d'ailleurs, muni d'un passeport en règle, levé à Neuchâtel où il comptait se rendre d'abord, ayant hâte d'embrasser sa mère, son frère et sa sœur qu'il n'avait pas vus depuis huit ans. Dans ces conditions les risques étaient réduits à leur minimum, d'autant que l'honnête et courageux Perlet ne ménagerait au jeune émissaire ni sa protection, ni celle des puissants fonctionnaires ralliés par lui à la cause royale.

Au nombre de ces fonctionnaires, Fauche-Borel, interprétant les réticences de Perlet, plaçait, on ne l'a pas oublié, peut-être, Fouché, le ministre de la Police ; c'était lui, évidemment, ce haut personnage désigné dans la correspondance sous le pseudonyme de *Maradan*. Perlet n'avait jamais consenti à s'expliquer nettement à ce sujet ; mais, puisqu'on disposait d'un émissaire, il fallait en avoir le cœur net. Lord Howich exposa à Charles Vitel l'intérêt extrême que le cabinet britannique attachait au concours de Fouché. — « S'il compte au nombre des membres du *Comité*, dit-il, nous aurons une grande confiance dans la négociation ». Tout de suite, Fauche-Borel, pour montrer son zèle, imagine d'écrire à Fouché une lettre dont Charles sera porteur et qu'il remettra lui-même au ministre de la Police « s'il trouve l'occasion de se rencontrer avec lui. » Cette lettre est ainsi libellée :

Ayant une communication de la plus haute importance à faire parvenir à Votre Excellence, j'aurais besoin à cet effet de deux passeports en blanc pour deux personnes que le ministère de Sa Majesté britannique désire vous adresser : l'un pour moi, en mon nom et avec mon signalement ; l'autre en blanc pour une personne de confiance qui reviendra avec moi auprès de Votre Excellence pour traiter *d'un objet important* qui intéresse essentiellement le salut de l'Etat et l'existense personnelle du ministre. Si le ministre veut envoyer une personne qui ait toute confiance, cette personne recevra les premières communications qui ne laisseront rien à désirer à Son Excellence. Enfin, en priant le ministre de renvoyer mon neveu par la voie particulière des pêcheurs, je propose d'établir de suite, par ce moyen, une correspondance prompte dont le secret sera impénétrable et dont aucun émigré ni agent des princes ne sera instruit.

FAUCHE-BOREL[1].

1. *Archives nationales*, A F¹ᵛ 1499. Bulletin de Police du 4 mars 1807.

Par précaution, cette lettre, tracée sur un papier très mince, fut introduite dans le bambou qui servait de badine à Vitel. Il lui était bien recommandé de ne remettre ce billet qu'à Fouché lui-même. Ainsi, bien lesté d'argent, heureux en expectative de la lieutenance que Lord Howich lui a promise pour récompense[1], curieux de pénétrer en de si romanesques conditions dans ce Paris qu'il n'a jamais vu, Charles Vitel quitte Londres le 6 janvier 1807[2], poussé par l'inconscience de son oncle vers cet antre redoutable de la Police impériale, où il doit, sur la foi de Perlet, trouver des protecteurs empressés à lui faciliter sa tâche et à le prémunir contre tout danger.

1. *Archives nationales*, même dossier.
2. *Archives nationales*, même dossier.

CHARLES VITEL

en costume d'Enseigne au service de l'Angleterre

V

CHARLES VITEL

Vitel débarqua à Hambourg, muni d'un laissez-passer danois au moyen duquel il put se procurer un passeport pour Neuchâtel. Il traversa l'Allemagne sans malencombre et arriva dans sa famille vers le 1ᵉʳ février. Il séjourna dix jours à Neuchâtel et écrivit de là à Perlet pour l'aviser de son très prochain passage à Paris.

Cette lettre déçut Perlet : c'était Fauche-Borel qu'il espérait livrer à Desmarest. Il était, en outre, fort perplexe : ce jeune Vitel, arrivant investi d'une mission bien définie, ne serait probablement pas aussi facile à berner que son oncle le libraire ; il allait exiger des précisions ; comment éluder ses questions ? Par quel subterfuge nouveau éviter de lui révéler les noms des membres d'un *Comité* qui n'existait pas ! Et si Perlet refusait de parler, quel prétexte invoquer pour expliquer son silence sans pourtant éveiller les soupçons de ses dupes de Londres et compromettre la correspondance juste au moment où elle se présentait lucrative?

Perlet confia son embarras à son maître et ami Veyrat. L'inspecteur général de la police avait ses défauts; mais c'était un homme de ressources, doué d'une sorte de génie pour sa profession et disposant de mille roueries aussi variées qu'ingénieuses; il examina la question et décida que, pour se tirer de cette situation épineuse, il suffisait de placer Perlet dans une position qui lui interdît de répondre aux questions de Vitel en lui permettant cependant de faire parler ce jeune homme dont on pouvait obtenir des renseignements précieux. Il imagina donc de mettre pour quelques jours Perlet en prison, sous prétexte de dettes impayées; durant cette détention fictive, Veyrat se chargerait de surveiller Vitel et d'empêcher qu'il perdît patience.

Charles Vitel arriva à Paris, venant directement de Neuchâtel, le 21 février, et se logea à l'*Hôtel d'Hambourg*, tenu par Paguest, rue de Grenelle-Saint-Honoré [1], non loin du Palais Royal. Dès le jour suivant, gardant 20 louis d'or en poche, il porta une lettre de crédit de 180 livres sterling à la banque Hottinger, rue du Sentier : il disposait donc de 200 livres sterling, soit environ 5.000 francs [2]. Cette

1. Actuellement partie de la rue Jean-Jacques Rousseau.
2. Carnet de comptes de Vitel. *Archives nationales*, F ⁷, 6319 ᴬ. Le louis d'or de 24 francs équivalait à peu près à la livre anglaise et Vitel n'y fait pas de différence, comptant simultanément en louis et en livres. Il avait reçu à son départ de Londres, 300 l.s. (environ 7.500 francs).

opération faite, il se dirigea vers la rue de Tournon
qu'habitait Perlet ; madame Perlet était seule à la
maison, — on sait pourquoi ; — elle reçut le visiteur
qui se présenta comme un libraire venu pour entretenir Perlet d'un ouvrage intitulé *les Oiseaux de
Paradis*. C'était là le « mot de reconnaissance ».
Madame Perlet annonça que son mari était absent.
Vitel laissa son nom et son adresse et s'en alla.

Vers le soir madame Perlet poussa jusqu'à la prison de Sainte-Pélagie, où s'était fait écrouer Perlet,
et rendit compte à celui-ci de la visite reçue dans
l'après-midi. Perlet lui remit un billet que devait
porter à Vitel, le surlendemain à la première heure,
son domestique Gallay : il invitait par ce petit mot le
neveu de Fauche-Borel à venir le voir au plus tôt,
sans lui indiquer pourtant l'endroit où il se trouvait.
Le 24, à dix heures du matin, Gallay était à l'*hôtel
d'Hambourg* et proposait à Vitel de le mener à la
maison où logeait momentanément Perlet. Vitel
accepta avec empressement et se mit en route, en
compagnie du domestique, lequel, soit dit en passant.
était lui-même un mouchard de la Préfecture[1]. Ils
traversèrent tout Paris : mais lorsqu'on arriva dans
les parages déserts du faubourg Saint-Victor, Vitel
parut inquiet et demanda où on le conduisait : — « A
la prison de Sainte-Pélagie », répondit Gallay ; ce
qu'entendant, Vitel prit peur, protesta qu'il n'irait

---

1. *Moniteur* du 18 mai 1816. — Gallay était, dit Perlet, un inspecteur
de police ; mais c'était un enfant que j'ai élevé, qui m'a toujours suivi,
que j'avais placé, et qui m'était tout dévoué. »

pas plus loin, que, au surplus, il ne connaissait pas
du tout M. Perlet, n'avait aucune affaire avec lui et
que le billet s'était trompé d'adresse. Sur quoi il
tourna les talons et s'éloigna à grands pas vers des
quartiers moins suspects.

Le 26, nouveau billet de Perlet à Vitel. Le détenu
de Sainte-Pélagie informe « son jeune ami » qu'il
espérait sortir de prison le jour même mais que sa
libération est un peu retardée ; Vitel peut venir le voir
sans rien redouter pour sa sûreté : — « toutes les précautions sont prises pour qu'il soit protégé par la
police même [1] ». L'enseigne se décide, va à la prison
où Perlet l'attend ; ils se reconnaissent [2] : Perlet
invite son visiteur à monter dans sa chambre et,
là, il l'exhorte « à dire tout ce dont il est chargé,
sans crainte du lieu où on se trouve ». Vitel, mis en
confiance, raconte sa traversée, son voyage à Neuchâtel ; il a, dit-il, l'ordre de regagner promptement
l'Angleterre, et il partira aussitôt que Perlet lui aura
confié « les papiers instructifs » qu'il doit lui remettre.
Malheureusement Perlet n'est pas libre ; il s'en
désole ; il ne le sera que dans huit jours ; mais s'il ne
peut, jusque là, « rien dire ni rien faire », il questionne
longuement Vitel sur la situation des émigrés, sur
ce qu'il a pu surprendre, en causant avec son oncle,
des projets du gouvernement anglais ; il parle avec
chaleur, avec dévotion, avec attendrissement, du

1. Journal de Vitel, *Archives nationales*, F⁷ 6319ᴬ.
2. « J'avais fait connaissance avec lui lors de mon passage en Angleterre, en revenant de Cayenne ». *Lettre* de Perlet à Veyrat, 24 février
1807.

Roi exilé et de la sainte cause de la légitimité ; il
témoigne d'une entière soumission aux instructions
du cabinet britannique... Et, dès qu'il est seul, il
adresse au préfet de Police un rapport détaillé de ce
qu'il vient d'apprendre. Tous les soirs Veyrat se
glisse dans la prison et s'informe des confidences
reçues. Du reste Vitel est « filé » par deux agents ;
ils ont ordre de ne pas l'inquiéter, car, « pour s'assurer s'il a quelque communication ou quelques
moyens secrets, on le laisse prolonger ses entretiens
avec Perlet[1] ». Et les entretiens se renouvellent, en
effet ; on le sait par le journal de l'emploi de son
temps que tient conciencieusement Vitel et par les
rapports que, chaque jour, Perlet envoie à ses chefs.

Ce journal est écrit sur un carnet couvert de par-
chemin et fermé d'un gros lacet vert-olive. A lire
ce laconique memorandum, il semble que l'honnête
Vitel s'étonne des atermoiements de son interlocuteur :

— 27 (février). Allé à S.-P. (Sainte-Pélagie). Nouvelles
questions. Nouvelles assurances ; mais rien de nouveau.

— 28. Ainsi que la veille. M'engageant à ne pas manquer de revenir le lendemain.

— 1 (mars). Ainsi que la veille. On voulait tout dire
quand on sortirait (de prison).

— 2 et 3. Mêmes visites, mêmes assurances, mêmes
questions. Rien de nouveau jusqu'au moment de la
sortie.

---

1. *Archives nationales*, A F[iv] 1499.

Malgré le vague soupçon et la nuance d'inquiétude qu'on discerne dans ces brèves notes, Vitel est, avec Perlet, sans réticences : il croit aux hypocrites protestations du mouchard ; il voit en lui un courageux militant de la bonne cause ; il se livre, expose tout ce qu'il sait, tout ce qu'il a entendu dire des arrangements que l'émigration et le gouvernement anglais basent sur l'existence du *Comité*, et même il révèle qu'il porte, dans sa canne, une lettre pour le ministre de la Police. « Les hommes probes, a dit un sage, se tromperont toujours quand ils voudront calculer la marche des scélérats et les divers degrés du crime ». Et pourquoi Vitel s'observerait-il ? Son oncle Fauche-Borel lui a recommandé de témoigner une confiance aveugle en l'ami Perlet, « l'homme admirable », le « royaliste fidèle », le « sauveur de la France et de l'Europe ». Le cabinet de Saint-James, lord Howich, le Roi Louis XVIII lui-même, bien renseignés, à coup sûr, traitent avec lui ; Vitel est leur délégué officiel : il manquerait à son devoir et compromettrait le succès de sa mission en se montrant réservé. On a un aperçu de ses confidences par les lettres que, chaque jour, Perlet adresse à Veyrat :

— 1er mars... Lord Howich a dit à M. Vitel... que les écrits de moi qu'on lui avait communiqués paraissent les seuls admissibles, les seuls auxquels on pouvait donner pleine et entière confiance, parce qu'il voyait bien qu'ils étaient solides... C'est ce qui a déterminé le ministre à m'envoyer M. Vitel pour se concerter avec moi *et les personnes qu'il suppose composer mon Comité*, sur les moyens de faire passer les millions nécessaires afin de préparer le rétablissement du Roi... Cet argent est tout prêt à m'être envoyé et entièrement à ma disposition... M. Vitel m'a dit que la demande de 500.000 francs que j'avais faite avait d'abord paru bien mesquine; mais l'arrivée de mes nouvelles lettres a dissipé tout soupçon... Si l'on pouvait assurer le ministère anglais que... Fouché entre dans le plan, alors il serait convaincu de sa réussite et ferait les plus grands sacrifices d'argent. J'ai répondu... que j'avais bien quelques espérances et que notre *Comité* étant composé des gens les plus marquants, j'en réfererais à eux et lui dirais ce qu'il faut en penser. Vitel est dans la plus grande sécurité; il vient me voir tous les jours... J'ignore encore s'il a des papiers : s'il en a, *il est impossible qu'ils nous échappent.* Je suis bien assuré qu'il ne me cachera rien et qu'on fera de lui tout ce qu'on voudra.

— 3 mars. J'ai passé une partie de la matinée avec mon homme... Le projet bien arrêté entre le ministère anglais et la Russie est de faire monter Louis XVIII sur le trône. Aussitôt qu'ils seront assurés de la disposition de la France, ils enverront une flotte prendre Louis XVIII et le feront débarquer... à l'endroit que le *Comité* indiquera.

On sent l'importance que se donne le misérable et combien il fait valoir l'invention de son *Comité :* il voit déjà le Roi de Mitau et la flotte anglaise tombant, comme le pauvre Vitel, dans le piège qu'il a dressé, et il se fait gloire de sa machination. Le préfet de police en est tout aussi satisfait : Perlet reçoit, en récompense de ses bons services, une gratification de 2.400 francs. De fait, il a adroitement conduit l'affaire : il a su confesser sa victime sans se

« couper » et sans payer ces épanchements d'une seule confidence : il n'a nommé à Vitel aucun des membres du pseudo-*Comité*, ou, plutôt, il en a désigné un, un seul, son ami et son maître, l'inspecteur général Veyrat. Ah! celui-là, il le présente comme le ferme étai de ce *Comité* fantôme, comme l'homme puissant auquel tous les royalistes de Paris doivent l'immunité dont ils bénéficient. C'est « grâce à la protection occulte de Veyrat que Vitel n'a été ni surveillé ni inquiété », et Perlet conjure le naïf jeune homme de ne jamais oublier, dans le cas où il éprouverait quelque ennui ou serait aux prises avec quelque difficulté, qu'il trouvera en *Monsieur l'Inspecteur* une providence prête à le tirer de tous les dangers.

Veyrat veille sur Vitel, en effet, non pas pour le sauvegarder, mais pour parer à un départ furtif. Sur l'assurance de Perlet, le neveu de Fauche-Borel se croit libre et inviolable, quand déjà il est pris dans un réseau dont il ne se dépêtrera plus : sa sérénité est telle que, las des prudentes temporisations de Perlet, il a décidé de brusquer les choses, de se présenter au ministère de la Police et de solliciter une audience de Fouché, afin de lui remettre le billet caché dans sa badine de bambou. Il a fixé cette démarche au jeudi 4 mars. Mais la Préfecture, informée par Perlet que l'enseigne est porteur d'un billet destiné à Fouché, ne laissera pas échapper l'occasion de saisir ce précieux papier avant qu'il soit entre les mains du ministre. Il y a toujours eu, sinon antagonisme, du moins rivalité entre la Préfecture et le Ministère ; le préfet Dubois caresse l'espoir de compromettre son ministre en exhibant le mystérieux billet qui, pour être si précautionneusement dissimulé dans une canne, doit se rattacher à quelque grosse intrigue. Il est donc temps d'arrêter Vitel, et, le jeudi, à six heures du matin, comme celui-ci dort encore dans la chambre qu'il occupe à *l'Hôtel d'Hambourg*, des coups sont frappés à sa porte : il se lève, ouvre : les policiers sont là ; il est saisi, emmené, mis dans un fiacre et conduit par deux agents à la Préfecture[1].

C'était un sinistre lieu, au fond d'un cul-de-sac déclive qu'on appelait la rue de Jérusalem, en souvenir, dit-on, d'un refuge destiné à abriter les pèlerins revenant de Terre-Sainte[2]. Là se trouvait, enclavé dans les vieilles constructions du Palais de Justice, l'hôtel du Préfet, demeure décrépite, vaste et jadis somptueuse : dans ses dépendances avaient été installés les divers services qui, à mesure des besoins, s'étaient annexé les constructions mitoyennes. En cet amas hétéroclite de masures penchées, étayées de grosses poutres, percées de couloirs sinueux où, en raison des différences de niveau, on ne pouvait faire dix pas sans rencontrer un escalier étroit et branlant comme une échelle, grouillait un monde de fonctionnaires, de scribes, d'agents, de détenus, de sur-

1. « 4 mars. Jour que j'avais fixé pour la remise de ma missive à M. Fouché. Je fus arrêté à six heures du matin, conduit à la Préfecture de Police ». *Journal* de Charles VITEL.
2. LA TINNA, *Dictionnaire des rues de Paris.*

veillants, d'espions, de solliciteurs, errant de bureaux en bureaux, sous des voûtes lézardées par les âges et qu'on n'osait pas réparer dans la crainte d'un écroulement général.

La réputation morale de ce prodigieux taudis valait son aspect extérieur. Fauriel disait qu' « il serait impossible de donner une idée exacte de ce repaire où l'on trouvait tout ce qu'il y a de plus hideux. » Là règne en maître, durant dix ans, le comte Dubois, préfet de police, « insolent, vain [1] », déconsidéré, uniquement occupé du soin de conserver sa place et d'accroître sa fortune. Ses manières étaient communes, presques triviales ; blasé sur toutes les infamies, corrompu par l'incessante promiscuité avec les mouchards et les criminels, ayant dès longtemps perdu le respect de soi-même et de sa haute situation, il s'attribuait cyniquement 5.000 francs par mois sur le revenu de la ferme des jeux et servait à la comtesse sa femme, — fille d'une ancienne servante, — un « pot de vin » annuel prélevé sur les taxes de la prostitution [2]. Il mettait à l'occasion la main aux plus viles besognes et l'on a déjà dit qu'il se plaisait à contrôler, voire à inspirer la correspondance de Perlet avec Fauche-Borel.

Quelques-uns de ses acolytes favoris avaient de

1. FAURIEL, *Les derniers jours du Consulat*, 226-227. Il importe de dire que l'on ne s'associe pas ici aux sévères appréciations portées sur le préfet Dubois par ses justiciables ou ses successeurs, empressés à le juger sans douceur ; la vie privée de Dubois fut honorable et l'Empereur ne l'aurait pas gardé si longtemps à son service si ce préfet eût été l'homme que nous peignent Fauriel et Pasquier.

2. PASQUIER, *Mémoires*, I, 408, 429, 458.

terribles légendes. Veyrat, d'abord, devant qui tout
tremblait à la Préfecture parce qu'il passait pour y
être l'espion de l'Empereur, lequel l'employait, disait-
on, à « ses investigations particulières ». Sous ses
ordres était Foudras, un ci-devant chapelier de Lyon,
son élève, intelligent, souple, insinuant et matois,
qui devait un jour supplanter son maître. Le chef de
division Bertrand, « homme très massif de formes
et très délié d'esprit, presque borgne, tout à fait boi-
teux[1] » ; chargé des interrogatoires, il était la terreur
des prévenus : il savait rendre loquaces les plus taciturnes en leur écrasant les doigts, entre deux plan-
chettes, à l'aide d'un tournevis[2]. C'est en songeant à
Bertrand que Nodier écrivait : — « Les précautions
dont la société s'est armée contre le crime n'ont rien
à envier au crime lui-même en bassesse et en féro-
cité[3] ». Pour se borner aux seuls personnages qui
ont un rôle en ce récit, il faut mentionner encore
l'inspecteur Pasques, un colosse, dont l'aspect formidable épouvantait. Fouché s'attacha cet homme
précieux qui obtenait des aveux rien qu'en serrant
dans sa main, — forte et broyante comme un étau,
— la main d'un accusé récalcitrant[4].

Le candide Vitel, engouffré dans cet enfer, n'essaya pas de la résistance ; d'abord extrêmement

---

1. NODIER, *Souvenirs de la Révolution*, II. 19.
2. Au procès de Moreau, Cadoudal et complices, l'accusé Picot
révéla les « tortures » dont il avait été l'objet lors de ses interrogatoires par le citoyen Bertrand.
3. NODIER, *loc. cit.*
4. *Mémorial de* NORVINS, III, 324.

troublé et abattu [1], il essaya « de quelques détours »,
mais pour avouer bientôt qu'il était au service de l'Angleterre et envoyé par son oncle Fauche-Borel désireux d'obtenir un passeport pour Neuchâtel. Mais le
jour même, dès son premier interrogatoire, présidé
par Bertrand, en présence, croit-on, du préfet Dubois
et de Veyrat, il raconta sa navrante histoire. Encore
persuadé, par les affirmations de son oncle et les
insinuations de Perlet, que toute la police de l'Empire était acquise à la cause de Louis XVIII, il dit
comment il était passé en France pour se mettre en
rapport avec le *Comité* royal, — Dubois devait sou-
rire ! — et comment lord Howich, auquel il s'était
présenté avant son départ de Londres, l'avait chargé
d'annoncer à ce même *Comité* l'envoi de fonds abondants et le prochain débarquement du Prétendant
sur les côtes de France. On écouta Vitel sans l'interrompre.

Quand il eut fini de parler, Bertrand se fit remettre la
badine de bambou que, lors de son arrestation, l'enseigne avait laissée dans sa chambre, à l'*Hôtel d'Hambourg* ; sur l'insistance de Perlet, Veyrat avait donné
l'ordre qu'on apportât cette canne à la Préfecture.
En l'apercevant dans les mains de Bertrand, Vitel
pâlit : — « Je suis perdu ! » murmura-t-il. Comprenant que toute dissimulation était désormais inutile,
il indiqua lui-même le nœud de bambou sous lequel
se trouvait le billet de son oncle ; la badine fut sciée ;

1. *Bulletin de Police du 4 mars 1807. Archives nationales*, AF^{iv}
1499.

la lettre retirée, déroulée, lue... non sans déception :
on s'attendait à y trouver la preuve que le ministre
Fouché était vendu aux royalistes. La découverte de
ce papier insignifiant termina l'interrogatoire[1]. Vitel
ne pouvait espérer aucune pitié de ces ogres au
pouvoir desquels il était tombé et dont pas un ne
songea que le crime dont ils accusaient ce malheureux avait été par eux-mêmes perpétré ; comme
l'araignée ingénieuse, leur police avait sournoisement
tendu la toile, sachant bien qu'une proie s'y viendrait prendre ; et quoique ce ne fût pas celle qu'ils
espéraient, ils se déclaraient, en attendant mieux,
satisfaits cependant, puisqu'ils trouvaient en ce

1. On suit ici le récit de Veyrat, témoin oculaire de l'interrogatoire
(*Moniteur* du 18 mai 1816). Le bulletin de police du 4 mars, adressé à
l'Empereur, relate cet incident de façon différente : Vitel aurait révélé
lui-même que, dans sa canne, était celée une lettre adressée à Fouché
et dont il n'avait parlé à personne, pas même à Perlet. Il paraît
bien invraisemblable que le prévenu eut, par cet aveu spontané,
aggravé sa situation et l'on peut croire que le Bulletin adopte cette
version pour atténuer l'odieux du procédé policier dont Vitel est victime. Il est vrai que, dans ses lettres écrites de Sainte-Pélagie à
Veyrat par Perlet, celui-ci déclare que « Vitel l'a assuré très positivement n'avoir été chargé de rien pour qui que ce fût... » mais l'insistance même du mouchard sur ce point essentiel est suspecte. D'ailleurs une phrase de Vitel, qu'on lira plus loin, semble trancher la
question : il y parle « de vils scélérats qui se font un jeu de la
tourberie », et ceci vise évidemment Perlet. Or, pour attribuer à la
trahison de celui-ci son arrestation, il faut qu'un fait patent,
matériel, tel que la saisie inopinée du bambou, lui ouvre enfin les
yeux. Il faut noter encore que Pasquier, lorsqu'il prit possession de
la Préfecture de Police, a la disgrâce de Dubois, étudia le dossier
de l'affaire Vitel dont il présente l'analyse dans ses *Mémoires.* Il
écrit : — « Vitel n'eut rien de caché pour Perlet et *alla jusqu'à lui
confier que ses instructions étaient renfermées dans sa canne.*
Lorsque Perlet eut tiré du jeune homme tout ce qu'il désirait
apprendre, il le fit arrêter... » Voilà les raisons pour lesquelles on
croit ne pas devoir adopter le thème du Bulletin, toujours rédigé
d'ailleurs dans une forme qui mettait en valeur la netteté, la délicatesse et la probité professionnelles de tous les agents de la Police,
depuis le ministre jusqu'au plus humble subalterne.

succès l'occasion de témoigner au maître leur
dévouement et de célébrer leur vigilance.

Napoléon passait tout ce mois de mars 1807 à
Osterode, en Prusse orientale, à quatre cents lieues
de Paris. Le bulletin du 4 lui fut adressé, comme
celui de chaque jour, non sans que Fouché n'eût
flétri les ennemis de Sa Majesté, assez obtus pour
supposer que sa fidélité à l'Empereur n'était pas
indéfectible : il écrivit de sa main, en regard de l'article concernant Vitel, cette protestation indignée :
— « Qu'un misérable comme Fauche-Borel imagine
une intrigue pour gagner de l'argent, cela se conçoit; mais que le cabinet de Londres soit la dupe
d'un pareil fripon, qu'il croye aux plus choquantes
invraisemblances, voilà ce qui est extraordinaire.
C'est de l'aveuglement [1]. »

Il ne restait plus qu'à attendre les ordres de l'Empereur : c'était un mois de délai.

On garda Vitel à la Préfecture, afin de le tenir en
main; interrogé de nouveau le 5 et le 7 mars, il
semble bien qu'il ne concevait aucune inquiétude;
encore sous l'impression des audacieuses affirmations
de Perlet, il se persuadait, à la réflexion, que la
police, et Dubois, et Bertrand, et Veyrat surtout,
lui étaient favorables, puisqu'ils servaient secrètement la même cause que lui, et il ne voyait dans son
arrestation qu'une précaution administrative destinée

1. *Archives nationales*, A F^{iv} 1499.

à le soustraire aux rancunes des adversaires du
Comité sous la bannière duquel ils étaient enrôlés.
Il est même probable qu'on le berna de quelque
imbroglio de ce genre, sans quoi on ne comprendrait
pas qu'il fût assez naïf pour s'adresser à Veyrat lui-
même afin que celui-ci lui facilitât les moyens de
« remplir sa mission [1] ». On sait que Perlet lui avait
vanté la grande influence et le pur royalisme de
Veyrat et le pauvre enseigne, désireux de terminer
sa tâche et de retourner à Londres, ne croyait pouvoir mieux faire que d'implorer l'appui de ce « protecteur » tout-puissant. Veyrat répondit en conseil-
lant au prévenu « de rédiger un mémoire sur les
motifs de son voyage, en ayant soin de ne rien dissimuler ». Vitel mit donc par écrit sa confession
générale [2]. La confiance de cet enfant en ses tortionnaires est pitoyable ; rien ne peut le désabuser ; il
ignore qu'il y a des méchants ; et quand Veyrat le
fait appeler pour l'avertir qu'on a saisi et confisqué
les 4.500 francs déposés à la banque Hottinger et
qu'il lui faut se procurer d'autres ressources, il se
désole à la pensée d'imposer un sacrifice à sa mère
qui n'est pas riche. Il note sur son carnet : —
« Inquiétude de toute la nuit, n'ayant point de ressources à attendre de ma pauvre mère et ne connaissant personne ici qui puisse m'aider pour le présent. »
Trois jours plus tard ou le transfère à la Tour du

1. *Carnet-Journal* de VITEL. — « 14 mars. Ecrit à M. l'Inspecteur
pour le prier s'il y avait moyen de remplir ma mission. »
2. « 15. Ecrit une lettre en forme de mémoire à M. Verat » (*sic*).
(*Papiers de* VITEL. *Archives nationales*, F[7] 6319 ^.)

Temple où il est reçu par Fauconnier, une vieille relation de sa famille[1]. Ne comprenant rien à cet acharnement du monde contre lui, il pense sortir de peine en implorant Fouché et, dans son journal, il mentionne : — « le 24, écrit à S. E. le ministre de la Police ». Sa requête est accueillie. Le 27, un inspecteur, — c'est le terrible Pasques, — vient chercher Vitel au Temple pour le conduire au quai Malaquais : enfin, il va donc pouvoir s'expliquer, être mis en relations avec le *Comité*, remplir sa mission et reprendre la route de Londres. Mais il n'est pas reçu par le ministre : c'est chez un « secrétaire » qu'on l'introduit, — Desmarest, probablement, et, sans doute, la réception est-elle décevante car, réintégré le même jour au Temple, Vitel n'écrira plus sur son carnet. Il paraît avoir perdu tout espoir : il trace, sur des feuillets qu'on retrouve à son dossier, des pensées mélancoliques, réminiscences d'anciennes lectures ou extraits de livres que lui prête Fauconnier : — « J'emporte avec moi l'idée de n'avoir fait de mal à personne et d'avoir toujours désiré contribuer au bonheur de l'espèce... » — « Je ne crains pas plus de cesser d'être que je n'ai désiré d'exister ». Ou bien, pour distraire son esprit obsédé de l'inexplicable cruauté des hommes, il commence

---

1. « Préfecture de Police, 20 mars 1807. — Le concierge de la maison d'arrêt du Temple recevra de M. Bouchon, officier de paix, et placera en la dite maison le ci-après nommé, venant de la Préfecture : Vuitel (*sic*). Charles-Samuel. 27 ans, natif de Neuchâtel en Suisse, arrêté à Paris rue de Grenelle Saint-Honoré, à l'Hôtel d'Hambourg ». (*Archives de la Préfecture de Police*. Ecrou du Temple 4ᵉ registre, fᵒ 218.)

le récit, en anglais, de sa campagne des Indes. Ce sont surtout ses comptes qui le tracassent, et, sagement, il aligne des chiffres : — « Arrivé à Paris avec 20 louis en poche et 180 chez M. Hottinger, ce qui fait 200 liv. st... Compte d'avoir en entrant à la Préfecture : 384 francs qui sont entre les mains de M. l'Inspecteur. M. l'Inspecteur a payé à l'auberge : 82 francs 16 sols ; à la Préfecture 92 francs 2 sols ; *Idem* 32 francs 2 sols. Il reste entre les mains de M. l'Inspecteur 209 francs 2 sols, plus les 4.500 francs saisis chez Hottinger[1]. »

Ces 4.500 francs n'étaient point entre les mains de *M. l'Inspecteur* : Perlet, présumant bien que « son jeune homme » n'en aurait plus jamais besoin, avait réclamé la somme en récompense de ses bons services[2]. Mais il ne se jugeait pas suffisamment payé : il songeait, non sans regret, aux millions que l'Angleterre tenait à sa disposition pour le service du *Comité :* fallait-il donc renoncer à cette grandiose aubaine ? Bien certainement, l'arrestation de Vitel et ce qui devait s'ensuivre allait mettre un terme à l'intrigue si habilement conduite depuis plus d'un an : les ministres anglais, Louis XVIII, Fauche-Borel lui-même, reconnaîtraient qu'ils avaient été dupés et, non seulement Perlet perdrait à leurs yeux

---

1. *Archives nationales*, F ⁷ 6319 ᴬ.

2. « Cet effet fut touché par le préfet de police qu'en gratifia, savoir : le sieur Perlet, 3.600 francs — et un nommé Veyrat, inspecteur de Police — 574 francs ». (*Rapport au Roi*, novembre 1814. Pièce justificative du *Mémoire pour Louis Fauche-Borel*, à la suite des *Mémoires* de LOMBARD DE LANGRES, II, 241.)

tout crédit, mais, son double jeu étant découvert et
sa mystification mise à jour, il pourrait bien arriver
qu'il eût à s'en repentir. Il importait donc de sauver
la situation ; mais comment? L'imagination des scélérats est infiniment féconde et ils sont doués d'une
pénétration inventive extrêmement rare chez les
honnêtes gens. Perlet adressa donc à Fauche-Borel
un mot très laconique et conçu en terme émus, lui
annonçant l'incarcération de son neveu. Vitel avait
été arrêté, écrivait le mouchard, « non pas à Paris,
mais en route », hors, par conséquent du rayon
d'action du *Comité*. Ainsi détournait-il d'abord les
soupçons qu'un récit vrai des faits aurait éveillés
dans l'esprit de Fauche. Il conjurait, par la même
lettre, celui-ci de lui envoyer au plus tôt 600 livres
sterl. (14.400 francs), cette somme étant immédiatement indispensable pour tirer Vitel du mauvais pas où
il s'était maladroitement fourvoyé [1]. Trois jours plus
tard, Perlet insiste : il lui faut l'argent pour « racheter » Vitel ; grâce à l'appui du *Comité*, le jeune émissaire sera bientôt libre et rentrera à Londres « muni
des pièces les plus propres à fortifier la confiance du
cabinet britannique » en la Restauration prochaine.
Et trois jours plus tard encore, il revient à la charge,
tant il redoute que les gazettes ébruitent l'incident
avant qu'il ait escroqué la somme convoitée : — « Si
vos fonds arrivent à temps, je parviendrai à dégager
Vitel et à vous le renvoyer porteur de toutes pièces ;

---

1. La lettre est du 21 mars. (*Rapport au Roi*, loc. cit.)

en attendant, comptez sur tout mon zèle et tout mon dévouement[1] ». Et il ajoutait, par scrupule de n'avoir pas encore assez trahi : — « On a voulu me faire croire que M. Vitel était porteur de quelque chose de *très secret* ; *dites-le-moi franchement*[2] », espérant ainsi alourdir de quelque nouvelle charge l'accusation qui pesait sur le détenu du Temple. Pas un mot, on le voit, des circonstances de l'arrestation, de la prison où est écroué Vitel, du plus ou moins de gravité de la prévention, de la juridiction devant laquelle il doit comparaître. Il importait de tenir en haleine l'angoisse de Fauche-Borel pour qu'il payât, mais non de fixer ses incertitudes, ce qui n'eût pas manqué de décourager sa générosité. Fauche se procura donc les 14.000 francs qu'il envoya au plus vite[3], de sorte que cet « incident Vitel » rapportait en trois mois à Perlet une vingtaine de mille francs, sans compter l'estime du comte Dubois, préfet de police, qui, quelques mois plus tard, gratifia ce bon serviteur d'un emploi de rédacteur à 400 francs par mois dans les bureaux de la rue de Jérusalem. Il ne fallait point s'attarder sur l'affaire ; elle avait « rendu » plus qu'on n'espérait.

On ne s'y attarda pas, en effet[4]. Le 4 avril, au

1. *Mémoire pour Louis Fauche-Borel*, par LOMBARD DE LANGRES.
2. *Idem.*
3. Les 600 livres sterl. réclamées par Perlet furent adressées par Cazenove, banquier à Londres, à Pichouat, son correspondant à Paris. Le paiement en fut effectué à Perlet en juin et août 1807. (*Mémoire pour Louis Fauche-Borel*, par LOMBARD DE LANGRES.)
4. L'empereur à Fouché : « Orterode, 24 mars 1807. Je reçois votre

matin, les agents Chefdeville et Tavernier vinrent au Temple afin d'y lever l'écrou de Charles Vitel et « d'extraire » celui-ci de la prison d'État. En donnant à Fauconnier décharge du prisonnier, ils annoncèrent « qu'il ne serait pas réintégré ». Vitel fut conduit à l'Hôtel des Conseils de guerre, rue du Cherche-Midi, pour y comparaître devant une commission militaire. Sa culpabilité était démontrée d'avance et les débats furent expédiés : le pauvre garçon se borna à réclamer l'indulgence de ses juges qui le condamnèrent à mort, sans appel ni sursis [1]. Transféré aussitôt à la prison militaire de l'Abbaye, il écrivit « cinq à six lettres » qui furent remises au gouverneur de Paris. Deux de ces lettres seulement sont connues : elles valent d'être reproduites :

Très chers mère, frère et sœur, votre Charles vous fait ses adieux ; consolez-vous de sa perte ; il sera dans peu d'heures plus heureux que vous, et s'il a un regret en quittant cette vie, c'est, Dieu le sait, celui de vous y laisser sans avoir pu vous faire du bien... Soyez heureux s'il est encore possible que vous le soyez ; pensez à moi quelquefois et surtout ne vous laissez pas abattre par la douleur. Vous avoir quittés huit ans, revenir, s'entrevoir, et se quitter pour toujours ! Plus heureux que vous je vais revoir notre père... Ah ! ne craignez rien, je saurai

lettre. J'ai pris un décret pour traduire devant une commission militaire et faire fusiller ce misérable agent de Fauche-Borel. » (*Correspondance*, IV, 510.)

1. Bulletin de police du 6 avril 1807 : « La commission militaire a jugé avant hier le nommé Charles Samuel Vitel, Neuchâtelois, espion de Fauche-Borel et son neveu. Les aveux de ce prévenu sur la mission dont il s'était chargé à Londres n'ont laissé aucun doute sur sa culpabilité. Il s'est borné à réclamer l'indulgence de ses juges. » (*Archives nationales*, A F^{IV} 1499.)

mourir comme il l'a fait... Adieu ! Je n'ai plus qu'un
moment à vivre et il faut vous quitter. L'idée d'une
mère, d'un frère et d'une sœur éplorés m'attendrissent ;
il faut cependant s'y soumettre et rassembler toutes vos
forces pour supporter cette dernière épreuve ; elle est
terrible. Adieu encore. Embrassez bien tous nos parents
et amis qui s'intéressent à mon sort ; n'ayant jamais eu
d'ennemis, je n'ai rien à pardonner, et je demande le
pardon de ceux que j'ai pu offenser ; j'acquitte entièrement de ma mort les personnes qui m'ont chargé de
venir ici ; elles ignoraient le danger, trompées par de
vils scélérats qui se font un jeu de la fourberie ; j'en suis
la victime... Adieu, chers et bien-aimés parents. —
CHARLES-SAMUEL VITEL. *De l'Abbaye, le 4 avril 1807.*

La seconde lettre est destinée à son cousin Auguste
Borel ; elle contenait la première qu'Auguste était
chargé de remettre à madame Vitel.

Mon cher ami, si les 20 louis que je vous avais
demandés, appartenant à ma mère, ne sont pas livrés, je
vous prie de ne pas le faire et de les lui rendre ; vous
lirez l'incluse et vous apprendrez la cause qui épargne
cette somme à ma pauvre mère ; consolez-la, mon cher
ami, puisque je ne puis le faire qu'en l'affligeant ; aidez-
la à supporter ce nouveau malheur, et croyez que votre
cousin vous en conservera une reconnaissance dans
l'autre monde, comme dans le peu de temps qu'il a
à rester dans celui-ci... Adieu ; dans une heure, dans
deux au plus tard, votre cousin aura rejoint son père.
— CH.-S. VITEL. *De l'Abbaye, 4 avril 1807.*
Je vais dîner, mon cher ; une troupe de peuple est
sous ma fenêtre, regardant la victime qu'on apprête pour
le réjouir ; je vous assure que jamais je ne me suis
trouvé à pareille fête ; mais on apprend tous les jours
quelque chose ; demain, plus bas, je n'apprendrai plus

rien ! Il me souvient qu'un capitaine anglais me dit dans l'Inde : Poor Vitel, you will never be happy in this world, you are too good [1]. Je ne sais si la seconde partie de sa prédiction était vraie, mais je sais maintenant que la première n'est pas loin de s'accomplir... Mais ma mère, ma sœur, mon frère ! Il faut vous quitter sans avoir rien fait pour vous !... Je pars, mon ami ; encore quelques instants et je ne serai plus ; consolez ma mère, c'est le seul chagrin que m'occasionne ce moment critique. Adieu, Adieu ! — V.

Ces quelques instants, les plus rudes, se prolongèrent, hélas ! Vitel ne connaissait rien de Paris ; il ignorait la lenteur des derniers apprêts et la longueur du trajet depuis la prison de l'Abbaye, située au débouché de la rue de Bucy dans la rue du Four, jusqu'à la plaine de Grenelle où avaient lieu les exécutions militaires. Les habitants du quartier Saint-Germain étaient, eux, accoutumés à ce spectacle : un fiacre et un peloton de cavaliers se rangeaient-ils devant la geôle, contre le porche à fronton triangulaire qui agrémentait la vieille bâtisse, trapue et grise, flanquée de tourelles sans toits à chacun de ses angles, ils comprenaient qu'un condamné partait pour la « Barrière » et ils se massaient dans l'étroit carrefour afin d'assister à sa sortie. Les femmes du marché Saint-Germain surtout étaient friandes de ces émotions ; elles quittaient leurs places et s'attroupaient autour de la voiture pour apprécier l'attitude du moribond. Comme il arrive dans les

---

1. « Pauvre Vitel, vous ne serez jamais heureux dans ce monde, vous êtes trop bon ».

foules parisiennes, il se trouvait toujours là des
gens, informés de tout, pour détailler ce qui se passait à l'intérieur de la prison et commenter les circonstances du crime et du procès. Ils savaient, ce
jour-là, que « c'était un Anglais », — un espion : —
en ce moment, on l'entravait avant de le placer dans
le fiacre. Tel était l'usage, en effet ; mais, quand
l'heure venue, les geôliers entrèrent dans la cellule de Vitel et qu'il aperçut, aux mains de l'un
d'eux, la corde destinée à le garrotter, il recula
d'effroi, croyant qu'on allait l'étrangler. Comprenant qu'il s'agissait seulement d'attacher ses mains,
il réclama et obtint la faveur de garder la liberté de
ses mouvements. Il but un dernier verre de vin ; il
était prêt.

Le ciel, très clair le matin, s'était obscurci ; une
bourrasque de grésil et de neige passait sur Paris ;
il faisait froid [1]. Sur la petite place les cavaliers
s'étaient mis en selle, sabre au clair. Les portes s'ouvrirent ; le condamné parut, et tout de suite ce fut
un murmure de compassion. Comme il est jeune !
Les femmes ne se gênaient pas pour le plaindre. Le
cortège s'ébranla, tourna dans la rue du Four, étroite
et sinueuse, traversa le carrefour de la Croix-Rouge
et s'engagea dans l'interminable rue de Grenelle où
se succédaient, presque sans discontinuité, de hauts
portails d'aristocratiques hôtels. Il y a encore là de
vieilles maisons aux fenêtres desquelles se sont pen-

1. *Bulletin de l'Observatoire*, 4 avril 1807.

chés des gens pour voir filer ce fiacre, entouré de
gendarmes. Ce qu'on ne peut connaître, c'est l'angoisse silencieuse et poignante du malheureux dont
on apercevait le visage dans l'enfoncement de la
voiture. Démêle-t-il quelque chose à l'abjecte machination au succès de laquelle on le sacrifie ? C'est
bien peu probable : il va mourir sans savoir pourquoi. Dans ce Paris réputé pour sa grâce et son
aménité, il n'a eu affaire qu'à des monstres : les seuls
êtres qu'il y aura connus sont un traître, trois policiers,
deux concierges de prison, des juges implacables, le
tortionnaire de Fouché. Et nul ne peut imaginer
l'effarement d'horreur qu'il emporte de son enlèvement dans ce cloaque, tandis que ses regards passent, sans voir, sur les nobles façades des Invalides
que le fiacre laisse à sa gauche avant d'obliquer dans
l'avenue de l'Ecole militaire, bordée de guinguettes,
de rôtisseries, de tonnelles où boivent des soldats :
— c'est dimanche. On suit maintenant les longs
portiques à colonnes de l'Ecole militaire, puis on
tourne à droite, dans un chemin sans maisons[1] et
qui mène aux bâtiments disparates du vieux château
de Grenelle. Tout de suite, deux pavillons, écrasés
et sinistres, du style tombeau : c'est la Barrière. Un
détour à droite encore et l'arrêt : des soldats, des
curieux, une longue avenue déserte le long d'un
haut mur s'étendant à perte de vue ; le condamné
qu'on amène ; quelques pas dans l'herbe râpée ; le

1. La rue Dupleix actuelle.

peloton qui s'apprête ; un officier qui se détache, un papier à la main, et bredouille le jugement ; puis le malheureux qu'on place contre le mur ; on s'écarte de lui ; un commandement ; une décharge ; un corps qui bondit et roule dans une contorsion dernière et que des hommes, tout à l'heure, porteront au cimetière de Vaugirard [1] ; telle était une exécution militaire à la Barrière de Grenelle et telle fut la fin de Charles Vitel dans cet après-midi sombre et grelottant de printemps.

La nuit qui suivit, Perlet, tout de même, dut mal dormir.

*
* *

On suppose peut-être que, lorsque Fauche-Borel apprit, vers le 20 avril, par les journaux de Paris [2], la mort de son neveu, sa foi dans l'influence et la puissance du *Comité* secret fut ébranlée. Point du tout. Fauche était de ces illusionnés qui chérissent leur chimère et ne veulent pas être détrompés. Le thème de Perlet est, d'ailleurs, audacieux, mais acceptable : « il n'a, assure-t-il, jamais vu Vitel, arrêté avant d'avoir atteint Paris et sur une dénonciation très probablement émanée de Londres. S'il avait pu s'aboucher avec le jeune homme, le

---

1. Sur l'emplacement réservé aux exécutions, leur rapide cérémonial etc., voir *Grenelle*, par Lucien Lambeau, *passim*.

2. Le *Moniteur* du 7 avril mentionna la condamnation et l'exécution de Vitel. Le *Journal de l'Empire* du 8 reproduisit le texte du jugement et annonça l'exécution avec quelques lignes de commentaire sur l'inconscience des frères Fauche.

conseiller, le présenter au *Comité*, le déplorable malheur eût été évité ». Mais Vitel, une fois pris, a « perdu la tête » et Perlet reproche vertement à Fauche le choix imprudent, pour une mission si délicate, d'un émissaire à ce point étranger aux précautionneuses roueries de la grande intrigue. Pour le coup, Fauche-Borel se fâche : il ne supporte point qu'on l'accuse de légèreté ou de maladresse : — « Vous avez la cruauté de me reprocher notre imprudence, riposte-t-il ; comment, grand Dieu ! avec tout le crédit dont vous n'avez cessé de nous peindre l'étendue, n'avez-vous pas eu celui de faire au moins suspendre une condamnation aussi atroce que révoltante ? Vitel ne devait rien faire que par vous et vous n'avez pas trouvé le moyen de lui parler ou de le voir un moment [1] ! » Il ne dissimule pas que l'événement a beaucoup amoindri la confiance que le cabinet britannique plaçait dans la compétence de Perlet et dans l'ascendant de son *Comité* : « Cela, je vous l'avoue, a bien diminué nos espérances » ; mais, aussitôt, pour émousser le mauvais effet de ces réprimandes : — « Je sens tout le chagrin que vous avez dû éprouver [2] ! »

Quant à François Fauche, réfugié à Copenhague, d'où il sert d'intermédiaire à la correspondance entre son frère, Mitau et Paris, il a appris, le 25 avril seulement, l'arrestation de Charles Vitel et sa douleur s'épanche, prudemment, en termes commerciaux :

---

1. Fauche-Borel à Perlet, *Archives nationales*, F⁷ 6319ᴬ, lettre n° 40.
2. Même dossier, lettre n° 39 du même jour.

— « Je savais déjà le malheur arrivé *à l'une des caisses de bijouterie...* si vous aviez encore les moyens de la sauver, pourquoi ne pas vous adresser à *notre voisin* (Fauche-Borel)? Ceci doit vous être possible, puisque vous me dites que, *en payant les droits*, on peut recouvrer *cette caisse*[1] ... » Perlet n'y réussit pas, comme on l'a vu, et, malgré leur réel chagrin, les deux frères Fauche n'en poursuivent pas moins la décevante entreprise. Les lettres de Perlet, — par prudence, dit-il, — sont sobres de détails sur la catastrophe du 4 avril et sur ses causes profondes, et l'on commence à démêler dans ses réticences qu'une volonté toute-puissante seule a dirigé la tragique aventure. L'ordre de mort émanait de Bonaparte lui-même[2]. Et voici que, à Londres, les imaginations, sans cesse en travail d'illusions, tirent de ce nouvel aperçu des conclusions favorables. Si le tyran s'est acharné ainsi contre cet enfant sans défense, c'est donc qu'il ne s'illusionne pas sur la fragilité de son pouvoir; il soupçonne l'existence de ce formidable *Comité* qui a juré sa perte; n'osant affronter la lutte avec ce puissant adversaire, il a passé sa rage sur le plus chétif des affiliés. Cet acte d'inutile cruauté est un symptôme de faiblesse. L'Empereur a été « battu » à Eylau : il est perdu; une simple chiquenaude, et il s'effondrera. — C'est à de telles billevesées que se com-

----

1. Même dossier, lettre n° 41.
2. « L'ordre qu'il a donné lui-même pour assassiner mon neveu corrobore mon aversion pour ce tyran du monde et du peuple français en particulier. » (Fauche à Perlet, lettre n° 40.)

plaisent, au printemps de 1807, l'émigration et le gouvernement d'Angleterre. Voici de nouveau Perlet et son Comité en faveur. Fauche-Borel, plus énergiquement que tout autre, soutient que « l'agent de Paris » est le plus honnête des hommes et que le *Comité* n'est pas un leurre. Fauche a tant et si bien endoctriné les ministres que ceux-ci sont disposés à ouvrir leurs coffres : — « Je pourrais, écrit Fauche à Perlet, je pourrais vous proposer cent louis payables chaque mois ici pour recevoir généralement à chaque courrier, la liste de *toutes les nouveautés qui paraissent chez vous, tant dans les modes, la littérature,* etc... » — lisez : — « les nouvelles recrues dont se renforcera le *Comité* ». Cent louis ! 2.400 francs ! Pour ce prix-là Perlet écrira tout ce qu'on voudra. Et Fauche ajoute : — « La perte du n° 1 saigne encore et, pour m'être mis en avant autant que je le suis, j'ai besoin de toute ma confiance personnelle en *Bourlac*[1] » : — on sait que *Bourlac* était l'un des pseudonymes dont usait Perlet pour la correspondance.

Ici se placent deux incidents assez troubles et au sujet desquels il semble difficile d'être précisément renseigné. Entre autres émigrés de marque se trouvait à Londres le comte de Puisaye, personnage louche mais qui, par son habile intelligence, l'ampleur de ses projets, sa profondeur apparente, avait su s'imposer aux ministres de George III dont

----

1. Fauche à Perlet, 23 juin 1807, lettre n° 45.

il était le conseiller écouté. Soit qu'il eût des moyens particuliers d'information, soit que le simple bon sens lui dictât la méfiance, il ne croyait ni à Perlet, ni à son *Comité*. Afin d'éclairer sur cette mystification le cabinet britannique, Puisaye émettait l'avis qu'on dépêchât à Paris un nouvel émissaire, plus rompu aux affaires que ne l'était Vitel, afin de sonder Perlet et de « connaître le fond de son sac ». Fauche, sûr de son correspondant, ne s'opposait pas à ce projet ; mais, dans la crainte que Puisaye, mieux en cour que lui-même, ne s'emparât de « l'affaire », il s'empressa de désigner, pour entreprendre ce périlleux voyage, son ami Danican, aventurier de triste mémoire dont la silhouette a été plus haut esquissée. Ce fier-à-bras, — qu'on appelait *le général* depuis l'échauffourée de vendémiaire, — quitta Londres en mai, se faisant fort de confesser Perlet au sujet du *Comité* et d'apprendre de lui, en outre, le nom du misérable qui avait signalé à Bonaparte la présence en France du pauvre Vitel. Il partit, muni de 12.000 francs, et Fauche-Borel l'annonça en ces termes à son ami Perlet : « — Pour ne pas reparler du passé, on tâchera d'oublier la perte sensible de *la première caisse*... L'expédition n° 2 vous parviendra bien conditionnée, les précautions pour l'emballage ont été prises afin d'éviter l'avarie. » *L'expédition n° 2*, c'était, on le comprend, Danican, lequel, condamné à mort par contumace, depuis douze ans, pourvu, par surcroît, d'une recommandation de Fauche pour Perlet et d'une somme de douze mille francs, pouvait adresser ses adieux à la vie. Il s'en rendit compte, probablement ; on attendait avec anxiété des nouvelles de l'intrépide voyageur, lorsqu'on apprit qu'il était, fort en sûreté, à Londres même. Après s'être avancé, prétendait-il, jusqu'à Rouen, il avait été obligé de battre précipitamment en retraite « pour échapper à un imminent danger ». Mais il allait repartir... ce dont il se garda bien. Et Fauche écrivait à Perlet : — « La caisse n° 2 est de retour ; elle a éprouvé une petite avarie [1]... »

L'insuccès de l'expédition de Danican décida Puisaye à prendre en main la direction de l'affaire. Il dispose d'un homme sûr qui se flatte d'aborder Perlet et le décidera à dévoiler enfin la composition du *Comité :* le nom de cet entreprenant messager doit rester ignoré de Fauche [2] ; mais, pour lui faciliter la tâche, celui-ci écrira un mot d'introduction qui aidera cet inconnu à entrer en relations avec Perlet. Fauche obéit à contre-cœur... mais il avise aussitôt Perlet que Puisaye, « évaluant l'affaire bonne », tente de la confisquer à son profit. Or Perlet sent bien qu'il ne trouvera pas en Puisaye une crédulité com-

1. Sur cette tentative manquée de Danican, voir : *Archives nationales*, F⁷ 6319ᴬ, lettre 49 et *Mémoires pour Louis Fauche-Borel*, par Lombard de Langres. Fauche expédiera plus tard un troisième émissaire à Perlet, un homme d'âge mûr, Prévost de Boissy ; mais celui-là ne s'arrêtera pas à Rouen ; il poussera bravement jusqu'à Paris verra Perlet, et, comme Vitel, ne reparaîtra jamais. Arrêté en mai 1813, Prévost de Boissy a été fusillé à Grenelle au début de 1814.

2. Ce messager n'aurait été autre que Puisaye lui-même, si l'on en croyait une lettre de Fauche à Perlet. (*Archives nationales*, F⁷ 6319ᴬ, lettre 53.)

parable à celle de Fauche-Borel; aussi quand l'émissaire se présente chez lui et lui remet, en manière d'introduction, le billet de Fauche[1], Perlet déclare « qu'il ne connaît ni le nom, ni l'écriture; qu'il ne sait pas ce que tout cela veut dire », et il jette l'intrus à la porte[2].

Fauche triompha : — « Voici la preuve que Perlet est un honnête homme, écrivait-il; car qu'avait-il à répondre à un inconnu sans nom, et qui pouvait paraître suspect, se trouvant porteur d'un billet de confiance sur la présentation duquel il n'avait pu être prévenu?... Il n'y a donc, dans la conduite de Perlet, qu'un acte commandé par la prudence et par la raison ; or Perlet n'est ni un homme de la Police, ni un homme d'argent »... Puisaye triomphait, lui aussi, car sa conviction était faite : il flairait une collusion de Perlet et de Fauche, veillant jalousement

1. Ce billet était ainsi conçu : « Vous pouvez prendre la plus entière confiance dans la personne qui vous remettra ou vous fera parvenir ce billet, lui répondre à ses lettres à l'adresse qu'elle vous indiquera. Voilà tout ce qu'il faut pour la connaissance et la suite des affaires qui vous occupent et pour le succès desquelles on fournira les fonds qui seront jugés nécessaires. *Louis Dodeley* ». (C'était l'un des pseudonymes de Fauche-Borel.)

2. La lettre où l'envoyé de Puisaye raconte ces faits est datée de Carentan, 24 octobre 1807. « M. P. (Perlet) s'est fâché : il m'a dit que je le prenais pour un autre, propos qui m'ont fort déplu et fort inquiété. Comme il avait mis le billet dans sa poche, je le lui ai redemandé. Il n'a pas voulu me le rendre et a fini par me dire qu'il me conseillait de quitter P. (Paris) dans le jour et que je devais m'estimer heureux s'il ne me dénonçait pas à la Police. J'ai cru ne pouvoir mieux faire que de suivre son conseil. Il ne sait pas mon nom ni d'où j'étais venu ». (Archives du Ministère des Affaires étrangères, *Fonds Bourbon*, 641.) Cet incident paraît être fort exactement conté par Fauche-Borel dans ses *Mémoires*, IV, 17. Il reproduit, à très peu près, textuellement le rapport de l'émissaire inconnu dépêché à Perlet par Puisaye.

à ce que nul ne s'immisçât dans leur intrigue dont ils escomptaient de gros profits. Bien persuadé, maintenant, de la friponnerie de Perlet et de l'inexistence du *Comité*, Puisaye n'était pas loin de soupçonner que Fauche, tout aussi éclairé que lui-même à ce sujet, n'en continuait pas moins à se laisser bénévolement mystifier afin de ne pas tarir la générosité du gouvernement anglais, soigneusement entretenu dans la profitable erreur. D'où, entre Fauche et Puisaye, échange de lettres cinglantes comme des gifles[1] et rupture éclatante.

Depuis la mort de Vitel, l'étrange confiance de Fauche en son correspondant de Paris étonnait, il faut le dire, bien des gens. Son affection pour Perlet semblait avoir redoublé et il souhaitait que tout son entourage la partageât. Louis XVIII, las des humiliations et de l'isolement de Mitau, venait de débarquer en Angleterre[2], au grand déplaisir du cabinet britannique qui toléra cependant le séjour de l'exilé à la condition qu'il ne serait plus que le *Comte de Lille*. Sous ce titre, le Roi s'était provisoirement installé à Gosfield, dans le comté d'Essex. Fauche annonça cette heureuse nouvelle à Perlet : — « L'espérance que le Roi a fondée dans les opérations de votre

----

1. « Ce sera au gouvernement à juger jusqu'à quel point un homme comme vous peut insister pour obtenir la connaissance d'objets qui sont son secret », écrivait Puisaye à Fauche. Celui-ci ripostait : — « Un homme comme moi est beaucoup plus loyal qu'un homme comme vous... Si vous aviez raison vous n'auriez pas la lâcheté de m'écrire des impertinences... etc. » (*Mémoires* de FAUCHE-BOREL, IV, 22.)

2. *Archives nationales*, F⁷ 6319ᴬ, lettre 53.

Comité a beaucoup contribué à sa détermination de
se rapprocher de vous en affrontant bien des
dangers... Dorénavant, tout ce que vous ferez passer
sera remis à *Fietta* (Louis XVIII). Je suis chargé de
la part de M. *Courtener* (d'Avaray) de vous dire qu'il
se porte bien et de vous témoigner toute la satisfaction que Fietta conçoit de votre travail et de celui
de votre *Comité*. J'aurai, j'espère, à vous faire parvenir, très prochainement, une lettre de la main
propre de Fietta [2] ». On aimerait à savoir de quel
front l'ignoble mouchard acceptait cet encens et
comment il appréciait l'insondable naïveté de son
correspondant. En fin de la missive, celui-ci renché-
rissait encore : — « On aime votre franchise »,
affirmait-il, et Perlet, si grisé fût-il du succès de son
escobarderie, estima, sans nul doute, que Fauche
allait trop loin.

Le policier n'était pas, au surplus, très rassuré.
Depuis quelques mois, Fauche, reconnaissant la difficulté d'adresser à « l'ami fidèle » un émissaire assez
hardi pour s'exposer aux risques d'un séjour à Paris,
et assez important pour mériter l'honneur d'être
reçu par le *Comité*, s'était mis en tête de décider
Perlet à entreprendre le voyage de Londres ; là, du
moins, entouré d'amis sûrs, il serait enfin libre de
révéler tout ce qu'il tenait secret depuis si longtemps,
par méritoire scrupule de prudence. Féru de cette
idée, fier de présenter aux ministres du Roi d'Angleterre et aux chefs de l'émigration « l'homme
admirable » qu'il avait suscité, Fauche-Borel insis-

tait dans chacune de ses lettres, certain que, si Perlet acceptait sa proposition, la Restauration des Bourbons s'ensuivrait sans tarder. — « Vous êtes attendu », écrivait-il ; et il lui conseillait d'amener un secrétaire « pour porter les pièces les plus importantes ». Il exposait que l'on concerterait ensemble les moyens les plus sûrs d'acheminer jusqu'à Paris le personnage encore non désigné, — l'un des princes de la famille royale, sans nul doute, — qui prendrait « dans les premiers moments » les rênes du pouvoir, en attendant l'arrivée du Roi lui-même[1]. Et quand Louis XVIII est en Angleterre, l'insistance de Fauche-Borel se fait plus pressante : il a hâte de conduire aux pieds du frère de Louis XVI un si zélé champion de la monarchie légitime. L'auguste prince serait heureux de témoigner à Perlet sa gratitude : il manifeste à tout instant son désir de connaître et de remercier cet auxiliaire précieux. Le comte d'Avaray daigne joindre ses sollicitations à celles de Fauche : — « Le désir du Roi, mande-t-il, serait de voir arriver une personne de confiance dûment autorisée et munie de preuves évidentes. Je profite, avec la plus vive satisfaction, de cette circonstance, pour répéter à *Bourlac* (Perlet) et à ses amis un nouveau témoignage de la confiance de Louis XVIII et, j'ose ajouter, de mon estime et de mes sentiments personnels[2]. »

---

1. *Archives nationales*, F⁷ 6319ᴬ, lettre n° 50.
2. Post-scriptum signé *Courtener*, 29 décembre 1807. Même dossier, lettre n° 55.

C'était trop beau. Perlet se méfiait, et son hésitation était justifiée. Convaincu que Fauche-Borel connaissait à présent la vérité sur l'arrestation et la mort de son neveu, il se demandait avec anxiété si le libraire, assoiffé de vengeance, ne le mystifiait pas à son tour, afin de lui tendre un piège similaire à celui où s'était pris le jeune Vitel. A Paris, Perlet ne craignait rien : en supposant sa fourberie découverte, la toute-puissante protection de Veyrat, du préfet Dubois et de Desmarest, ses instigateurs et ses complices, lui était un sûr garant d'impunité. Mais à Londres, isolé parmi ces émigrés et ces étrangers dont il se jouait effrontément depuis deux ans, comment échapper à tant de colères et de haines accumulées? Et, même si Fauche est encore sa dupe, même si, dans leurs protestations d'amitié, d'estime et de reconnaissance, le Roi et d'Avaray sont sincères, sera-t-il, lui, assez madré et astucieux pour soutenir le rôle? Il faudra bien qu'il parle, qu'il conte l'origine et la formation de ce fantasmagorique *Comité;* il devra citer des noms. Lesquels? On n'abuse pas des hommes tels que Louis XVIII ou M. Canning, aussi facilement qu'un Fauche-Borel. Il a laissé croire que Fouché leur est acquis : vont-ils, sur ses affirmations, entrer en relations directes avec ce ministre? Quelle catastrophe! Déjà Fauche lui a écrit : — « Si vous pouviez avoir pour appui Fouché, on serait porté ici à prendre en lui la plus grande confiance, parce qu'on lui connaît des moyens, et il pourrait tout attendre de ce côté. Mais c'est à vous de juger s'il est assez mûr pour être sondé ». Et Perlet a répondu, afin de couper court à ces illusions sur le ministre dont son sort dépend : — « Il y aurait beaucoup de dangers à courir, aucun succès à espérer en cherchant à gagner Fouché! Je vous le dis en mon particulier... Cet homme n'a rien à désirer; il est comblé d'honneurs et de biens et il a une façon de penser qui ne pourrait aller avec nous. Laissons-le de côté et n'en parlons plus; je vous réponds que nous pourrons nous passer de lui[1] ». Tranquille désormais sur Fouché, que d'autres il devra compromettre quand il lui faudra révéler les noms de ses complices imaginaires!

Voilà pourquoi Perlet n'éprouve pas de hâte à se rendre à l'invitation de ses correspondants de Londres. Mais comme les lettres qui lui viennent d'Angleterre sont remises par lui à Veyrat, qui les passe à Dubois, lequel les communique à Desmarest, pour que celui-ci les soumette à Fouché, ces hauts personnages estiment qu'un séjour de leur agent à la Cour du Prétendant pourra leur fournir des éclaircissements précieux, et Perlet reçoit l'ordre de se mettre en route. S'il regimbe, il perdra tout le bénéfice de sa longue et laborieuse tromperie : il obéit donc; mais il s'attarde en méticuleux préparatifs et en prudentes précautions; on rencontre à son dossier la liste des renseignements qu'il devra se procurer et des commissions dont on le charge :

---

1. Lettre du 6 novembre 1807. (*Mémoires* Fauche-Borel, IV, 15, 16.)

— « Savoir la situation des deux frères (Louis XVIII
et le comte d'Artois !) entre eux et respectivement
avec les ministres ; — les noms des Français qui
sont allés en Angleterre depuis quatre ou cinq mois ;
— quelles sont les idées de l'Angleterre sur la
Russie? — Que penser du projet de mariage du
comte d'Artois avec la fille du marquis de Buckin-
gham?—Rapports sur les différents ouvrages publiés
par Puisaye, d'Antraigues, Dumouriez, l'abbé Delamarre, etc., etc. » On retrouve aussi, parmi les
papiers de Perlet, une souche en blanc arrachée au
registre des passeports, celle, probablement, du
passeport qu'il se dresse à lui-même. Il voyagera
sous le nom de *Bourlac;* mais il signera *Charles* ses
communications. Les lettres à lui adressées devront
être envoyées à M. Bellot, marchand au Havre, et
rédigées de telle sorte qu'elles puissent passer pour
être celles « d'un prisonnier de guerre écrivant à
son beau-frère [1] ». Enfin il quitte Paris, sans entrain,
le 17 mars 1808, se dirigeant vers la Hollande où il
attendra une occasion de s'embarquer, bien persuadé
qu'il ne sortira pas vivant de la nasse où on le
pousse et qu'il en est au dernier exploit de sa carrière; cette extraordinaire expédition devant se terminer, en toute vraisemblance, par un coup de
poignard, une balle de pistolet ou la cravate de
chanvre de la potence.

1. *Archives nationales*, F⁷ 6238.

VI

LA CORRESPONDANCE ANGLAISE
PERLET A LONDRES

Les communications sont lentes entre Paris et Londres, au printemps de 1808. Seize mois auparavant[1], Napoléon a lancé de Berlin ce fameux décret du Blocus, aggravé, un an plus tard[2], par le décret de Milan qui met l'Angleterre « au ban du continent. » Toute communication, toute correspondance sont interdites entre les Iles Britanniques et l'Europe ; toute marchandise suspecte d'origine anglaise est livrée aux flammes ; tout voyageur soupçonné d'avoir séjourné en Angleterre est emprisonné. Reste la contrebande : elle est intense ; par Héligoland, par le Danemark dont les Anglais se sont emparés, par la Hollande et même par les côtes de

1. Le 21 novembre 1806.
2. 11 novembre 1807.

la Manche s'effectuent des passages clandestins : il y a des fissures dans le Blocus ; mais quels détours et quels retards ! Pour atteindre Paris, Charles Vitel, par exemple, embarqué à Londres, a dû gagner le petit port sleswicois de Husum, aller de là à Gothembourg, en Suède, revenir à Hambourg, traverser Hanovre et Francfort, s'arrêter à Neuchâtel et entrer en France muni d'un passeport suisse. Le trajet d'une lettre de Londres à Paris dure quinze jours au moins et ses étapes varient sans cesse[1]. Pourtant les journaux passent le détroit; on reçoit régulièrement à Londres le *Moniteur* et le *Journal de l'Empire*, huit, dix oú douze jours après la date de leur publication; les gens eux-mêmes trouvent le moyen d'aborder en France ou d'en sortir ; la preuve est que, presque tous les jours, on en arrête à Boulogne. Quelques-uns transitent par Jersey, se font jeter à la côte par quelque pêcheur et se faufilent en Normandie.

Sauf durant l'éphémère trêve de la paix d'Amiens, la correspondance avec l'Angleterre a toujours été difficile depuis le début de la Révolution. C'est le crime qui, du 18 fructidor jusqu'à 1814, fournit le plus d'accusés aux commissions militaires. On risque sa vie à introduire en France un écrit venant de

---

1. C'est le temps moyen que mettent pour parvenir à Perlet les lettres de Fauche : — « n° 42, datée de Londres, 19 mai — arrivée le 1ᵉʳ juin — n° 50, datée du 25 août, arrivée le 13 septembre L'une des dernières qu'on eut citées, — n° 53, — porte cette annotation : « datée de Londres, 24 novembre 1807, arrivée à Paris le 9 janvier 1808, *impossible de dire par quelle voie.* » (*Archives nationales.* F⁷ 6319ᴬ.)

Londres ou à sortir de notre pays une missive à
destination de l'Angleterre. Comme, dans ce récit
de l'intrigue Perlet, il n'est pourtant question que
de lettres échangées d'un côté à l'autre de la Manche,
d'envois d'argent, de traites tirées par les banquiers
londoniens sur des banquiers de Paris, d'émissaires
passant le détroit et parvenant, le plus souvent, à
dépister la police, les douaniers et les garde-côtes,
on sera peut-être curieux de pénétrer les secrets de
cette intéressante circulation entre deux pays officiellement fermés l'un à l'autre. Durant quinze ans
la correspondance avec l'Angleterre fut l'occasion
de drames sanglants, de poursuites romanesques,
de déguisements, de procès, de dénonciations, d'en-
quêtes policières, de fuites éperdues, de chasses
acharnées, de ruses épiques. Elle s'effectuait cependant. Comment ?

Le Français, nul ne l'ignore, s'adapte à tout avec
une souplesse et une ingéniosité qui lui sont particulières. Au temps de la Révolution, obligé de se
plier aux circonstances, il avait, pour se soustraire
aux draconiennes législations de l'époque, fait
preuve d'une fertilité d'imagination vraiment singulière : on cite, dès 1792, un particulier de Cham-
bonas, dans l'Ardèche, qui, pour porter jusqu'à la
frontière une lettre destinée aux frères de Louis XVI,
alors à Coblence, se travestit en berger, prit la houppelande et la houlette traditionnelles, mobilisa un
troupeau de moutons que, de jachères en vaines
pâtures, il conduisit jusqu'en Savoie sans que per-

sonne eût songé à fouiller sa besace, ni même à lui demander son passeport. A Chambéry, il se débarrassa de ses moutons, jeta sa houppelande aux orties, prit la poste, atteignit Coblence sans malencombre et s'acquitta de la mission dont il était chargé[1]. Durant la Terreur, les communications avec l'émigration ou l'étranger, punies de mort par la loi, deviennent une industrie lucrative : à Saint-Claude on trouve « vingt paysans pour un » qui guident dans la montage et font passer en Suisse les aristocrates traqués par les comités révolutionnaires [2]. Les *mémoires* des contemporains abondent en traits de ce genre : dans les Vosges, même trafic : une femme de Senones, près Saint-Dié, transmet les nouvelles, conduit des émigrés, en ramène, rapporte aux parents restés en France ce qui se passe au delà du Rhin, se charge de l'argent et des bijoux. Une fille de Bruyères, nommée Marie Barbe, par quelque temps qu'il fait, porte le courrier de France à l'armée de Condé[3]. A l'autre extrémité du pays, dans le Cotentin, un jeune homme de dix-huit ans, le chevalier de Péronne, ancien mousse de la marine royale, vient guetter chaque nuit, sur la plage de Granville, les débarquements des agents de la correspondance anglaise et, à la barbe des douaniers et des gendarmes, les conduit en lieu de sûreté[4]. Un

---

1. DAUDET, *Emigration*, I, 140.
2. Déclaration de Duverne de Praile, 1797. *Mémoires* de BARRAS, II, 343.
3. FORNERON, *Emigrés*, II, 269.
4. LA SICOTIÈRE, *Frotté*, II, 70.

enfant de douze ans, le jeune de Gonneville, traverse
à diverses reprises toute la Normandie, servant de
facteur entre le quartier général de Frotté et la côte,
couchant dans les bois et ne s'endormant qu'après
avoir caché ses dépêches sous des pierres [1]. La belle
et jeune châtelaine de Vanloue, dans la Manche,
madame d'Anjou, sait dépister durant dix ans les
plus adroits policiers, au point qu'ils renoncent à
atteindre cette insaisissable porteuse de dépêches et
recéleuse de missionnaires royalistes [2]. Cet apprentissage de longue date avait porté ses fruits et, quand
fut décrété le Blocus Continental, il se trouva un
personnel expérimenté, tout prêt à narguer les prohibitions et à entretenir les relations avec la croisière anglaise qui évoluait jour et nuit en vue des
côtes de France. Dans les papiers d'un de ces agents
fut découvert, en 1805, un itinéraire détaillé de
Paris à Rotterdam, avec désignation de « tous les
lieux où l'on peut exiger la présentation des passeports, de ceux où les autorités négligent de les
demander, des auberges où l'on peut coucher sans
péril, etc. ». On y trouva aussi des indications concernant l'usage de la « *boîte de fer* » : c'était un
coffret de métal, renfermant les lettres, et que l'on
cachait dans les rochers ou dans le sable de la grève ;
à la nuit, un canot se détachait de la flotte anglaise
et venait à la côte ; pour épargner aux marins qui le
montaient de trop longues recherches, un homme,

1. *Souvenirs militaires du Colonel de* GONNEVILLE, IX.
2. *Mémoires de la Société académique du Cotentin*, Tome X, 1894.

un fumeur, la pipe aux dents, posté sur la falaise, guidait leurs investigations en tirant de son briquet des étincelles suivant une télégraphie convenue[1]. Le préfet de la Manche fut informé, en 1805, que la correspondance avec Jersey s'effectuait par l'île Chaussey au moyen d'une « boîte de fer » ressemblant, par sa forme et par la couleur dont elle était peinte, aux pierres saillantes entre lesquelles elle était déposée : « Quatre personnes ont parcouru l'île depuis onze heures du matin jusqu'à cinq heures du soir, ont remué toutes les pierres, sondé tous les trous, sans rien découvrir. Il est vrai, notait ce fonctionnaire, que, sous le nom d'Ile Chaussey sont désignés cinquante-deux petits îlots... ce qui rend les recherches très longues et très difficiles[2] ». Les canots employés à ce service étaient eux-mêmes machinés en prévision d'une visite : l'un d'eux, la *Jungfrau Elisabeth*, comportait des caches pratiquées pour y placer la correspondance, « tellement qu'il eût fallu le mettre en pièces pour la découvrir ». — « On dissimulait quelquefois les papiers jusque dans les avirons percés et préparés pour cet objet[3] ». C'est par de tels moyens que passèrent de France en Angleterre la plupart des lettres dont se composent en partie les quatre-vingts volumes du Fonds Bourbon conservé au ministère des Affaires étrangères. Sans doute, la correspon-

1. Bulletin de Police du 6 juin 1805. D'HAUTERIVE, I, n° 1443.
2. D'HAUTERIVE, I, 1037.
3. D'HAUTERIVE, I, 1456.

dance de Perlet et de Fauche voyagea, elle aussi,
par la « boîte de fer » ; et voilà qui explique les len-
teurs de la transmission et les longs intervalles entre
les successives répliques de cette conversation épistolaire.

La Correspondance anglaise a aussi ses « exprès »,
gens résolus, intrépides, madrés qui, — pour gagner
leur vie, et largement, car cette singulière profes
sion est bien rétribuée, — ont trouvé le moyen de
passer le détroit portant, entre les deux semelles de
leurs gros souliers, dans le col de leur habit, ou,
tout simplement dans leur poche, les lettres à eux
confiées. On cite un Breton, Hermely, qui, depuis
le temps du Directoire, circule régulièrement entre
Paris et Londres et se joue de toutes les surveil-
lances ; bien d'autres en font autant, avec plus ou
moins de bonheur : pendant un certain temps, la
municipalité de Boulogne délivra facilement de faux
passeports[1] ; mais Fouché a placé là le terrible
Mengaud, qu'il appelle « son plus gros dogue[2] », et
les choses ont changé. Quiconque veut tenter la
chance ne peut se fier à personne et doit tirer des
ressources de son imagination ses moyens d'action.
Le métier n'est ni sans désagrément ni sans risques ;
mais il a ses séductions, paraît-il, et ceux qui
l'exercent sont résignés d'avance aux inconvénients
qu'il comporte : Hyde de Neuville, abordant en Normandie, se félicite des conditions *assez faciles* de son

---

1. FORNERON, *Emigrés*, II, 220.
2. MADELIN, *Fouché*, 1, 291.

voyage, parce qu'il a pu gagner la côte « ayant de l'eau jusqu'aux épaules *seulement*[1]. » Une dame Chalamet[2], se voyant sur le point d'être arrêtée, roule en boule les papiers compromettants qu'elle porte et *les mange*[3] ; simples incidents dont on s'amuse, car il y a pis : combien, moins chanceux, sont pris et fusillés ! Chateaubriand, Margadel, Tryon, d'Ambert, Laa, Surville, Quintal, Prigent, Goyon de Varouault, Goyon de Vaucouleurs, Goyon de Veaux, Toustain, Duluc, Rosselin... pour quelques-uns dont les noms ne sont pas tout à fait oubliés, que d'autres, par centaines, sont tombés inconnus ! Quelles péripéties, quelles aventures, quels drames de périlleuse bohème recèlent les mystères de cette correspondance clandestine dont vécurent — et moururent, — durant quinze ans, tant d'anonymes ! Les cartons de la police abondent en romans avortés dont les héros et le dénouement demeurent également énigmatiques. Parfois une lueur, un indice, éveillent la curiosité ; tout de suite la nuit se fait, la piste entrevue se dérobe. En 1804, on arrête à Fontainebleau un vagabond, — 45 ans ; — il est, dit-il, cuisinier, arrivé de Venise ; il a quitté son maître à bord d'un navire ; puis il déclare se nommer Mallard, natif de Charenton ; enfin il s'avoue émigré ; il a passé douze ans comme moine au couvent de la Trappe, deux ans à l'armée de Condé, cinq mois

1. HYDE DE NEUVILLE, *Mémoires*, I, 236.
2. C'était la maîtresse de ce Dupéron qui, après fructidor, avait fondé à Paris une contre-police royaliste.
3. DAUDET, *Récits des temps révolutionnaires*, 95.

prisonnier au Temple; on l'a mis en surveillance à
Évreux; il s'est sauvé en Suisse, à Fribourg, s'y est
fait Chartreux. Il revient en France pour voir quelques parents[1]... Cet homme est l'émissaire de quelqu'un, à coup sûr; mais on n'en saura pas davantage.

Le nombre est grand des ecclésiastiques enrôlés
dans la Correspondance; pour se borner à ceux de
ces intermédiaires avec lesquels Fauche-Borel fut
en relations, on rappellera ici deux noms déjà men-
tionnés dans ce récit : celui de l'abbé Ratel qui,
agent de Brotier, sut disparaître à temps pour
échapper à la déportation, et celui de l'abbé Leclerc,
dit *Boisvalon*, « l'homme à l'œil vairon », type
accompli du conspirateur obstiné, actif, adroit, discret, entreprenant, et, — par singularité, — désintéressé. On l'a vu, tour à tour, pendant la Terreur,
errant dans les bois voisins de Paris, s'improvisant
homme de loi pour mieux se déguiser, puis vivant
caché rue du Pot-de-Fer où Fauche le trouva « si
bien instruit de tout ce qui se passait en France »
qu'il en conçut quelque soupçon et s'inquiéta, à sa
sortie du Temple, de le rencontrer à Munster en
Westphalie, guettant les passants.

Ratel, depuis le début du Consulat, s'est fixé aux
environs de Boulogne-sur-Mer, dans le château
d'une dame de Combremont. Il y commande en
maître, ne se cache pas, mène en apparence l'exis-

____

1. *Archives nationales*, A F⁷ 1491.

tence oisive et a même installé chez sa complaisante hôtesse une parisienne, mademoiselle Sper, royaliste ardente, qui passe pour être sa maîtresse et que les paysans d'alentour surnomment *Belle-Peau*, à cause de son frais visage[1]. De ce confortable asile, Ratel dirige une immense correspondance : l'Angleterre fournit les fonds, sans marchander[2].

L'abbé Leclerc qui, de son taudis de la rue du Pot-de-Fer, n'a cessé d'entretenir, lui aussi, une correspondance très active, de centraliser les rapports de toutes les agences royalistes de France qu'il transmet aux princes proscrits, est, en 1803, appelé à Boulogne par l'abbé Ratel : c'est l'époque où la guerre éclate de nouveau entre la France et l'Angleterre : Bonaparte a conçu le vaste dessein de jeter son armée sur la terre anglaise et le camp de Boulogne s'organise. Le cabinet de Saint-James tient à être bien renseigné : Ratel, par prudence, se fixe à Londres, et Leclerc est chargé de toute la correspondance de la côte. Travail éminemment délicat et dangereux, car des patrouilles de gendarmes parcourent incessamment le pays et des policiers, envoyés de Paris, exercent sur la région de Dunkerque à Étaples une surveillance minutieuse. Leclerc se met à la besogne : il n'a, lui, ni château,

1. Julienne Sper, dite *Pauline*, rentière, demeurant à Paris, rue Neuve-Saint-Paul, n° 9, au fond de la cour, native de Senlis. « On la croit fille entretenue ». Elle avait. en l'an IX, passé quelques mois au Temple. (*Archives nationales*. F⁷ 6365.)

2. Ratel avait reçu, d'entrée de jeu, 1.800 livres sterling. Il touchait annuellement 600 livres sterling de traitement, « dont 240 pour mademoiselle Sper ». (FAUCHE-BOREL, *Mémoires*, III, 379.)

ni maîtresse; il n'accepte même pas de traitement, ne dépensant rien pour lui-même : il trouve asile chez des amis de la bonne cause, qui l'hébergent volontiers et qu'il n'encombre jamais bien long-temps, étant presque toujours en route, dans une petite berline que conduit son unique secrétaire, un certain Pierre-Marie Pois dont les pseudonymes sont nombreux autant que pittoresques : *Larose, Gaudebert, Vieille-Femme, Martin, La Besace, Vieille-Perruque*, etc. Grâce à ces faibles moyens, Leclerc qui, lui-même, se manifeste sous les noms d'em-prunt de *Bailly*, de *Godefroid*, de *Lepage*, parvient à fournir l'émigration de rapports égalant en infor-mations précieuses ce Bulletin que, pendant toute la durée de son ministère, Fouché adressera quotidien-nement à l'Empereur. Le personnel de Leclerc est restreint mais choisi : il est renseigné par un agent établi à Brest, par « un employé marquant » du ministère de la Guerre et par un autre complice, « encore plus marquant » qu'il a soudoyé dans les bureaux de la Marine ; c'est ainsi qu'il peut adresser en Angleterre des renseignements précis sur notre armée, sur son moral, ses effectifs, ses ressources, ses emplacements, ses armements et suivre en outre une correspondance politique d'un intérêt tel « qu'on n'avait encore rien obtenu de semblable. » Ratel l'ayant à plusieurs reprises félicité au nom du gou-vernement anglais, le modeste Leclerc répondait :

— « La plupart de ceux qui nous secondent dans ce travail le font uniquement par pur zèle, par roya-

lisme, par le désir de contribuer au rétablissement
de l'ordre en Europe. Grands et petits nous aident
également de tous leurs moyens. » Ainsi s'affermis-
sait à l'étranger la conviction illusoire que Bonaparte était honni de l'immense majorité des Français;
toute l'émigration avait pour le « tyran » qui régnait
aux Tuileries l'œil vairon de l'abbé Leclerc.

Sur une côte dont les moindres replis étaient
occupés par des postes de soldats et où se concentraient toutes les forces de l'armée française, comment
Leclerc parvenait-il à poursuivre son espionnage
et à entretenir avec l'Angleterre des communications suivies? Il partait dans sa petite berline,
ordinairement en compagnie de son secrétaire Pois,
dit *Larose*, gagnait Étaples, passait la Canche,
l'Authie, la Somme, puis la Bresle et là, dans le
pays d'Eu que n'occupait point la troupe, il entrait
en relations avec des pêcheurs besoigneux. On commandait un bon repas, on faisait de la dépense, on
payait largement, en pièces d'or. Pois expliquait,
en buvant l'eau-de-vie dont il versait rasade à ses
hôtes, qu'il était homme d'affaires, qu'il lui fallait
aviser un émigré, fixé à Londres, d'une succession récemment ouverte : oh! rien de politique, pure
affaire d'intérêts privés : il donnait lecture de sa
lettre; pas un mot qui pût paraître compromettant
à qui ne soupçonnait pas, dans les interlignes, des
caractères tracés à l'encre invisible. Et toujours il
se trouvait là quelqu'un pour offrir de porter le
papier aux vaisseaux de la croisière anglaise que les

barques de nos pêcheurs rencontraient fréquemment au large. Pois offrait 20 louis, — près de 500 francs, — une fortune. Le marin, ainsi amorcé, devenait un complice habituel; l'appât de l'or gagné si aisément, l'impunité presque assurée, excitaient et entretenaient son zèle. D'autant que la commission était facile, les équipages des navires anglais se prêtant à ce factage prohibé et détachant des chaloupes qui venaient rôder, la nuit, fort près des côtes. On était, d'ailleurs, par eux bien accueilli; on recevait un pourboire, on trinquait une lampée d'eau-de-vie, et on regagnait la plage en traînant le filet pour détourner, au débarquement, les soupçons improbables des gardes-côtes.

Leclerc s'attacha de la sorte Philippe, épicier-pêcheur au Tréport, qui lui-même enrôla deux camarades, nommés Dieppois et Lefort, puis Duponchel, le maître d'école de l'endroit. Il leur fournit une lanterne sourde en leur indiquant la manière de l'utiliser : — « On va sur le bord de la mer, la lanterne allumée; on la montre trois fois, de demi-heure en demi-heure, et on la cache : les bateaux anglais qui louvoient non loin du rivage, et qui sont instruits, approchent. » Il leur apprend aussi les signaux anglais : — « un pavillon en berne, hissé et amené trois fois », annonce une communication à prendre la nuit prochaine. Si quelque douanier rôde aux environs, faire le signal de « *plus d'espoir* » : un feu sur la falaise pendant le jour, une fusée, la nuit. Leclerc exigeait de ses « facteurs » qu'ils lui apportassent un reçu pour chaque paquet remis à la croisière. Pas de reçu, pas de paie[1]. La femme Philippe, malgré sa prodigieuse corpulence, portait à des endroits désignés les lettres reçues : elle recevait 12 francs pour son voyage. Leclerc lui avait bien recommandé, si elle était arrêtée en route, de dire « qu'elle venait de trouver ces papiers sur la côte et qu'elle les portait à la gendarmerie de la ville d'Eu ou de Boulogne[2]. »

Ce conspirateur vagabond, déjà plus que quadragénaire et dénué de tout attrait, exerçait sur les femmes un prestige inexplicable. Que des dévotes, très attachées à la cause des Bourbons, eussent, en raison de son caractère sacré, risqué, pour lui donner asile, la prison ou l'échafaud, voilà qui ne surprend point; mais sa haine fanatique contre Bonaparte et la France révolutionnaire était irrésistiblement communicative, car elle occasionna, — bien involontairement sans doute, les mœurs de Leclerc paraissant avoir été sans reproches, — un esclandre affligeant et qu'il faut mentionner comme un trait singulier des mœurs de l'époque. Au nombre des royalistes chez qui Leclerc séjournait de temps à autre, se trouvait madame de Roussel de Préville, veuve d'un capitaine de vaisseau de la marine royale

----

1. Le dossier contient une pièce ainsi libellée : — « *Je reconnu à voir reçu du citoyen Bouton la some de cent franc pour le passase d'une famm en Nagenterre* (Angleterre). *Boulogne, 13 juin. Robert Lefort.* »

2. Le dossier de Philippe et complices est aux *Archives nationales,* F⁷ 6365.

et comptant parmi les personnes les plus considérées de la société boulonnaise. Madame de Préville avait, entre autres enfants, une fille qui approchait, en 1804, de ses dix-neuf ans. Mademoiselle de Préville était extrêmement jolie, quoique de très petite taille : « cheveux et sourcils chatains, yeux bleus, nez aquilin et bien fait, bouche petite, menton rond, visage ovale et légèrement coloré », ainsi la décrit son signalement. En raison de sa beauté et de sa grâce; on la surnommait *Nymphe*. C'était une enfant adulée ; — « de la gaîté, une légèreté extraordinaire, une folle ingénuité; les bals, les fêtes, les spectacles, la parure l'occupaient exclusivement[1]. » Soit exaltation royaliste, soit amour du roman et de l'aventure, Nymphe s'enthousiasma pour l'œuvre antipatriotique à laquelle Leclerc vouait sa vie ; elle lui offrit ses services. Lui, prêt à tout sacrifier au succès de son entreprise, enrôla l'enfant dans sa troupe. Sous des prétextes que l'on ne sait pas, mais qui suffirent à leurrer sa mère, Nymphe, travestie en jeune garçon, parcourait, sous le faux nom de *Dubuisson*, les routes du Boulonnais et servait de commissionnaire à la conjuration. Elle recevait les lettres des mains de la femme Philippe, les portait à l'abbé Leclerc, dont, avec quelques autres initiées, elle connaissait toujours la retraite variable, payait les affidés et restait souvent plusieurs jours absente de Boulogne, étendant ses courses, seule ou en

1. *Supplique adressée à l'Empereur* par madame de Roussel de Préville, février 1808.

compagnie de Pois, dit *Larose*, jusqu'à Dieppe ou Amiens. Un de ses oncles, l'abbé Delaporte, était l'un des agents les plus actifs de la Correspondance et passait fréquemment le détroit pour porter en Angleterre les pièces importantes.

Or, il arriva que, par suite d'une délation ou autrement, la gendarmerie saisit enfin les fils de cette association ténébreuse : Leclerc, traqué, se réfugia à Abbeville, dans la maison d'une dame Denis, petite rue Notre-Dame, où Nymphe trouva également asile. L'épicier du Tréport, Philippe, les vendit à la police; des gendarmes se présentèrent, une nuit, chez madame Denis qui, terrifiée, les conduisit elle-même à la cachette recélant les papiers de la Correspondance. La maison était bien machinée, car Nymphe et l'abbé restèrent introuvables. Lui, s'éloigna, croit-on, dans la direction de Saint-Omer. La jeune fille regagna tranquillement Boulogne, annonça à sa mère qu'elle était « hors la loi » mais innocente et qu'elle allait « livrer sa tête ». Stupéfaite, madame de Préville, jusque-là sans soupçon de l'extravagante conduite de sa fille, la fit reconduire à Abbeville, chez des parents qu'elle avait, en la suppliant de se bien cacher. Mais c'était trop exiger de cette enfant insouciante : dans cette ville où d'adroits policiers, venus de Paris, cherchaient les complices de Leclerc, elle passait sa journée à la fenêtre et parut même deux fois au bal. Mieux conseillée, un jour, elle disparut. Plus d'un an après on apprit que la Commission militaire siégeant à Rouen avait condamné à la peine de mort les pêcheurs Philippe et Dieppois, l'instituteur Duponchel, Leclerc, son secrétaire Pois et *Nymphe* de Préville, dite *Dubuisson*, — ces trois derniers par contumace. Leclerc, après un séjour en Angleterre, se fixa à Munster où il tenta de renouer la Correspondance avec ses agents de Paris, et il semble bien qu'il y réussit. Quant à *Nymphe*, ayant traversé seule une partie de l'Europe, dans l'espoir d'atteindre la Russie, elle parvint à s'embarquer pour Londres où elle s'arrêta : le gouvernement anglais servait à cette condamnée à mort un traitement annuel de 600 francs, dont elle subsistait misérablement. Suivant une note de police, « elle déplorait amèrement son sort[1] ».

Cette digression à travers les mystères de la Correspondance anglaise ne paraîtra pas, à proprement parler, un hors-d'œuvre, puisqu'elle permet d'apprécier quels obstacles et quelles difficultés s'opposaient à l'échange régulier des communications entre la France et les Iles-Britanniques. Sans doute, il y avait, aux rigueurs du Blocus, quelques tempéraments exceptionnels ; certains armateurs, moyennant de grosses primes, obtenaient des *licences* très recherchées ; on a l'exemple de négociants trafiquant ouvertement avec l'Angleterre, en dépit des prohibitions

1. Archives des Affaires Etrangères, *Fonds Bourbon*, 620 f° 116 verso. Sur Nymphe Roussel de Préville, V. *Archives nationales*, F⁷ 6865 et 658^.

générales ; mais leurs navires étaient, à leur arrivée
et à leur sortie, sévèrement visités et leurs subré-
cargues auraient risqué gros en prévariquant de leur
privilège. Tout écrit présentant un caractère politique ou rédigé en termes simplement ambigus, ne
pouvait donc passer le détroit qu'en fraude ; et, après
la ruine des messageries interlopes de Leclerc, cette
contrebande postale se détourna par Jersey et la
côte normande.

Au printemps de 1808, Fauche-Borel, sur l'ordre
de M. Canning, ministre des Affaires extérieures,
s'occupait d'apurer les comptes de Ratel et de
Leclerc ; le premier présentait une note de
125.000 francs, avancés par lui, assurait-il, au cours
de sa gestion ; Leclerc ne réclamait rien d'autre que
son dû, — 47.400 francs — se refusant à toute
récompense, n'ayant travaillé, disait-il, que « par
le seul désir d'être utile à la cause de l'Angleterre
et de la monarchie légitime ». Les vérifications de
Fauche permirent de constater que, pour trois
années, la correspondance coûtait au gouvernement
britannique près de 300.000 francs, dont une bonne
partie était restée aux mains de l'abbé Ratel[1], auquel
il fit rendre gorge. Mais ceci valut à Fauche de nouvelles inimitiés : le comte de Puisaye, tenacement
rancunier et très jaloux de toute compétition, blâ-
mait l'ingérence du libraire : — « Il est étonnant,
grommelait-il, que le cabinet anglais emploie un

---

1. *Mémoires* de Fauche-Borel, III, 398 et s.

Suisse à inspecter les comptes d'un émigré français. »
A vrai dire cette rivalité mettait Fauche-Borel dans
une situation critique; depuis plus de deux ans il
avait placé tout son enjeu sur le *Comité* de Perlet :
c'était sa conception, sa chose; « l'affaire de
M. Fauche », disait-on et parfois non sans ricanement, car le nombre des sceptiques allait en aug-
mentant. Puisaye comptait parmi ceux-là : il ne
dissimulait plus maintenant sa conviction raisonnée
que « l'affaire de M. Fauche » était une duperie : il
insistait pour qu'on interdît à Perlet l'accès de l'Angleterre : — « Le faire venir ici est une stupidité; on
prétend qu'il apportera des documents, les signa-
tures même de dix à douze des principaux membres
du *Comité*. Croyez-vous que des hommes capables
de diriger une affaire exigeant autant de circonspection voudraient confier collectivement leurs
noms au papier et à tous les hasards d'un tel
voyage[1] ? »

« Fauche, au contraire, remuait donc ciel et terre
pour qu'on fît accueil à « son homme » : Perlet était
son dernier atout; si ce personnage, inventé, créé
par Fauche, réussissait à empaumer les ministres
de George III, s'il était assez habile pour leur inspirer confiance et pour convaincre Louis XVIII de
la réalité de son *Comité*, la fortune du libraire était
assurée, il serait considéré comme le *deus ex
machinâ* de la Révolution, l'Angleterre et l'émigra-

---

1. *Archives du ministère des Affaires étrangères*, Fonds Bourbon,
041, 28 août 1807.

tion n'auraient pas assez d'hosannas pour célébrer sa perspicacité et chanter ses louanges, sans compter que les coffres-forts du Royaume-Uni s'ouvriraient à larges portes pour lui permettre de continuer l'œuvre si miraculeusement conduite. Voilà pourquoi il trépignait d'impatience en attendant son ami Perlet, et il s'évertuait à lui ménager une réception digne d'un si bon serviteur de la monarchie légitime.

Le mouchard, on l'a dit, était en route ; mais il s'attardait, hésitant encore à poursuivre son chemin, tant il avait peine à se figurer que, surtout après le piège tendu à Vitel, il pût se rencontrer des gens assez naïfs pour prendre au sérieux sa cafardise. Tel était aussi l'avis de ses chefs : — « Si Fauche-Borel ne veut pas tendre un piège à l'agent de Paris en l'attirant à Londres, on ne peut se faire l'idée d'une crédulité si stupide et si obstinée », notait Desmarest au « Bulletin de Police[1]. » Ainsi donc, en expédiant Perlet en Angleterre, Dubois, Veyrat, Desmarest et Fouché étaient persuadés qu'il n'en reviendrait pas : c'était bien cette impression qu'emportait Perlet lui-même et qui l'incitait à ne point se hâter. Il avait pris par le plus long. Après dix jours de voyage il se trouvait à Rotterdam et adressait de là à Desmarest un mot rapide : — « Arrivé ici en très bonne santé, muni d'excellentes recommandations et d'une bonne lettre de crédit...

---

1. Du 17 septembre 1807. D'HAUTERIVE, III, n° 1012.

grandes difficultés pour suivre ma route... il m'en coûte beaucoup plus que je ne comptais... j'espère réussir... comptez, monsieur, sur mon zèle et mon dévouement [1]. » Il allait donc s'embarquer, au début d'avril, pour l'Angleterre, et Fauche, pressentant que son cher ami approchait, se préparait à le festoyer et à l'exhiber orgueilleusement, quand lui fut asséné un coup dont il faillit ne pas se relever : l'ordre lui fut signifié de quitter l'Angleterre !

Banni, Fauche-Borel ! Pour lui, une sentence de déportation était un arrêt de mort. Sous quel ciel, en effet, sur quelle terre pourrait-il se réfugier? Le continent tout entier gémissait sous l'étreinte de Bonaparte, ce rival contre lequel le libraire neuchâtelois soutenait depuis tant d'années une lutte de toutes les heures : l'Angleterre, pour prix de ses services, le livrait donc à cet ennemi féroce qui l'avait retenu trente mois prisonnier et ne se consolait pas de l'avoir laissé échapper ! Tel fut le thème des imprécations de Fauche, chancelant sous le choc et appelant toutes les foudres du ciel sur les perfides ennemis auteurs de cette disgrâce. On lui conseilla de se taire et de quitter Londres sur le champ, afin d'éviter l'expulsion brutale. Quitter Londres ! Au moment précis où Perlet allait paraître ! Quel crève-cœur ! Pourtant il comprit que toute résistance serait vaine ; il partit pour Bath, dans

---

1. La lettre est] signée Gignoux, l'un des pseudonymes de Perlet, qui voyageait cependant sous le nom de Bourlac. Elle est datée du 27 mars 1808. (*Archives nationales*, F⁷ 6238.)

l'espoir que le chef de l'Alien-Office se contenterait de cette apparente soumission.

Il s'en contenta, en effet. Puisaye, instigateur de cette mesure[1], bien renseigné par ses agents de Paris[2], instruit du prochain débarquement de Perlet, soupçonnant toujours une collusion entre cet énigmatique personnage et Fauche-Borel, avait résolu d'éloigner celui-ci pour que l'autre, livré à lui-même, sur la scène nouvelle où il devait se produire, fût obligé de jouer son rôle sans souffleur et qu'on pût, par conséquent, plus aisément juger de sa sincérité et de sa droiture. Mais Fauche, désolé de n'être point de la pièce au moment du coup de théâtre, voulait qu'on entendît au moins sa voix à la cantonade : s'il lui était interdit de paraître, il pouvait écrire : il écrivit donc, à Louis XVIII, à lord Moira, l'ancien ministre, l'un de ses protecteurs, à sir Flint, qui lui avait toujours témoigné de la bienveillance, protestant à tous que sa présence à Londres était indispensable et que le sort de l'Europe se jouait... On lui accorda une permission de séjour d'une décade. Il accourut... Perlet n'était pas arrivé! On touchait à la seconde quinzaine de mai; depuis deux

1. C'est là, du moins, l'opinion de Fauche-Borel qui attribue son expulsion à Puisaye et à d'Antraigues; mais il peut se faire aussi que la police de Paris, ne manquant à Londres ni d'agents secrets ni d'influence, eût pris la précaution d'éloigner Fauche-Borel qui pouvait poser à Perlet des questions embarrassantes, exiger des précisions, tant sur l'affaire Vitel que sur le *Comité*. C'était la réitération du stratagème employé déjà par Perlet se faisant emprisonner à Sainte-Pélagie en apprenant l'arrivée à Paris de Charles Vitel.

2. « Ce personnage (Puisaye) paraîtrait avoir quelques relations directes à Paris ». (Bulletin de Police du 27 octobre 1807. D'HAUTERIVE, III, n° 1105.)

mois donc l'agent du *Comité* était en route, et ce retard autorisait les plus angoissantes suppositions. Fauche-Borel dut regagner son exil sans avoir vu « son cher ami », mais non sans l'avoir recommandé chaleureusement à tous ceux auxquels était réservé ce bonheur ; il annonçait au sous-secrétaire d'État, sir Hammond, la venue de « cet homme brave et loyal » comme un événement « d'une extrême importance dans les circonstances actuelles », le signalait comme « l'organe d'un parti nombreux et puissant » et suppliait que Son Excellence M. Canning voulût bien recevoir cet ami précieux, réprésentant l'élite des royalistes de France. De la sorte, il s'attribuait, d'avance, une part du succès que ne pouvait manquer de remporter Perlet auprès des autorités du Royaume-Uni.

Mais Perlet ne paraissait pas. Arrivé le 27 mars à Rotterdam, soit qu'il hésitât encore à poursuivre son voyage, soit qu'il trouvât bon de souffler un peu, momentanément délivré des lourdes chaînes dont il s'était entravé, le 5 juin seulement il prit passage sur une barque hollandaise qui, rompant le blocus, parvint à accoster en pleine mer, après un jour de navigation, un bateau-pêcheur anglais sur lequel il continua son voyage. Il arrivait à Gravesend, en Tamise, le 10 juin, à huit heures du matin.

Deux policemen montent aussitôt à bord et, au nom du roi George, interdisent au Français de mettre le pied sur le sol d'Angleterre. Il doit rester durant dix jours sur l'inconfortable bateau qui l'a amené, sans permission de se procurer les aises de toilette et d'hygiène indispensables après une traversée difficile; il lui faut vivre la vie des matelots, couchant dans leur cajute et mangeant à leur cambuse; le 18 juin, une chaise de poste l'emporte; le conduit-elle vers la prison de Newgate, en attendant Botany-Bay, ou chez le Roi pour y être traité en plénipotentiaire de distinction? A six heures du matin, le lendemain, il est à Londres; reçu avec grands égards par un personnage qui lui dit être messager d'État, il peut « se rafraîchir », s'habiller convenablement et, dans l'après-midi, il est présenté à lord Hawkerbury, ministre de l'Intérieur[1].

Il faut que ce bon policier soit doué d'un solide aplomb pour soutenir à l'improviste la tâche qu'il assume : c'est un pauvre hère, sans éducation, sans manières, sans élégance ; il a l'obséquiosité des malchanceux; on ne sait pas comment il s'exprime, mais la façon dont il écrit dénote qu'il est sans instruction, sans finesse et sans verve. En présence d'un membre de cette aristocratie anglaise, si hautaine, si exclusive de tout ce qui n'est pas « du monde », il n'a à formuler que des mensonges, insolents d'invraisemblance; il doit se poser, malgré sa gaucherie certaine et son embarras, en émissaire choisi et délégué par « d'éminents personnages de la haute société parisienne »; il y a mille chances pour que la pénétration du Lord ait raison de la fourberie de ce goujat. — Eh bien, non! C'est le

1. *Compte-rendu* par BOURLAC (Perlet) de sa mission à Londres. (*Archives de la Préfecture de Police.*)

grand seigneur qui est pris au piège et c'est le
goujat qui l'englue. Il commence par se plaindre
« amèrement » des mauvais traitements éprouvés
depuis son arrivée en Angleterre; on l'a gardé en
surveillance, on l'a privé de voir « ses amis »; en
présence du ministre lui-même, quoique entouré
d'égards, il n'est encore qu'un prisonnier. Lord
Hawkerbury s'excuse : — « Il y a eu des difficultés
inévitables; l'espèce de gêne dont se plaint le
voyageur a simplement pour but d'empêcher que
celui-ci parle à quiconque avant d'être admis en la
présence de Louis XVIII; M. Perlet n'a, d'ailleurs,
qu'à demander tout ce qui lui sera nécessaire; des
ordres sont donnés pour qu'il reçoive satisfaction. »
La conversation s'engage ensuite « familièrement »
sur Bonaparte : — « Quels sont ses projets? demande
le ministre; peut-on connaître les décisions de son
Conseil? » Perlet se lance alors dans un long exposé
du caractère autoritaire et sournois de l'Empereur :
en habitué des Cours, il déclare que « Bonaparte
diffère des autres souverains : il ne communique ses
plans à personne, et s'il admet ses ministres et ses
maréchaux à lui soumettre leur avis, il prend seul
toutes les déterminations. » — « Vous sentez,
Mylord, poursuit le mouchard, qu'une pareille
manière de gouverner est difficile à connaître et
que ceux qui prétendent avoir de pareils secrets sont
évidemment des imposteurs [1]. » Lord Hawkerbury le

1. *Compte rendu* par Bourlac (Perlet).

questionne ensuite sur le fameux *Comité* et sur l'influence du parti royaliste en France; mais ici le policier affecte la discrétion : il y a certaines confidences qu'il doit réserver pour le Roi son maître, insistant cependant sur ce point que le puissant *Comité* dont il est le porte-parole a la certitude du succès « tant par l'autorité des membres qui le composent que par les mesures de sûreté qui sont prises d'avance : » il importe seulement que le *Comité* soit informé bien exactement de tout ce que prépare, dans le but de détruire l'Empereur et sa puissance, le gouvernement anglais, « afin de combiner une action commune. » Et Perlet ajoute à sa relation : — « Lord Hawkerbury parut content de ce développement. » L'entretien terminé, — il se prolongea durant deux heures, — le Lord reconduisit son visiteur, peu habitué à tant de déférence, jusqu'à la porte extérieure de son appartement en « lui faisant beaucoup d'amitiés. » Il le remit à M. Brooke, le chef de l'Alien-Office, auquel il recommanda de prévenir tous ses désirs. Le jour suivant Perlet était admis en présence de M. Canning, ministre des Affaires extérieures, avec lequel il causa pendant deux heures encore et qui parut, lui aussi, concevoir une idée tout à fait favorable de son interlocuteur. M. Brooke, en reconduisant l'espion, ne lui cacha pas que « Son Excellence était tout à fait contente. » Aussi, remarque Perlet, — et ceci est un clair indice de sa platitude d'âme, — « depuis ce moment, M. Brooke a été aux petits soins pour moi et m'a fait toutes les politesses *que l'on fait à un homme bien avec les ministres...* »

En attendant que Louis XVIII consentît à le recevoir, Perlet devait rester, sinon prisonnier, du moins reclus : l'Alien-Office[1] s'était chargé de son logement : sa détention déguisée fut de courte durée : le 22 juin, le comte de La Châtre, représentant accrédité de Louis XVIII auprès de George III, arriva chez Perlet à sept heures du matin et l'invita à monter dans sa voiture. L'audience royale était fixée pour ce jour-là. C'était l'épreuve décisive. Voilà donc le mouchard de Desmarest, le séide de Veyrat, roulant dans un équipage écussonné aux trois fleurs de lys, aux côtés d'un gentilhomme de haut renom et d'antique noblesse, maréchal de camp, grand d'Espagne, chevalier de la Toison d'or, brigadier général dans l'armée anglaise et commodore dans la marine. On voudrait savoir quelle fut, durant le parcours, la conversation du vulgaire Perlet avec ce parfait grand seigneur, réputé pour son tact, sa délicatesse et sa franchise chevaleresque. Comment ce noble Français, si délié, ne discerna-t-il pas à quelque bévue, à un mot malsonnant, à l'exagération même de l'humilité, la trivialité de son compagnon? Comment n'entrevit-il pas l'impossibilité qu'un tel homme fût ce qu'il prétendait être et le danger de l'introduire chez le monarque exilé, si jalousement protégé par son entourage contre les inconnus et les intrigants ?

---

1. Police des Etrangers.

Celui-ci était porteur de communications flatteuses et l'on était soucieux, avant tout, de nourrir les illusions dont on vivait. Le comte de La Châtre repassa Perlet au comte d'Avaray, venu à Londres tout exprès pour conduire au roi l'émissaire du *Comité de Paris*. Le trajet, jusqu'à Gosfield, dura plus de quatre heures, et, en cours de route, d'Avaray, l'homme du dévouement toujours en éveil, ne s'étonna pas, ne soupçonna rien, lui non plus. On arriva au château à onze heures et demie et l'espion fut aussitôt introduit dans le cabinet royal. Louis XVIII, qui l'attendait impatiemment, se leva à son entrée et s'avança vers lui : c'était là une de ces faveurs que, jadis à Versailles, bon nombre des plus nobles et des plus intimes serviteurs du souverain n'avaient jamais obtenues. Ignorant tout de l'étiquette, Perlet crut bien faire en se jetant à genoux et en se prosternant, le ventre sur le tapis. Le Roi parut surpris et même « effrayé » de ce cérémonial inusité ; mais il avait hâte de savoir ; il s'assit devant son bureau, désigna à son visiteur un siège « très rapproché du sien » et la conversation s'engagea.

On parla du « parti puissant » qui s'occupait à Paris de rappeler Sa Majesté sur le trône de ses pères. D'après le récit tracé par Perlet de cet entretien mémorable, on devine qu'il accumula les banalités sur un ton de basse servilité qu'il estimait du meilleur goût : on conjecture aussi chez le puriste auquel il s'adressait la surprise que ses féaux partisans ne disposassent pas d'un délégué plus distingué et plus marquant. Mais n'est-ce pas besogne illusoire que tenter de relater cette entrevue dont l'un des interlocuteurs n'a pu que mentir et dont l'autre n'a jamais rien raconté? Il est certain que Perlet dut nommer enfin les membres du chimérique *Comité :* il était venu pour cela et ne pouvait s'en dispenser. On l'entend suppliant Sa Majesté de lui garder là-dessus le plus profond secret et réclamant la promesse d'une discrétion absolue. On éprouve quelque humiliation à penser que le descendant des Bourbons dut prendre l'engagement de ne révéler à personne les confidences mensongères du misérable. Or ce phénomène de fourberie, cet homme, vivant de tromperie et de faux serments, gardait, des préjugés abolis, la conviction qu'un Roi de France ne peut trahir ses promesses. Et c'est bien cela qui le mit à l'aise : sûr que ses propos ne seraient pas répétés, il dut citer les noms qui lui semblèrent devoir être les plus agréables à l'oreille du Roi, les mieux choisis aussi pour faire valoir « son œuvre » et l'importance de sa médiation.

La note comique est fournie, en ce répugnant épisode, par Fauche-Borel, retenu loin de la capitale selon l'ordre de l'Alien-Office. On l'avait autorisé à fixer sa résidence à Oxford : il piétinait sur place à la pensée que son cher ami Perlet, libéré de sa surveillance depuis sa visite au Roi, allait regagner la France avant qu'ils eussent trouvé le moyen et l'occa-

sion de passer ensemble quelques douces heures
d'intimité. Certain de la bonne impression produite
par l'agent du *Comité* de Paris sur les ministres
anglais et sur la Cour de Gosfield, préoccupé de
rappeler à tous qu'il était, lui, l'inventeur et le
mentor de cet homme étonnant, il choyait par correspondance l'espion et lui témoignait des attentions
de mère tendre et cajoleuse. Il l'avait obligé à
occuper son appartement, vacant par suite de son
exil; mais il se lamentait de n'être point là pour dor-
loter celui « qui tenait une si grande place dans son
cœur. » — « Si j'avais été chez moi, vous auriez
trouvé votre dîner tout chaud, à la même heure. » —
« Vous couchez dans ma chambre, dans mon lit, et je
ne puis vous voir !... Cela n'est-il pas diabolique ?[1]. »
Il s'inquiète aussi du prochain départ de Perlet. Si
la police de Bonaparte, avisée par quelque scélérat,
allait lui mettre la main au collet quand il débarquera
sur le Continent !... — « Que d'angoisses pour moi
jusqu'au moment où je vous saurai arrivé. » — « Si
je ne n'avais pas la satisfaction de vous embrasser,
répétez-vous que mon sort est lié au vôtre et que
rien au monde ne me séparera plus d'un ami...
comme vous ! » Perlet s'épanche aussi, en lettres
non moins affectueuses; il confie ses tristesses et ses
déboires; il a vu le Roi, mais n'a reçu, ni à Gosfield,
ni chez les ministres, l'accueil « auquel il était en
droit de s'attendre. » Et Fauche le console : —

---

1. *Archives nationales*, F⁷, 6238.

« Votre lettre, mon excellent ami, me fend le cœur ;
de grâce, prenez courage. Le principal de votre
voyage est rempli : vous avez vu *Fietta* (Louis XVIII)
et vous pourrez rendre un compte exact du pénible
de sa situation ; elle intéressera toujours davantage
ses vrais sujets, auxquels vous aurez la jouissance
de porter l'expression de ses vœux... »

Apprenant que Perlet va se rembarquer, il n'y
tient plus : quitte à risquer la déportation, il veut
embrasser ce coadjuteur admirable ; il a tant de
choses à lui dire ! D'abord, il s'efforcera de lui soutirer les noms des membres du *Comité ;* et puis, il
veut savoir quel est le traître qui a vendu le pauvre
Vitel : il *sait*, puisque Perlet le lui a fait comprendre,
que son neveu était, dès avant son départ de Londres,
signalé à la police impériale ; c'est donc à Londres
même que se trouve l'assassin, et Fauche soupçonne
de ce crime odieux son ennemi acharné, Puisaye ;
mais il souhaiterait une certitude avant de tirer du
misérable une vengeance éclatante. Alors, avec
l'aide de l'ami Danican, il combine une rencontre :
Perlet viendrait passer un dimanche à Uxbridge, à
mi-chemin d'Oxford : Fauche irait l'y retrouver : —
« Nous souperons ensemble samedi soir et nous
ferons le lendemain un bon dîner. » Et pourquoi
Perlet n'amènerait-il pas madame S...[1] qui pourrait
être accompagnée de madame Th...[2] — « Ça ferait

1. Madame Scheringham, 9 Frith Street, Soho, chez qui Fauche-
Borel avait logé à Londres.
2. Madame Thiot, française, qui tenait à Londres un hôtel garni
« dans le genre parisien. »

une partie. » Cet homme prévenant pensait à
tout.

La partie eut lieu; mais Fauche ne put tirer de
son ami ni les précisions tant désirées sur le *Comité*,
ni le nom de l'assassin de Vitel, car Perlet restait
sombre et il importait avant tout de lui remonter
le moral. Il éprouvait, en effet, quelque dépit : à sa
seconde visite chez le comte d'Avaray, il avait trouvé
porte close ; le confident de Louis XVIII ayant, par
la voix de son valet de chambre, déclaré « n'être pas
visible. » Et puis Perlet déplorait la perte d'un petit
carnet de poche qui lui servait de mémorandum, sur
lequel se trouvaient inscrits des renseignements
« très confidentiels. »

L'histoire de ce carnet est révélatrice de l'astucieux génie dont était doué Perlet. Si ignorant fût-il
des usages mondains, il entrevoyait vaguement que,
peu habitué à être bien reçu, il avait pris sottement
pour des témoignages d'estime l'urbanité habituelle
aux grands personnages avec lesquels il se trouvait
en relations. La courtoisie, toute nouvelle pour lui,
du début, s'était bientôt muée en une indifférence
évidente; au vrai, on ne le prenait guère au sérieux
et le succès de son voyage lui semblait être compromis. Afin de le rétablir, il imagina d'inscrire au
crayon, sur un petit carnet relié en maroquin rouge,
quelques noms, quelques chiffres et quelques dates,
et de cacher cet agenda dans un coin sombre de son
alcove, derrière son lit. Puis il se montra très agité,
annonça partout qu'il venait d'égarer un calepin

contenant des indications précieuses, et s'informa
si personne n'avait trouvé ces compromettantes
tablettes. On conclut de son inquiétude que cet
agenda recélait les plus intimes secrets de la conjuration parisienne : la composition du mystérieux
Comité peut-être... Fauche-Borel, angoissé, suppliait
qu'on le rassurât : — « Dites-moi si vous avez
retrouvé votre portefeuille », et il n'était pas loin de
soupçonner Puisaye ou d'Antraigues d'avoir volé ce
livret révélateur de leurs crimes : — « Je suis convaincu qu'ils vous font passer pour un espion. Ce
sont des monstres! Votre portefeuille perdu aura
prouvé peut-être que vous êtes instruit du nom de
leur correspondant avec Talleyrand... » Enfin le
carnet fut retrouvé; mais avant d'être rendu à son
propriétaire, il passa, — comme Perlet secrètement
le souhaitait, — dans les mains des ministres, dans
celles de d'Avaray; il parvint même à Fauche-Borel;
aucun, bien entendu, ne se fit scrupule d'en déchiffrer
les hiéroglyphes : parmi nombre de notes griffonnées
au crayon on rencontra dans cet aide-mémoire une
liste de noms, — ceux du *Comité*, objet des perpé-
tuelles cachotteries de Perlet : — « *Royer-Collard,
Barthélemy, Molé, Mollien, Fouché...* » Fouché en
était! Quand le mouchard rentra en possession de
son agenda, il avait grandi de cent coudées dans
l'estime du cabinet britannique et de la Cour de
Gosfield, si bien que le gouvernement anglais se
chargea d'assurer son retour par le Danemark et la
Suède, « de façon à ce que la police de Bonaparte

n'eût aucun soupçon de son séjour en Angleterre[1]. »

Quoique bien lesté d'argent et de lettres de crédit par ses chefs, Perlet aurait voulu faire encore payer son voyage par Lord Hawkerbury ou par M. Canning, — voire par tous les deux. Fauche-Borel l'y poussait, assurant que la générosité anglaise était sans limites : — « Il n'y a pas un individu allant ou venant de chez vous ici ou d'ici chez vous à qui on ne remette 500 louis. » Mais les ministres restèrent sourds à l'invite, estimant sans doute que le *Comité* de Paris, si puissant, pouvait bien payer son émissaire. Déçu de ce côté, Perlet présenta la note de « ses frais » à d'Avaray qui lui fit remettre 55 louis : le Roi de France était pauvre... L'espion jugea la somme « humiliante »; il la rendit à d'Avaray et c'est Fauche-Borel qui, afin d'assurer l'heureux retour de son ami, lui donna, de sa poche, 3.500 francs. Ses dernières recommandations sont attendrissantes : — « Il est impossible de rencontrer deux êtres qui s'entendent mieux sur les grands intérêts... Plus je vais, et plus je vois que ce n'est que *la bonne foi, la candeur et la franchise qui opèrent le bien.* » D'ailleurs, il ne s'oubliait pas : — « Que votre *Comité* demande que je reste votre principal intermédiaire... Si je crois devoir me mettre en avant, c'est que... j'ai pour moi l'expérience de quinze ans dans les affaires [2]... »! Et

---

1. Dix lettres adressées par Fauche à Perlet durant le séjour de celui-ci à Londres, ont été remises par Perlet à la police lors de son retour à Paris, et se trouvent aux *Archives nationales*, F ', 6238.

2. *Archives nationales*, F ', 6238.

c'est à la police de Desmarest que le pauvre homme adressait cette explosion de suprême naïveté, car, à peine rentré à Paris, Perlet remit toutes les lettres de Fauche à ses chefs, en même temps qu'un rapport circonstancié de son expédition[1].

Dans cette relation, il ne négligeait pas de se faire valoir, ainsi qu'on le pense[2] : — « Le mois que j'ai passé à Londres, écrivait-il, a été employé sans interruption à bien m'instruire..., je n'ai pas perdu un quart d'heure ; aussi ma tête est-elle bien remplie ; je pense que Son Excellence décidera qu'il sera bon de continuer la correspondance... » Mais Desmarest n'était pas homme à se laisser éblouir par les vanteries d'un de ses agents. Il avait, très probablement, dans l'entourage de Louis XVIII des espions sûrs au contrôle desquels il ajoutait plus de créance qu'aux

1. Le 21 juillet 1808, Perlet était rentré à Paris, depuis quelques jours probablement, car il avait déjà remis à Desmarest le rapport de son voyage. Il n'est donc pas vrai qu'il fût resté *un mois* à Londres, ainsi qu'il l'affirme à ses chefs ; son séjour en Angleterre ne dut pas excéder quinze jours. C'est le terme que lui assigne Fauche-Borel. (*Mémoires*, IV, 54.)

2. Perlet, semble-t-il, dut écrire deux rapports : l'un destiné au ministère de la Police, l'autre qu'il rédigea comme pour rendre compte de son voyage à son *Comité* imaginaire. Il y parlait, par conséquent, do Louis XVIII avec déférence et des ministres anglais en termes respectueux ; sans doute ce second rapport était-il fait pour être envoyé à Fauche-Borel et affermir celui-ci dans sa croyance au *Comité*. Il est intitulé : *Compte rendu par Bourlac aux membres du Comité relativement à sa mission à Londres*. (Archives de la Préfecture de Police, A ᴬ 311.) Quant au premier rapport, beaucoup plus piquant, car l'espion s'y exprimait sans ménagement et sur Louis XVIII et sur les membres du cabinet britannique, nous n'avons pas été assez heureux pour le découvrir. Fauche-Borel y fait une allusion discrète : *Mémoires*, IV, 46. — « Si ce qu'on dit est vrai, écrit-il, ce doit être une chose curieuse que la relation faite par ce profond scélérat à la police de Bonaparte sur son voyage en Angleterre et sur l'audience que lui accorda le Roi. Mon respect pour l'auguste auteur de la Charte me commande ici le silence. »

hâbleries d'un infime subalterne ; aussi, après avoir lu le récit de Perlet-*Bourlac* et soigneusement annoté les lettres de Fauche [1], déclara-t-il que la mission du mouchard était un fiasco. Il l'exposait sans réticences au ministre : — « C'est avec peine qu'il a été reçu et qu'il est parvenu à ne pas être chassé ; cependant il assure qu'il lui a été recommandé de continuer sa correspondance ; nous voilà donc revenus au même point, après trois ans d'écritures... » Que faire? En poursuivant la comédie du faux *Comité*, « veut-on persuader au gouvernement britannique que les Bourbons ont une grande partie de la France?» Ne vaut-il pas mieux cesser la correspondance et « enrayer tout à coup cette misérable *agentaille* pour qu'il n'y ait plus entre la France et l'Angleterre qu'une bonne guerre franche, rien de plus[2] ? » On peut remarquer le ton méprisant de Desmarest parlant au ministre de cette *misérable agentaille* et ceci donne l'étiage de la répulsion des chefs de la police pour leurs limiers en général et pour Perlet en particulier. On agita la question de savoir s'il ne serait pas utile de publier le recueil des lettres de Fauche-Borel à « l'ami de Paris », afin de convaincre le ministère anglais « du peu de confiance que méritaient les hommes dont s'entouraient les Bourbons proscrits » ; mais ce projet fut abandonné et le ministre se désintéressa, dès lors, de cette fourberie qui « ne menait à rien ». Fouché, d'ailleurs, quoi-

---

1. Le dossier garde des traces de ce dépouillement.
2. *Archives nationales*, F⁷ 6238.

qu'il ne fit point partie du *Comité* de Perlet, par la raison que ce *Comité* n'avait jamais existé, Fouché, depuis 1804, « cultivait la sympathie anglaise [1]. » Le cabinet de Saint-James, non plus que Fauche-Borel, ne se trompaient pas tout à fait en estimant que le ministre de la Police n'était point pour l'Angleterre un ennemi irréconciliable, ni pour Napoléon un ami à toute épreuve. C'est même cette tendance vers un rapprochement anglo-français qui lui valut sa disgrâce. Il quitta le ministère le 3 juin 1810 ; il y était remplacé par le duc de Rovigo.

Trois mois plus tard, Dubois passait la Préfecture de police à Pasquier, homme probe et soucieux de son devoir. Un hasard instruisit le nouveau préfet de l'ignoble stratagème dont Perlet était l'instrument ; aussitôt défense est faite de poursuivre cette déshonorante fallace ; le mouchard simule la soumission ; mais espérant toujours soutirer aux ministres anglais, pour le compte du fantasmagorique *Comité*, le demi-million de ses rêves, il continue, à l'insu de ses chefs, et dans son propre intérêt, la correspondance avec Fauche-Borel. De son côté, le libraire s'y cramponne en désespéré ; on est en 1812 ; l'empire chancelle et Fauche, redoutant que la restauration des Bourbons s'opère sans son concours, prend la résolution hardie d'aller passer un jour à Paris : vingt-quatre heures suffiront à sa « finesse » et à son « expérience » pour se procurer les précisions néces-

1. MADELIN, *Fouché*, II, 174.

saires et stimuler l'activité du *Comité*. Et il n'imagine rien de mieux que de s'adresser à Desmarest, — son pire ennemi, — et de solliciter de lui le sauf-conduit indispensable. Un honnête négociant parisien, nommé Gilles, qui, pourvu d'une licence en règle, effectue fréquemment la traversée du détroit, se charge de soumettre au chef de la police secrète l'étrange supplique du libraire qui, en échange du passeport désiré, promet de fournir des renseignements précieux sur les projets ou les ressources du Prétendant. Il s'offre à trahir la cause de la monarchie légitime à condition qu'on le mette en mesure de la mieux servir.

Desmarest ne répond pas ; Fauche conjure Perlet d'agir ; même silence. Toute l'Europe est liguée contre Bonaparte : c'est le moment de porter au vaincu le coup suprême. Harcelé d'impatience, Fauche attend à Jersey que le *Comité* l'appelle à Paris. Rien ne vient. On croira peut-être que, devant le coupable silence de son cher Perlet, il sentit poindre en son esprit quelque méfiance ou quelque crainte? Non pas : sa foi n'était pas entamée. Elle se serait renforcée, au contraire, s'il avait appris que Perlet était en prison, preuve manifeste de son dévouement à la bonne cause.

A la suite de la communication de Gilles, Perlet avait été, en effet, convoqué par Desmarest qui, l'ayant « cuisiné » en maître expérimenté, arracha, non sans peine, à l'espion l'aveu de sa prévarication. Coupable de continuer la correspondance avec l'Angleterre malgré la défense de ses supérieurs, il fut écroué à la prison de Sainte-Pélagie, en attendant qu'on trouvât dans le code criminel un châtiment applicable à son crime, — si grassement récompensé quelques mois auparavant[1]. Deux jours plus tard, le préfet Pasquier profitait de l'occasion pour révoquer ce fonctionnaire indigne[2]. En vain Perlet proteste-t-il que « personne plus que lui n'est dévoué à l'Empereur ; qu'il a toujours manifesté son chagrin de ne pouvoir combattre avec nos braves soldats ; qu'il a un fils, élève-trompette à la garde impériale, auquel il répète sans cesse combien il est beau de servir son souverain... » ; le ministre décida que Perlet serait maintenu en détention jusqu'à « plus ample informé[3]. »

Voilà pourquoi Fauche courait en bourrasque de Londres à Jersey et de Jersey à Londres, exas-

1. Les deux interrogatoires de Perlet, 28 et 29 juillet 1813, sont aux *Archives nationales*, F ' 6238. Au cours de ces interrogatoires furent posées à Perlet deux questions desquelles on peut inférer que le ministre de la Police ne restait pas indifférent à l'invite d'échange de renseignements confidentiels imaginée par Fauche-Borel. — « Pensez-vous que Fauche, tout en paraissant à Londres dévoué aux Bourbons, soit cependant porté à servir le gouvernement français et qu'on puisse ajouter foi aux offres qu'il ferait à cet égard, ainsi qu'aux documents qu'il fournirait pour prouver sa sincérité ? — Si Fauche, voulant donner au gouvernement français un témoignage de sa bonne disposition à le servir, avait déjà fourni quelques renseignements sur ce qui peut intéresser ce gouvernement, pensez-vous qu'on pût y ajouter toute confiance ? » Perlet s'était contenté de répondre : — « Je ne suis pas en mesure de connaître assez bien la disposition de Fauche pour répondre de lui ». Mais ces allusions à une compromission probable de Fauche-Borel s'étaient fixées en son esprit, et il devait plus tard en tirer parti.

2. Même dossier. Lettre de Perlet annonçant sa révocation à Desmarest, 3 août.

3. Même dossier, 19 août.

péré du silence inexplicable de son fidèle correspondant. Les événements se précipitaient : coup sur coup on apprenait le désastre des armées de Bonaparte à Leipzick, la ruée des alliés sur le Rhin, l'invasion de la France. Au château d'Hartwel qu'habitait maintenant, à seize lieues de Londres, « le comte de Lille », on suivait anxieusement, dans les feuilles anglaises, la marche des troupes coalisées : chaque jour apportait « un sursaut d'espérance. » Le comte d'Artois et ses fils avaient déjà quitté l'Angleterre pour mieux guetter les éventualités. Bordeaux réclamait son Roi. Et Paris? Fauche n'y comprenait rien! A quoi songeait donc le *Comité, son Comité?* Qu'attendait cette clandestine et puissante agence royale pour porter au tyran le dernier coup? Le « tyran » tomba sans qu'elle se fût manifestée. En préparant son bagage pour accompagner en France le Roi restauré et y recueillir la grandiose récompense due à ses éminents et longs services, Fauche-Borel éprouvait l'amer regret que ce prodigieux revirement se fût produit sans sa participation immédiate. Aussi avait-il hâte de gagner Paris, impatient de questionner Perlet, d'apprendre les causes de cette incompréhensible abstention et de connaître enfin, maintenant que rien ne pouvait plus déjouer sa vengeance, qui avait dénoncé à la police de Bonaparte l'infortuné Charles Vitel et touché le prix de son sang.

FAUCHE BOREL

tenant en mains le médaillon de son souverain le Roi de Prusse.
Il est entouré des bustes de Louis XVIII,
du prince de Condé, des portraits de Moreau,
de Pichegru et de Charles Vitel. Au fond la Tour du Temple.

VII

FAUCHE DÉGONFLÉ

Napoléon avait réussi à consommer « l'entreprise la plus difficile de sa vie, celle de se détrôner[1]. » Dans la nuit de Pâques, avant que se levât l'aurore du jour où les chrétiens célébrent la résurrection du Sauveur, un courrier du Prince Régent d'Angleterre arrive au château d'Hartwel, occupé, depuis trois ans, par Louis XVIII et sa petite Cour : cet exprès apporte une dépêche pour « le comte de Lille ». On avertit le comte de Blacas qui s'est couché tard et dort profondément : la missive annonce que le Sénat français s'est prononcé pour la déchéance de Napoléon et le retour du Roi légitime. Blacas, une lanterne à la main, par de petits couloirs tortueux, se dirige vers la chambre du Roi, qu'il éveille...

1. Le mot est de Montgaillard. (*Souvenirs*, p. 250.)

La joie fut « suffocante », et l'événement pouvait, sans hyperbole, être rangé parmi ceux que l'on qualifie de miraculeux. Après vingt-trois ans d'exil et de misères, ce prince que le peuple de France avait si complètement oublié qu'il ne connaissait même plus son nom, était appelé, du consentement de tous les souverains de l'Europe, à prendre possession de son trône. Lui-même ne savait rien de ce pays sur lequel il allait régner : depuis si longtemps ses familiers, par courtisanerie, par pitié pour ses malheurs, le leurraient et le berçaient de soporifiques illusions, qu'il s'attendait à retrouver les Français « tels qu'ils étaient au temps de sa jeunesse, mais assagis par les rudes leçons du malheur ». Il ne comprenait pas que ces vingt-trois ans valaient des siècles.

Durant sa proscription il s'était si obstinément pénétré de ses droits qu'il fut Roi tout de suite : le jour où, quittant pour toujours Hartwel, il fit son entrée à Londres dans la voiture du Prince Régent, conduite par des postillons vêtus de blanc, à travers une foule exultante, il trouva à l'Hôtel Crillon, destiné à son séjour, toute une Cour de nobles Lords, de jolies femmes, d'émigrés français, contenue par cent gardes d'honneur, formant la haie et inclinant à son passage des étendards blancs. Cette pompe émouvante, cette apothéose succédant sans transition aux mesquineries de la vie d'exil, auraient troublé tout autre que lui; il les acceptait comme choses dues et c'est en termes pesés qu'il répondit au compliment du prince son hôte. Ils échangèrent leurs ordres : Louis XVIII passa son cordon bleu au cou du Régent qui, se baissant, noua la Jarretière à la jambe goutteuse du nouveau Roi. Le lendemain on était à Douvres : la mer était en fête : le Détroit, lui aussi, célébrait sa délivrance : un grand nombre de légères embarcations aux mâts desquelles claquaient des banderoles blanches, entouraient le vaisseau *Le Lys*, venu de France pour chercher le Roi. Le temps était radieux, la traversée fut courte : à mi-chemin, l'escadre française vint se ranger autour du navire royal qui portait, outre Louis XVIII, sa nièce et les plus notables de ses vieux compagnons d'exil : sur un yacht anglais, *le Jason*, cinglant dans le sillage du *Lys*, avaient pris passage bon nombre d'émigrés, pressés de revoir la France, et parmi eux, Fauche-Borel qui, sentant venue enfin l'heure des récompenses, se faufilait de son mieux, depuis le départ d'Hartwel, pour attirer à soi l'attention. Ce n'était pas le moment de se laisser sottement oublier. Déjà, à Londres, il avait manœuvré de façon à se trouver sur le passage du souverain dans la cohue de l'Hôtel Crillon, et à lui baiser la main : il avait même tressailli de joie en entendant le Roi lui dire : — « Je suis bien aise de vous voir »... mots auxquels Fauche prêtait une portée considérable. Il se mit aussitôt à guetter madame la duchesse d'Angoulême afin de lui offrir sans tarder ses hommages : il la rejoignit au moment où, suivie d'un grand cortège de dames, la fille de

Louis **XVI** entrait dans ses appartements : il se précipita vers elle, se figura qu'elle l'apercevait et le
reconnaissait : — « Je suis bien aise de vous voir »,
fit-elle. Le duc d'Havré, qui se trouvait là, compli-
menta chaudement le libraire de « l'attention bien-
veillante dont il venait d'être l'objet de la part de
Son Altesse Royale[1]. » Si Fauche avait été doué
d'autant de pénétration qu'il se figurait en posséder,
ces deux incidents l'eussent éclairé sur la fragilité
de la gratitude des Princes : malheureux, ceux-ci
ménagent les rares courtisans de leur isolement;
vienne un retour de fortune, ils repoussent le furieux
assaut des solliciteurs par l'oubli, les phrases banales
et l'indifférence.

Mais ces navrantes prévisions n'effleuraient même
pas l'esprit de Fauche : tandis qu'il voguait, au bruit
des salves, vers la terre de France, il vivait « le
plus beau jour de son existence », éprouvant « une
jouissance qui enivrait son cœur; » il se croyait au
bout de ses peines dont bientôt il toucherait le prix.
La direction de l'Imprimerie Royale lui était, en
quelque sorte, depuis longtemps promise et assurée;
mais Louis **XVIII** ne bornerait pas à ce dédomma-
gement sa munificence; quelle récompense y vou-
drait-il ajouter? Un grand cordon, cela va sans dire;
un titre? Une ambassade? Et, à cette même heure,
dans la France entière, par centaines de milliers,
de bonnes gens supputaient ce qu'ils avaient souf-

1. *Mémoires* de Fauche-Borel, IV, 207, 208.

fert de la Révolution et s'ingéniaient à chercher de quelle opulente compensation ils se contenteraient : tous les rentiers atteints naguère par la débâcle des assignats, tous les vieux serviteurs de l'ancienne Cour privés de leur emploi, tous les chouans, tous les soldats de Charette, de La Rochejaquelein ou de Cadoudal, tous ceux aussi que la police de Fouché et de Rovigo avait tracassés, ceux encore qui s'étaient compromis en s'employant à la correspondance secrète des Princes ou au fonctionnement des agences royales, tous les émigrés, tous ceux qui avaient perdu un parent sur l'échafaud de la Terreur, dans les proscriptions du Directoire ou par les fusillades de l'Empire, ceux dont vingt années de troubles et de guerres avaient bouleversé la vie ou diminué les ressources, mettaient leur espoir de réparation ou d'indemnité en ce pauvre Roi qui revenait écrasé de dettes contractées dans tous les pays d'Europe depuis près d'un quart de siècle.

Bientôt il distingua les jetées du port, les dunes de sable de la côte et les remparts de Calais fourmillant d'une foule innombrable. Bien avant que *le Lys* eût accosté le quai, les acclamations montaient vers le ciel; les canons tonnaient, les fanfares sonnaient, les cloches étaient en branle. Louis XVIII, debout sur le pont du navire, se découvrit, mit la main sur son cœur, leva ses regards vers le ciel : on le reconnut à ce geste pieux et ce fut du délire : les plus enthousiastes étaient les hauts fonction-

naires qui s'étaient portés sur la jetée : officiers
généraux, magistrats, corps municipal, tenaient à
protester les premiers de leur inébranlable attachement à la famille des Bourbons ; même le général
Maison avait amené, à marche forcée, toute la gar-
nison de Lille, pour témoigner, sans retard, de
l'ardeur de son royalisme. Un carrosse attendait
auquel étaient attelés seize habitants de Calais,
« richement habillés ». Le Roi fut par eux traîné
jusqu'à l'église pour un *Te Deum* d'action de grâces.
Et c'est ainsi que fut accueilli l'exilé qui, s'il avait
effectué ce débarquement quelques semaines auparavant, aurait été traqué, vendu, saisi, emprisonné
et probablement fusillé sans qu'une voix se fût
élevée pour sa défense.

Fauche-Borel prenait sa part de cette ivresse et
saisissait toutes les occasions de se manifester.
Comme, au retour de l'église, Louis XVIII descen-
dait de son carrosse, son épée s'engagea dans l'insigne de la Jarretière qui encerclait son genou enflé
par la goutte et Sa Majesté, peu alerte, éprouvait de
la peine à se dépétrer : Fauche, aux aguets, se
précipita « pour délivrer le Roi de cette importunité » ;
mais, depuis une heure, l'étiquette ancienne avait
reconquis tous ses droits et, de voir ce manant près
de porter la main sur l'épée, et, peut-être de toucher
la jambe royale, le comte de Blacas s'indigna : —
« Que faites-vous Fauche ! » cria-t-il d'un ton de
réprimande ombrageuse... Le libraire, décontenancé,
assure que Louis XVIII calma d'un mot aimable

la susceptibilité du courtisan[1]. Mais c'était là encore un indice que, depuis Hartwel, pourtant si proche, les choses avaient bien changé et qu'on monterait bonne garde autour du monarque.

Sur quoi, satisfait de son début sur cette terre de France où sa tête avait été si longtemps mise à prix, Fauche partit pour Paris. Voyage triomphal! Sur ces routes qu'il avait suivies, neuf ans auparavant, alors qu'il sortait des geôles de Bonaparte, traîné, lié de cordes, de brigade en brigade, par les sbires de l'Usurpateur, il était maintenant, de la part des postillons et des maîtres de poste cocardés de blanc, l'objet de prévenances obséquieuses. A l'air de ravissement et de béatitude répandu sur son visage, les gens devinaient son importance qu'il ne songeait pas à dissimuler : n'était-ce pas en grande partie grâce à ses efforts et à son habile diplomatie que ce beau pays, tout à la joie de la paix et du bon temps revenu, se trouvait délivré de l'odieuse tyrannie du Corse? Bercé par le moëlleux balancement de sa voiture, il ruminait les avantages enviables de sa situation. Ah! comme il avait bien conduit sa barque et comme il se félicitait d'avoir délaissé sa petite librairie de la rue de l'Hôpital pour se lancer dans les grandes aventures! Le Roi de France, le prince Régent d'Angleterre, le Roi de Prusse comptaient au nombre de ses obligés, et leur confiance lui était

1. « Soyez tranquille, daigna répondre le Roi, c'est Fauche qui me rend un nouveau service ». « Je ne pouvais arriver en France sous de plus heureux auspices », ajoute Fauche. (*Mémoires*, IV, 212.)

pour toujours assurée; dans sa valise il portait des
dépêches adressées par le baron de Jacobi, ambassadeur de Prusse en Angleterre, au Roi Frédéric-
Guillaume, de séjour à Paris; il détenait les secrets
des cabinets de toute l'Europe et ses portefeuilles
étaient bourrés de témoignages d'estime émanant
de tout ce qui avait un nom dans la diplomatie :
autant de traites à tirer sur la reconnaissance des
vainqueurs d'aujourd'hui. Son avenir se dessinait
donc magnifique... Combien, à cette même heure,
d'autres Perrettes évaluaient, comme lui, les profits
immanquables du symbolique pot au lait, fondement
fragile de leurs ambitions !

En arrivant à Paris, sitôt ses dépêches remises au
Roi de Prusse, Fauche-Borel courut chez Perlet qui
tomba dans ses bras avec un grand cri de *Vive le
Roi!* Perlet était fou de bonheur : il vivait, lui aussi,
disait-il, depuis la chute du « tyran », « les heures
les plus douces de sa vie ». Quelle effusion! Il ne
supporta pas que son excellent ami Fauche logeât
autre part que chez lui, et Fauche, touché de cet
affectueux accueil, accepta avec joie cette hospitalité.
Il s'installa donc, rue du Pont-de-Lodi, dans l'appartement que Perlet habitait avec sa fille Caroline,
qui approchait de ses vingt ans[1]. Cette douce intimité facilita les épanchements des deux amis; ils

1. Perlet alors était veuf : — « Je n'ai plus de mère », écrivait
Caroline Perlet au ministre, le 29 novembre 1813. (*Archives nationales*,
F 7 6238.)

avaient tant de choses à se dire ! Perlet put enfin
soulager son cœur et dévoiler les raisons qui l'avaient
forcé à interrompre, depuis huit mois, sa correspondance. Il conta donc comment la police impériale,
instruite, par quelque traître, de ses hautes compromissions royalistes, lui tendit un piège auquel il fut
pris : arrêté, emprisonné, interrogé par les plus
rusés tortionnaires du ministre, il eut la force de ne
rien divulguer des secrets du parti et de rester sourd
aux menaces comme aux tentatives de corruption.
Il savait que l'Usurpateur voulait sa tête : il se préparait à mourir pour la plus belle des causes, quand,
du fond de son cachot, il apprit la victoire des Alliés
et la chute de Bonaparte. Les prisonniers politiques,
écroués comme lui à Sainte-Pélagie, s'ameutèrent à
son instigation, réclamant leur liberté. Le premier,
bien entendu, il arbora la cocarde blanche : toute la
prison retentit de ses cris : *Vive le Roi! A bas le
Tyran!* Il dut sa libération au Czar Alexandre, auquel
les détenus adressèrent une supplique et qui, maître
de Paris, ordonna aussitôt l'élargissement de ces
bons royalistes persécutés [1]. Et depuis lors, Perlet,
dans la joie de son rêve réalisé, ne cessait de par-

1. « Paris, 1er avril 1814. Etat des Prisons. A Sainte Pélagie nous
avons trouvé les prisonniers pour dettes et les condamnés en grande
fermentation. Les prisonniers d'Etat étaient en pleine insurrection ;
la plupart avaient arboré les rubans et les cocardes blanches. Les
cris : *Vive le Roi, à bas le tyran!* retentissaient... Nous les avons
engagés à écrire à S. M. l'empereur de Russie qui aujourd'hui avait
l'autorité en mains... » Même date : — « En exécution des ordres de
S. M. l'empereur Alexandre, le concierge de Sainte-Pélagie mettra en
liberté sur-le-champ les détenus ci-après, s'ils ne sont pas retenus
pour dettes... Perlet, Charles-Frédéric, en prison depuis le 28 juillet
1813. » (*Archives de la Préfecture de Police*, A^ 418, pièce 156.)

courir les rues, prêchant la haine du Corse, acclamant les soldats étrangers, répandant la proclamation de Louis XVIII, propageant l'amour des Bourbons et s'efforçant, par tous les moyens, de se rendre utile à son Roi.

Fauche, pénétré d'attendrissement, écouta cette belle histoire. Il vénérait cet homme antique qui, à la barbe de la police impériale, était parvenu à grouper les partisans de la Royauté, à les former en *Comité* secret et qui, victime de son zèle, avait héroïquement bravé le despote jusque dans les fers. Pas un instant, le naïf Fauche ne soupçonna que son compère maquillait outrageusement son anecdote : il ignorait encore que, dans les grands revirements politiques, plus un homme a montré de servilité au régime déchu, plus il met d'éclat dans son reniement. Il y eut, de telles bassesses, nombre d'exemples marquants, hélas! Mais la plus caractéristique, la plus audacieuse de ces volte-face fut celle d'un personnage dont la diabolique figure est apparue au début de ces pages, — le comte de Montgaillard. Depuis vingt ans cet homme a vendu tous ceux qui l'ont payé : il a trahi le prince de Condé, perdu Pichegru, trompé d'Antraigues, dénoncé Fauche, espionné pour les royalistes, mouchardé pour le Directoire; afin de s'attirer les faveurs du Premier Consul, il s'est plié aux plus viles besognes policières; il a reçu l'argent de toutes mains, toujours abîmé de dettes, toujours cherchant à « se refaire » en livrant quelqu'un ou en trafiquant de quelque chose. Près de se

noyer dans sa fange, il est repêché par Napoléon qui
l'attache à son cabinet secret où, suspect à tous, il
est étroitement surveillé et ne peut s'absenter sans
être pisté, tant on redoute une nouvelle trahison, et
ses protestations réitérées de dévouement au maître
qui le méprise et qui l'emploie sont écœurantes de
flagornerie [1]. C'est ce même Montgaillard qui se pré-
sentera le premier à Louis XVIII arrivant à Compiègne et, avec un aplomb satanique, à ce Roi que,
en maint écrit, il a ridiculisé et diffamé, dira, d'un
ton dégagé : — « Votre Majesté a trop d'esprit pour
ne pas m'avoir compris!... » Sur-le-champ il entonne
la louange des Bourbons avec le même enthousiasme
qu'il a chanté Bonaparte [2]; tout de suite il est
employé : en collaboration intime avec Louis XVIII,
il compose une brochure-manifeste, inimitable

---

1. Le dossier F ⁷ 6431 aux *Archives nationales* semble n'avoir pas
été utilisé par M. Clément DE LACROIX, auteur de la belle préface des
Souvenirs du Comte de Montgaillard, par lui découverts et publiés
en 1895. Ce dossier est particulièrement révélateur de l'infamie du
personnage : en ventôse an VI, de Hambourg, il proteste de la pureté
de son zèle pour les intérêts de la République. Même année, en nivôse,
il dénonce Fauche-Borel qu'il a lui-même débauché ; en pluviôse il se
déclare « prêt à prouver au monde la trahison de Pichegru », trahison dont il fut l'initiateur. En prairial an XIII, lettre à Réal : il renie
ses propres parents « ayant rougi plus d'une fois d'avoir pris naissance dans une classe où je compte tous mes ennemis, parce que je
n'en ai jamais eu les vices ». En 1810, emprisonné pour dettes, il offre
au ministre de faire n'importe quoi si on lui accorde sa liberté et
un traitement. La même année il est engagé comme espion politique
par l'Empereur; il se dit : « trop heureux de consacrer sa vie à cet
auguste service. *Sa Majesté aime par-dessus tout les gens d'honneur, j'en suis plein...* » On paie ses dettes, 78.417 fr. 45 cent. : il reçoit
14.000 francs de traitement. A la Restauration il explique comment,
de 1801 à 1814, il a été « captif ou retenu sous la surveillance presque
immédiate de l'homme qui s'était assis sur le trône de France », etc.

2. Clément DE-LACROIX, 61. L'entrevue de Louis XVIII et de Montgaillard se placerait au 29 avril. (*Archives nationales*, F ⁷ 6901 ᴰ.)

modèle d'impudente palinodie [1], et tant que régnera le Roi désiré il sera indemne de toutes représailles; on le ménagera, on l'utilisera, on le paiera bien et on le laissera vanter « son honneur » et la « pureté de son âme », sans que personne songe à rire ou à s'indigner.

Perlet n'était pas d'adresse à réussir pareille pirouette; c'eût été, d'ailleurs, risquer, bien inutilement de se casser le cou, car la vaniteuse naïveté de Fauche-Borel se leurrait à moins de frais encore que la crédule finesse de Louis XVIII. Quoiqu'il tînt le libraire logé sous son toit, Perlet, pris d'une fantaisie épistolaire, aimait mieux écrire que causer et, le 2 mai, veille de l'entrée du Roi, il infligeait à son « loyal ami » la lecture d'une longue lettre où il traçait un tableau d'ensemble des signalés services

1. *De la Restauration de la Monarchie des Bourbons et du retour à l'ordre, 1814.* — En voici le début : — « Il est atteint ce but vers lequel fut dirigée la conjuration de Pichegru et de Moreau, cette entreprise à laquelle j'avais voué ma vie et attaché l'honneur de mon nom. J'ai vécu assez longtemps pour voir réaliser les projets de ces deux généraux, pour être témoin du rappel de mon souverain, de mes princes légitimes au trône de Saint-Louis... » Par la suite Montgaillard expose que le seul moyen de débarrasser le monde de Bonaparte, était « de le pousser au delà de toute mesure »; c'est pourquoi, lui, Montgaillard, avait paru « se lier inséparablement à la personne, à la cause, à la dynastie de l'Usurpateur ». — « J'avais deviné le secret de son âme; il rêvait la couronne, je me décidai à la mettre sur sa tête... La fidélité au Roi m'en faisait un devoir ». Comment Louis XVIII, dès son premier pas en France, a-t-il pu approuver de pareilles extravagances? On se demande, avec M. Clément de Lacroix, s'il n'existait pas entre le Roi et Montgaillard quelque « complicité inavouée »; cet homme a tenu tant de secrets, participé à tant d'intrigues!... « Peut-être conservait-il à son arc quelque flèche redoutable »; peut-être avait-il été « l'intermédiaire de négociations suspectes qu'il était impolitique et scandaleux de dévoiler. »

rendus par lui au Souverain que Paris allait fêter.
Cette lettre se terminait par cette pathétique et décla-
matoire obsécration : — « Seigneur Dieu qui lisez
au fond des cœurs, vous qui connaissez le mien,
j'atteste devant vous que j'ai toujours été fidèle à
mon Roi légitime... Punissez-moi, Seigneur, si je ne
dis pas la vérité! » Tout autre que Fauche eut jugé
que c'étaient là de bien grands mots, fort inutiles;
mais il était si sûr de son homme qu'il ne s'étonnait
de rien; même, quand le Roi fut aux Tuileries, il
n'hésita pas à présenter Perlet au duc d'Havré, capitaine des gardes, et au comte de Blacas, grand
maître de la garde-robe et ministre de la maison du
Roi, et il sollicita, pour ce précieux acolyte des mauvais jours, la bienveillance de Sa Majesté. Son crédit
lui paraissait être sans limites et il pouvait le gas-
piller sans y regarder. Ce rôle de protecteur lui
plaisait, d'ailleurs, et, pousser Perlet, c'était encore
se prévaloir d'avoir découvert un prosélyte si entreprenant; pourtant, quand le nouveau gouvernement
eut commencé à fonctionner, Fauche pensa qu'il
était temps de faire la connaissance des membres
du *Comité* dont il ignorait encore les noms et de les
signaler, eux aussi, à la reconnaissance royale. Ces
noms, Perlet refusa net de les révéler : en vain son
compère lui démontra-t-il, le plus clairement possible, que ces hommes n'avaient plus rien à redouter
de l'Usurpateur; leur cause triomphait et il était
juste qu'ils reçussent la récompense de leur fidélité.
Mais l'autre resta muet : un serment solennel le

forçait au silence et, tant que *ces Messieurs* eux-mêmes
ne l'en auraient pas relevé, sa conscience répugnait
à cette indiscrétion. Fauche s'émerveilla de scrupules
si exigeants; ne voulant pas être en reste de délicatesse, il n'insista point : du reste, il importait assez
peu de connaître maintenant ceux des maréchaux,
des sénateurs ou des hauts fonctionnaires de la Cour
impériale qui, sous la férule du tyran, avaient
souhaité le retour du Roi légitime; on n'avait que le
choix : tous les fonctionnaires, tous les sénateurs,
tous les maréchaux, sauf de très rares exceptions,
se bousculaient maintenant dans les antichambres
de Louis XVIII et chargeaient d'anathèmes ce Bonaparte qui les avait forcés à se gorger de ses faveurs.
Perlet, naguère, n'exagérait donc pas, il atténuait,
au contraire, la vérité en assurant qu'un groupe de
personnalités éminentes travaillait à la restauration
du Roi. Un groupe? C'était la France entière qui,
maintenant, se flattait de l'avoir appelé de ses vœux
et c'était à ne pas comprendre comment le Corse,
sans un partisan, s'était si longtemps maintenu au
pouvoir.

Convaincu sur ce point de la véracité de Perlet,
Fauche aborda l'autre question, d'un intérêt tout
personnel, celle-là : — qui avait trahi Charles Vitel
et qu'étaient devenus les six cents louis envoyés de
Londres par Fauche, à la demande de Perlet, pour
tirer des griffes de la police le malheureux enseigne?
Ainsi interrogé, Perlet ne pouvait point ne pas
répondre : aussi le fit-il avec netteté : — l'assassin

de Vitel était l'inspecteur général Veyrat ; ayant attiré le jeune homme dans un piège, il l'avait livré à la Commission militaire pour s'approprier la misérable somme que possédait l'émissaire de Fauche et empocher également les six cents louis destinés à racheter la vie de Vitel. Et, tout de suite, Perlet s'étendit sur les crimes de « ce monstre de Veyrat. » Contraint, pour assurer le libre fonctionnement du *Comité*, de s'associer à ce misérable, c'est en le « couvrant d'or » qu'il s'était ménagé son concours ; durant quatre ans Perlet n'avait cessé de signaler au préfet Pasquier cet « être exécrable » comme le plus dangereux des traîtres ; mais Pasquier craignait Veyrat et n'osait le révoquer. Avec des frémissements d'horreur rétrospective, Perlet détailla les atroces persécutions qu'il avait souffertes de cet homme infâme : tout autre que lui aurait renoncé à poursuivre la grande entreprise à laquelle il avait sacrifié sa vie, tant lui était odieuse la complicité obligatoire de ce profond scélérat. Seule l'ardeur de son royalisme le soutenait dans cette cruelle épreuve. Très ému, Fauche réconforta Perlet de son mieux. L'heure des revanches ne sonnait-elle pas enfin pour les honnêtes gens? Ils convinrent ensemble de ne point prendre de repos avant que Veyrat eut expié son crime, dussent-ils le chercher « jusqu'au centre de la terre[1]. »

Sans pousser « jusqu'au centre de la terre »,

1. *Mémoires* de FAUCHE-BOREL, IV, 218, 220.

Veyrat avait disparu, et Perlet le savait bien. Dès
l'arrivée du comte d'Artois qui avait précédé de
trois semaines le Roi à Paris, le préfet Pasquier,
jugeant Veyrat « capable de toutes les trahisons »,
et ne redoutant plus, maintenant, de s'attaquer à ce
personnage, le manda à son cabinet et lui remit un
passeport avec injonction de partir le lendemain
pour Genève, avant neuf heures du matin. Veyrat
s'inclina et ne dit mot. Dans la nuit suivante, un
exprès, venu des Tuileries, réveillait le préfet, lui
ordonnant, au nom de Son Altesse Royale, *Monsieur*,
lieutenant général du Royaume, « de cesser toute
poursuite contre M. Veyrat. » Pasquier apprit ainsi
que son inspecteur général excellait, comme tant
d'autres, dans l'art de « retourner sa veste » et,
de sbire attitré de l'Usurpateur, s'était mué en
un fougueux royaliste : en vingt-quatre heures il
était déjà parvenu à s'ancrer au service des Bourbons, aussi solidement qu'il avait été, durant dix
ans, rivé à celui de Bonaparte ! — Avant sept heures
du matin le préfet se présentait au château, apportant sa démission. Le prince le reçut avec embarras,
s'excusa comme s'excusent les princes, et n'osa
tout de même plaider la cause du mouchard. Pasquier rentra à sa préfecture où Veyrat se réinstallait
« avec de grands airs de triomphe »; l'ordre lui fut
réitéré de quitter Paris le jour même, et, cette fois,
il dut obéir[1]. C'est pourquoi Perlet lançait Fauche

---

1. *Mémoires* du chancelier PASQUIER, II, 388, 389.

sur cette piste où celui-ci ne pourrait que « cla-
bauder », ce qui, en termes de vénerie, signifie
« aboyer sans trouver la voie. » La vengeance
est un mets qui peut attendre ; Fauche ne voulait
pas se dispenser, du reste, de suivre son souverain, le roi de Prusse, se rendant en Angleterre,
le traité signé. Il partit donc dans les premiers
jour de juin. De Londres, Frédéric-Guillaume alla
jusqu'à Neuchâtel, pour reprendre possession de sa
principauté et Fauche-Borel l'y accompagna encore,
flatté de se montrer à ses concitoyens dans l'avantageux appareil de la familiarité royale. Il n'avait
pas revu sa ville depuis près de treize ans et il ne
dit rien de la joie qu'il dut éprouver à retrouver
son vieil immeuble de la rue de l'Hôpital et à
voir achevée la maison neuve du Faubourg, dont
il avait posé les fondations à l'automne de 1801 ;
pas une allusion à sa femme qui vivait seule
depuis tant d'années, la seule fille qui lui restât
s'étant mariée en Angleterre. Fauche ne dut pas
s'attarder aux épanchements conjugaux ; il était
devenu, à son idée, un trop grand personnage
pour perdre son temps à ces fadeurs. Il parle de
« sa chaise de poste », des illuminations de la ville,
des dépêches par lui remises à Sa Majesté prussienne ; — de son chez-soi, si longtemps déserté,
pas un mot.

Il y a, dans les *Souvenirs* d'Hyde de Neuville, un
épisode très frappant : c'est à l'époque du Consulat ;

Hyde se rend en Angleterre sur une petite barque, avec Georges Cadoudal : la nuit est sombre, la mer furieuse; de gros nuages roulent dans le ciel, démasquant, de temps à autre, quelques étoiles, vite disparues : les deux passagers, en dépit du froid et des mouvements désordonnés du bateau, dorment d'un mauvais sommeil, à tout moment interrompu. Tout à coup Georges se soulève sur le coude, et, appelant Hyde de sa forte voix : — « Savez-vous, dit-il, ce que nous devrions conseiller au Roi s'il remonte sur le trône?... Nous lui dirons qu'il fera bien de nous faire fusiller tous les deux, car nous ne serons jamais que des conspirateurs; le pli en est pris ». Eh bien! Fauche, en vingt ans de diplomatie fantaisiste, avait « pris le pli » de l'intrigue; elle lui manquait depuis trois mois à peine que le triomphe du parti auquel il s'était affilié le condamnait à l'oisiveté. Aussi profita-t-il de son séjour en Suisse pour recueillir des renseignements inquiétants sur l'Ile d'Elbe et les menées du parti bonapartiste. Tout heureux de cette prouesse, dès son retour à Paris, il transmit à la Cour le résultat de son enquête; ceci déplut : Louis XVIII, aux Tuileries moins encore qu'à Mitau, ne supportait pas que l'on troublât sa quiétude. Par surcroît d'irréflexion ou besoin inné de manigances, Fauche se mêla de rallier Barras aux Bourbons, entreprise maladroite, qui ne pouvait, dans les circonstances actuelles, que le ravaler au rang d'un faiseur subalterne : de fait, s'il joua quelque bout de rôle, dans cette tentative

de rapprochement, ce fut celui d'entremetteur[1];
cela le diminuait, sans qu'il s'en rendît compte. Et,
tandis qu'il s'amusait à ces flatteuses bagatelles,
Perlet, lui, tendait sa toile.

A l'époque où il était employé au secrétariat de la
Préfecture, on peut penser qu'il n'avait pas négligé
la précaution de compulser le dossier de Fauche-
Borel et de s'informer, par Veyrat ou un autre, des
notes que contenaient, sur le même personnage,
les cartons du ministère de la Police. Il avait eu
ainsi connaissance de la supplique par laquelle, en
1804, le libraire, emprisonné à la Force et menacé
de l'échafaud, avait offert ses services à la police
impériale et proposé de vendre au Grand Juge les
secrets des princes exilés. Perlet n'oubliait pas
davantage les causes assez troubles de son arrestation, en 1813, à la suite d'une visite de M. Gilles
qui, de son propre aveu, servait d'intermédiaire
entre Fauche et Desmarest. De cet ensemble de
faits, Perlet conclut qu'il lui serait facile de parer le
coup dont il était menacé, le jour inévitablement
prochain où seraient divulguées sa mystification du
faux *Comité* et sa participation criminelle à l'assassinat de Vitel. Il lui suffisait de répandre discrètement le bruit que ce Fauche-Borel, si prodigue de
ses protestations de dévouement à son Roi bien-
aimé, était depuis dix ans aux gages de la police de

---

1. Il est curieux de comparer le récit de ces négociations dans les
Mémoires de Fauche Borel. IV, 250 et suiv., — où Fauche semble tout
diriger, avec le récit de ces mêmes pourparlers par Barras — (*Mémoires,*
IV, 265 et suiv.) — où Fauche ne paraît pas.

Bonaparte; s'il avait marqué tant de zèle, c'était afin de mieux pénétrer les projets des Princes, d'en trafiquer plus lucrativement, et les cartons de la Préfecture contenaient la preuve de cette infamie. En cas d'explication orageuse, si Fauche se risquait à déceler la fourberie de Perlet, Perlet riposterait en dénonçant la trahison de Fauche, et, pour assurer, au jour de l'explosion, l'effet de sa contre-mine, il s'occupait à en semer sournoisement la rumeur. Fauche aurait, sous cette accusation, mauvaise posture, car s'il n'avait jamais trahi ni songé à trahir les Bourbons, du moins avait-il cru pouvoir parfois jouer au plus fin avec Desmarest, partie dangereuse, et, au cours de ses longues manœuvres, il avait pris dans sa présomptueuse incompétence tant de masques, usé d'expédients si maladroits, de détours si imprudents, il s'était révélé si inconsidéré et si brouillon qu'il prêtait le flanc à toutes les insinuations et devait se trouver, au jour du lessivage, dans l'impossibité de montrer mains nettes et réputation sans tache.

La perfide stratégie de Perlet était donc habile; on a quelque indice qu'il y fut conseillé par le diabolique machiavélisme de Montgaillard, lequel ne pardonnait pas à Fauche-Borel de lui avoir soufflé naguère le profit pécuniaire de la négociation Pichegru et gardait au cœur le cuisant souvenir de la raclée qui avait terminé leurs relations. Depuis son entrée dans la « diplomatie », Fauche, — autant qu'il est possible de pénétrer les arcanes d'une

comptabilité volontairement occulte, — avait reçu
de l'Angleterre des sommes dont le total dépassait
certainement le demi-million de francs[1], auquel on
peut, sans jugement téméraire, ajouter plusieurs
milliers de livres sterling, passés par ses mains à
l'occasion de divers règlements de comptes dont il
est permis de croire qu'il tira quelque profit personnel. S'il encaissait sans compter, il dépensait de
même : on ne traverse pas l'Europe quinze ou vingt
fois sans laisser beaucoup d'argent sur les routes ;
où qu'il fût, Fauche aimait la vie plantureuse : il
possédait à Londres une installation des plus confor-
tables ; s'il s'était montré très chiche de subsides à
l'égard de sa femme, vivant parcimonieusement à
Neuchâtel, il témoignait à maintes reprises d'une
magnificence de multi-millionnaire envers des personnalités plus marquantes : ainsi, apprenant que
Louis XVIII avait souscrit, aux premiers temps de
son émigration, un billet de 174.600 francs au sujet
duquel il craignait d'être inquiété, Fauche racheta,
en 1801, cette créance en s'engageant à n'en réclamer
le montant et les intérèts qu'au jour où le roi serait
remonté sur le trône[2]. Or, en cet automne de 1814,

1. On a établi plus haut, — approximativement, bien entendu, —
son compte dans l'affaire Pichegru. Depuis lors il avait reçu, de son
propre aveu, — à sa sortie du Temple 36.000 francs, — une pension
de 7.200 francs pendant huit ans, — à l'époque de l'affaire Vitel,
12.400 francs, auxquels il faut ajouter partie des 300.000 francs qu'il
eut à manier lors du règlement des comptes de la Correspondance
anglaise.
2. Cette spéculation n'était pas purement chevaleresque : Fauche
acheta cette créance 120.000 francs et la paya, non en argent, mais en
marchandises, c'est-à-dire en volumes à choisir aux prix marqués du

la Restauration était accomplie depuis six mois et
Fauche songeait d'autant plus volontiers à cette
vieille créance qu'il se trouvait à court d'argent et
que, capital et intérêts accumulés, elle représentait
actuellement une valeur de 365.700 francs. A défaut
de la direction de l'Imprimerie nationale et du cordon
de Saint-Michel, promis depuis longtemps et toujours attendus, cette somme eût été provisoirement
la bienvenue, et Fauche se permit d'en réclamer le
paiement par l'intermédiaire de M. de Blacas, ministre
de la maison du Roi. Sa requête est reçue avec une
singulière et inquiétante froideur : les insinuations
de Perlet ont déjà fait du chemin. Fauche, sans rien
comprendre encore au peu d'empressement apporté
à récompenser ou, tout au moins, à désintéresser le
vieux champion de la Monarchie qu'il se targue
d'être, ose insister, sollicite une audience du Roi, ne
l'obtient pas, essaye de voir les ministres, est
évincé, écrit rapport sur rapport sans obtenir de
réponse... C'est la disgrâce. De ces Tuileries où il
s'était imaginé pénétrer en familier et disposer de
toutes les influences en sa qualité de sûr ami des
mauvais jours, les portes se ferment devant lui et
il ne peut démêler, — du moins l'assure-t-il, — la
cause de cette subite défaveur. Et Perlet se montre
exigeant! Il se plaint d'être la dupe de Fauche,
d'avoir sacrifié sa fortune et risqué sa vie pour l'en-

catalogue dans ses dépôts de Berlin, de Hambourg et de ses divers
correspondants : les intérêts étaient à 5 p. 100. (*Mémoires* de FAUCHE-
BOREL, II, 363 et IV, 239.)

tretien d'une correspondance dont il n'est point
rémunéré et dont le rapace Fauche recueille tous les
fruits! Une explication devient nécessaire ; celle-ci
ne sera plus amicale; elle aura lieu, en présence de
témoins, devant le juge de paix. Fauche apostrophe
vertement l'ex- « loyal ami » d'antan : « Parlez,
Perlet, parlez; dites-nous quelles dépenses exor-
bitantes vous a occasionnées ma correspondance
et quels personnages composaient votre *Comité
royal?*... » Mais Perlet, d'abord balbutiant, se
ressaisit bientôt : — « Je ne veux pas vous dire ces
noms-là *à vous; la prudence me le défend!* » Et il
s'évade de l'audience en homme qu'un affreux cauchemar importune, laissant dans l'esprit des témoins
et des juges cette équivoque allusion à de honteux
mystères. Tout le monde la comprit, — sauf Fauche :
le hasard se chargea de le désaveugler.

Comme il était pressé par le besoin d'argent, il
songea à récupérer les 180 livres sterling déposées
par Vitel, en 1807, chez le banquier Hottinger :
ayant consulté ses livres, celui-ci apprit à Fauche
que, dix jours après la mort de l'enseigne, la somme
avait été réquisitionnée par la Préfecture de police.
Fauche alla donc rue de Jérusalem et sollicita une
audience du comte Beugnot, successeur du baron
Pasquier. Il fut accueilli avec égards et, dès les premiers mots, Beugnot l'interrompit d'un ton de
condoléance : — « Je suis fâché, monsieur Fauche,
de vous apprendre que vous avez eu affaire au plus
scélérat des hommes : Perlet a vendu votre malheu-

reux neveu et vous a fait payer son crime. » En même temps, il sortait d'un carton trois lettres du mouchard au préfet Dubois et il mit ces papiers sous les yeux de son visiteur. Toute l'horrible trame était là dévoilée[1]. Fauche sentit « son âme se briser; » à l'aspect de cette écriture qu'il connaissait si bien, il demeurait sans voix, atterré, stupide, ne pouvant croire « que la perversité humaine pût aller aussi loin. » Sans doute, en même temps que l'indignation, surgissait tout à coup dans son esprit l'humiliante certitude de sa déchéance : toute sa vie s'écroulait de ce coup imprévu, sa réputation d'habile politique, son renom de perspicacité et de clairvoyance; l'Angleterre, la Suisse, la Prusse, la France allaient rire de ce diplomate avisé qui, ayant la prétention de pénétrer les plus ténébreux secrets d'État, se laisse jouer pendant huit ans par un drôle sans finesse et sans autorité.

C'est pourquoi, malgré l'évidence, Fauche ne pouvait se résigner à la conviction de son ridicule; il espérait encore en quelque malentendu, en un inextricable imbroglio dont Perlet aurait été l'innocente victime. Aussi, quand il apprend l'arrivée à Paris de Veyrat, rappelé d'exil par Dandré qui succède à Beugnot dans la direction de la Préfecture, il court à l'*Hôtel de Hollande*, rue des Bons-Enfants, où l'ex-inspecteur vient de descendre. Fauche le surprend au débotter, décline son nom et, voyant

----

1. *Mémoires pour Fauche-Borel*, par LOMBARD DE LANGRES.

que le policier, étonné, se tient sur ses gardes, il expose que le but de sa démarche n'est pas de récriminer, mais seulement d'obtenir des informations positives sur l'arrestation et la condamnation de Charles Vitel dont Perlet rejette toute la responsabilité sur Veyrat lui-même. Très froidement, celui-ci répond que, débarqué à l'instant, il n'a pas encore eu le temps de déboucler ses malles ; si Fauche veut bien patienter et revenir dans une demi-heure, il pourra prendre connaissance du dossier complet de l'affaire et former son jugement d'après les pièces originales. Une demi-heure plus tard, Fauche reparaît et Veyrat tire de sa valise une forte liasse dont il justifie d'abord la provenance : il a soustrait ces papiers du carton de l'affaire Perlet quand le baron Pasquier ordonna qu'on lui remît toutes les pièces concernant la correspondance de l'espion avec Fauche et sa mission en Angleterre. Connaissant la duplicité de Perlet et prévoyant quelque perfidie, Veyrat s'est approprié ces pièces utiles à sa justification personnelle ; les voici : et devant le malheureux Fauche effondré, dont la stupeur douloureuse s'accroît à chaque nouveau feuillet, repasse l'effroyable intrigue : les premières lettres de Perlet suppliant son cher ami Veyrat de lui procurer un gagne-pain, ses rapports d'essai, le début de la correspondance avec Fauche, les reçus du misérable sans cesse quémandant des gratifications, ses remerciements obséquieux, ses protestations d'absolue soumission aux ordres du ministre. Fauche voit,

corrigés de la main du Préfet, de Desmarest, voire
de Fouché, les brouillons de ces lettres que, tout
joyeux, il recevait à Londres et qui berçaient d'espérances trompeuses le Roi exilé. Voici, toujours de
la main de Perlet, Vitel dénoncé, les recommandations pour que l'infortuné ne puisse échapper, la
façon de le prendre, de le questionner ; voici encore
les lettres adressées par l'espion à ses chefs durant
sa mission à Londres ; et toujours des demandes
d'argent, des platitudes... Veyrat, impitoyable,
n'épargna rien au pauvre Fauche qui sortit de là
enfin convaincu d'avoir passé huit ans de sa vie à
imiter l'astrologue de la fable qui, en observant le
ciel, se laisse choir et se retrouve au fond d'un
puits.

Il emportait du moins une consolation bien faible :
s'il avait été dupé, c'était par les plus habiles et les
plus réputés des policiers et non point par un simple
agent provocateur : Dubois, Desmarest, Fouché lui-
mème avaient dû machiner le traquenard destiné à
le prendre. Un peu remonté par cette constatation
flatteuse, il résolut de se présenter chez chacun de
ces maîtres, afin de recueillir d'eux quelques précisions réconfortantes, et cela ne manqua point :
Dubois avoua sa collaboration à la correspondance.
— « Il n'est pas étonnant, dit-il, que vous ayez été
frappé de certains détails justifiant que Perlet était
véritablement secondé par des personnes au fait de
tout ce qui se passait. » Desmarest, fixé depuis la
chute de l'Empereur dans une propriété aux envi-

rons de Compiègne, où il occupait ses loisirs à her-
boriser, et que Fauche alla relancer dans sa retraite,
Desmarest se flatta que le piège était habilement
tendu et que les plus rusés y devaient trébucher :
— « Ma place m'a mis à même de voir bien des scélérats ; mais jamais je n'ai connu un monstre de la
trempe de Perlet. » Et il ajouta : — « Lorsqu'il fut
décidé que votre neveu Vitel serait mis à mort, on
agita si, avant de le fusiller, on ne se servirait pas
de sa main pour vous aviser que votre présence à
Paris était indispensable... Votre mort, en ce cas,
eût été certaine ; mais Fouché ayant fait observer
que c'était bien assez d'une victime dans une famille,
le projet resta sans exécution : » confidence qui eut
pour résultat inattendu d'obliger Fauche à terminer
par des actions de grâces sa visite à cet adversaire de
toujours. Plus tard il vit Fouché, et le tableau est
saisissant qu'il a tracé de cet homme blème, de cette
face blafarde, où il n'y avait de rouges que les yeux,
de ce spectre drapé dans une robe de chambre
blanche, auquel donna passage une porte masquée
dans la muraille. Le grand policier traita Fauche
presque en égal et, comme les deux autres, le féli-
cita d'être encore en vie : — « Je vous ai fait bien
du mal ; mais si je vous avais fait tout celui qui
m'était ordonné, vous n'existeriez plus[1]. » Ces propos laissaient entrevoir que le libraire serait soutenu
dans sa lutte contre Perlet ; elle s'annonçait chaude,

1. *Mémoires* de FAUCHE-BOREL. Pour la visite à Desmarest, IV, 222 ;
à Dubois, IV, 284 ; à Fouché, IV, 388.

quand on apprit tout à coup que Bonaparte, échappé
de l'Ile d'Elbe, avait traversé Grenoble et marchait
sur Paris. Le gouvernement des Bourbons s'éboula
plus rapidement encore qu'il ne s'était édifié ; Paris,
qui regorgeait de hobereaux, de vieux chouans,
d'émigrés ruinés, venus pour mettre le siège devant
les bureaux et obtenir la récompense de leur oppo-
sition à l'Usurpateur, Paris se vida en douze heures
comme sous le coup de piston d'une pompe refou-
lante. Fauche-Borel fila en poste pour ne s'arrêter
qu'à Vienne, en Autriche ; il s'était muni de dépêches
adressées par le ministre de Prusse en France aux
membres du Congrès qui se tenait là, et, ses mésa-
ventures n'étant pas encore ébruitées, cela lui permettait de se poser en homme d'importance dans
cette réunion d'éminents diplomates. Si ce qu'il
raconte en ses *Mémoires* n'est pas hâblerie pure ou
prurit de réhabilitation, il était temps qu'il arrivât,
car le Congrès se fourvoyait et c'est merveille de
voir avec quel art l'infatué Fauche groupe les faits
et transpose les moindres circonstances pour essayer
de faire encore figure de personnage. Il est logé
chez l'archiduc Charles, invité à dîner chez le prince
de Hardenberg qui le place à sa droite, et il ne
laisse pas ignorer que « tous les ambassadeurs pré-
sents à Vienne assistent au dîner » ; une discussion
animée permet à l'ex-ami de Perlet de sauver une
fois de plus la dynastie des Bourbons et de décider
l'Europe en leur faveur ; il est prié d'écrire un rapport sur la situation ; l'archiduc lui demande conseil

et ne se lasse pas de l'écouter ; Fauche est reçu à la table de Talleyrand dans l'intimité ; enfin le Roi de Prusse veut le voir et le charge de le porter à Louis XVIII, « en quelque lieu qu'il soit réfugié », l'engagement de tous les Souverains alliés de ne pas déposer les armes avant d'avoir rétabli les Bourbons dans leurs droits. Et voici de nouveau Fauche-Borel au pinacle : peut-il rêver plus heureuse rentrée chez Louis XVIII, ce pauvre souverain désemparé courant de nouveau les chemins de l'exil ? Nulle prévention, fût-elle même justifiée, ne tiendra contre l'heureuse nouvelle dont Fauche sera le messager bien venu.

Il part[1], se dirigeant vers la Belgique où l'on suppose que la Cour de France s'est provisoirement fixée. C'est en sauveur qu'il va s'y présenter, apportant l'annonce que l'Europe est prête à se liguer tout entière contre l'évadé de l'Ile d'Elbe. Doit-on accepter ici comme conforme à la vérité la version de celui auquel Fauche attribuait plus tard tous ses malheurs, de Blacas ? Sa perspicacité n'était pas infaillible ; mais sa loyauté ne peut être mise en doute, et voici ce qu'il affirma : Fauche roulait donc sur la route de Bruxelles, exultant de joie à la pensée d'avoir en poche de quoi réconforter le Roi dépossédé et, par surcroît, assurer sa propre rentrée en grâce. Son voyage dura huit jours. Dans la solitude de sa chaise de poste, toujours à l'affût de combinaisons et préoccupé de sa conduite à venir, il ne put résister

---

1. Fauche-Borel, arrivé à Vienne le 23 mars, quitta la ville le 14 avril.

à la curiosité de connaître les termes de la lettre autographe du roi de Prusse dont il était porteur : il la décacheta et lut :

Sire et Cousin, les circonstances qui ont amené Votre Majesté à quitter une seconde fois son royaume et sa capitale sont le fait de perfidies et de trahisons au delà de toute conception ; mais que la Providence aide les Alliés et je ne doute pas que nous ne mettions à même une seconde fois la nation française de rappeler son souverain légitime. Quant à mes sentiments personnels, ils ne sont pas nouveaux pour vous, Sire et Cousin, et je me plais à vous les renouveler.

FRÉDÉRIC-GUILLAUME.

Or il se trouvait, entre ce texte et la signature, « un blanc » dont fut choqué l'œil de Fauche-Borel, metteur en pages expérimenté ; il songea que Sa Majesté prussienne aurait bien dû remplir cet espace par une phrase aimable à l'éloge de l'émissaire fidèle auquel la missive était confiée, et, après avoir longuement médité, il résolut de combler cette lacune. A l'une de ses couchées, il prit donc sur lui d'ajouter, en contrefaisant de son mieux l'écriture de Frédéric-Guillaume, quelques mots qui ne changeaient rien au sens général de la lettre, mais qui le serviraient, lui, grandement : dans sa nouvelle forme elle se terminait ainsi :

... Quant à mes sentiments personnels, ils ne sont pas nouveaux pour vous, Sire et cousin, et je me plais à vous les renouveler *par l'homme qui l'a déjà si bien servie, Fauche-Borel, qu'elle entendra avec intérêt.*

FRÉDÉRIC-GUILLAUME,

Fauche, aussi peu expert en protocole qu'en
grammaire, ne s'avisa point que sa phrase était mal
bàtie et ne se rattachait pas à celle qu'elle prétendait
compléter ; elle le satisfit pleinement, en dépit de son
incorrecte gaucherie [1] ; il replia la lettre, la recacheta
et poursuivit sa route, certain que cette attestation
louangeuse d'un puissant allié prendra la valeur
d'une recommandation formelle et lui assurera enfin
cette audience qui lui est refusée depuis près d'un
an. A Bruxelles, il apprend que la Cour de France
est à Gand ; il gagne aussitôt cette ville, et sans
désemparer, demande à parler au Roi. Il est reçu
par son « ennemi », M. de Blacas, qui, d'une froideur
de glace, le laisse parler et bougonne : — « Posez là
vos dépêches, je me charge de les remettre... »
Fauche se révolte, insistant avec chaleur pour être
admis à présenter lui-même la lettre du roi de
Prusse et à développer à Sa Majesté les intentions
favorables du Congrès de Vienne, d'où il arrive :
— « Je vous ai dit que je remettrai vos dépêches »,
riposte sèchement Blacas, qui, décidément, est prévenu contre Fauche ; et celui-ci retourne, tête basse,
à son auberge de la *Maison de Poste*. Déjà un homme,
un inconnu, l'y attend : — « Votre passeport? »
Fauche obéit ; l'inconnu examine le papier, le corne
et le rend, après l'avoir apostillé de cet ordre : —

1. Je n'ai pas su découvrir dans les dossiers du fonds Bourbon, où
elle doit se trouver, la lettre originale; mais je pense qu'il suffit
d'examiner le texte naïvement fourni par Fauche-Borel lui-même,
pour discerner où finit la rédaction royale et où commence celle du
courrier.

« *Retourner sur le champ à Bruxelles* ». Le libraire, confondu, a un mot sublime : — « Vous vous trompez, sans doute, monsieur, JE SUIS FAUCHE-BOREL !... — Et moi, dit l'autre, je suis le ministre de la Police ». C'est, en effet, le baron d'Eksteins, l'homme-lige de Blacas et chargé par lui de la surveillance de Gand. Le malheureux Fauche se débat en désespéré ; il sent bien que, si la porte du Roi lui demeure fermée, c'en est fait de lui : il perd la plus belle, la dernière occasion de rentrer en faveur et de triompher des calomnies de Perlet. Il court chez le duc de Duras, chez le comte de Jaucourt, chez Chateaubriand ; on l'écoute, on le plaint, on le congédie ; deux gendarmes le suivent dans ses démarches et ne le perdent pas de vue ; il rédige une réclamation solennelle qu'il veut placer lui-même entre les mains du Roi ; il retourne à l'hôtel qu'habite Louis XVIII, rue des Champs, se poste dans la galerie, attendant le passage de Sa Majesté ; mais ses gendarmes, restés dans l'antichambre, s'impatientent et le demandent ; scandale, discussion, lutte : Fauche est éconduit par le capitaine des gardes, poussé dehors, mis à la porte et livré à l'impétueux baron d'Eksteins qui, renforcé de quinze carabiniers sabre nu, jette Fauche dans une voiture qui l'emporte vers Bruxelles, sans même lui laisser le temps de reprendre à l'auberge son manteau et ses bagages.

Le soir de ce 27 avril, halte à Alost ; le lendemain, entrée à Bruxelles ; Fauche est reçu à la direction

de Police par un fonctionnaire très aimable qui lui
ouvre immédiatement la porte d'une prison sordide
et encombrée où la plupart des détenus sont
réduits à se tenir debout, jour et nuit ; mis au
secret dans ce cloaque, il y est retenu durant neuf
jours. Il en sort par l'intervention du ministre de
Prusse et apprend que Louis XVIII a signalé au
gouvernement des Pays-Bas « la regrettable conduite de M. Fauche-Borel, coupable de délits très
graves. » Et Blacas accentue cette mauvaise note en
ces termes : — « M. Fauche-Borel a décacheté et
falsifié une lettre adressée par le roi de Prusse au
Roi de France et dont il était porteur ; il est un
espion de Bonaparte. » Sur quoi Fauche reçut un
passeport, avec ordre de quitter sous quarante-huit
heures le territoire des Pays-Bas.

Est-il donc vrai que Fauche, dans l'espoir de se
ménager avec Louis XVIII une entrevue réparatrice,
ait osé ajouter à une lettre royale une broderie de
sa composition ? C'est très probable : car on retrouve
dans ce procédé, outre son outrecuidante inconscience, la puérile et lourde escobarderie qu'il con-
fondit toujours avec la finesse diplomatique et avait
érigée en système. On n'aperçoit pas, d'ailleurs,
qu'il ait protesté bien énergiquement contre cette
accusation de faux : il s'empressa de quitter les
Pays-Bas, non sans avoir adressé rapport sur rapport à diverses personnalités et reparut à Vienne, le
7 mai. On imagine, s'il est innocent, qu'il va, sans
tarder, en appeler au roi de Prusse, le conjurer de

hâter sa justification, ce qui serait facile, puisque la minute authentique de la lettre incriminée subsiste certainement dans les archives du cabinet de Sa Majesté. Point du tout; il gardera le silence pendant près de deux semaines et tempêtera seulement, en phrases grandiloquentes, mais volontairement vagues, quand Frédéric-Guillaume aura reçu la réponse de Louis XVIII agrémentée de ce post-scriptum, beaucoup plus net :

Quant à M. Fauche-Borel, il est vrai qu'il a eu notre confiance pendant nombre d'années ; mais nous croyons nous rappeler avoir lu sur les registres de la police de Paris qu'il y servait Bonaparte, qu'il y avait donné des notes contre la Prusse et qu'il avait prévariqué en Angleterre.

Fauche assure néanmoins qu'il eut l'aplomb de protester, auprès de Frédéric-Guillaume, contre la calomnie dont il était victime : « Cet excellent roi, écrit-il, m'adressa des consolations touchantes ». Il lui donna, en tout cas, un excellent conseil ; celui de renoncer momentanément à la diplomatie, et de rentrer à Neuchâtel « pour y attendre sa détermination[1]. » Fauche s'éloigna donc, jurant que sa disgrâce atteignait tous les souverains de l'Europe : et certes, ceux-ci n'avaient pas besoin de ce surcroît de préoccupations ; on était au début de juin 1815 : le nom, obscur pour quelques jours encore, d'une

---

1. Fauche termine le récit de ces incidents par la reproduction d'une longue supplique par lui adressée à Louis XVIII ; il s'y défend avec chaleur d'avoir jamais servi Bonaparte. Pas un mot de la lettre qu'on l'accuse d'avoir ouverte et falsifiée. Ne semble-t-il pas que ce silence est presque un aveu ?

pauvre bourgade belge, connue seulement des gens
du pays et des rouliers qui suivaient le pavé de
Charleroi à Bruxelles, — Waterloo, — allait retentir
par le monde entier et demeurer pour toujours
fameux, parce que là allait se jouer le dernier acte
du grand drame où se figurait avoir tenu un rôle le
pauvre homme qui retournait fatigué, ruiné, vaincu,
bourrelé de rancune et de regrets, vers sa petite librairie neuchâteloise qu'il n'aurait jamais dû quitter.

Vaincu, il l'était bien ; par sa présomption, sa
maladresse, sa crédulité, son indiscrétion, son insatiable appétence des embarras et des profits. Tout
autre aurait abdiqué : lui, non. Il n'a pas séjourné
chez lui durant quinze jours que, rompant son ban,
il repart, incorrigible, pour les aventures. Cette fois
il se révèle stratège, conquiert à lui seul le fort de
Joux, dont il prend possession au nom du Roi. On
ne le suivra pas dans le détail de cette escapade
triomphale, son récit échappant à tout contrôle par
le ton d'exaltation, voire de divagation dont il est
empreint. A Paris, où il retourne bientôt, Fauche
n'est pas moins échauffé : il s'est mis en tête de
« terrasser ses ennemis », terme générique où il
englobera, non seulement l'infâme Perlet, mais
encore Blacas, qui l'a chassé de Gand, le duc Decazes,
qui lui ferme la porte des Tuileries, le marquis de
la Maisonfort, celui-là même qui, à Hambourg, en
1798, lui a « soufflé » l'affaire Barras et qui est
devenu maréchal de camp, conseiller d'État et

Directeur du contentieux de la Maison du Roi. Il s'agite, remue ciel et terre, assiège tour à tour Talleyrand, le duc de Richelieu, le duc d'Otrante, lord Granville, Barras, Hardenberg, tous les ministres, tous les gens en place ; obtient des attestations courtoises mais insignifiantes, telles qu'en accordent les gens soucieux de ne point se compromettre, sans s'aliéner toutefois un homme réputé dangereux. Fauche n'aperçoit pas que, en étalant ainsi les calomnies sous lesquelles il succombe, il les propage. Il y a des accusations d'une nature telle qu'il est impossible de s'en disculper, la répugnance et la crainte qu'elles suscitent empêchant qu'on les approfondisse : celles de traîtrise et d'espionnage sont de ce nombre : à moins d'être héroïque, on préfère admettre aveuglément l'ignominie d'un homme, peut-être innocent, que risquer, en prenant sa défense, de se perdre avec lui, s'il est coupable. Ainsi le malheureux Fauche, poliment reçu et copieusement plaint de ceux qu'il importunait de sempiternelles doléances, acceptait comme des témoignages d'estime et de solidarité ce qui était seulement une façon prudente de se débarrasser de lui. Il n'avançait pas, bien entendu, et, par maladresse insigne, il crut, dans ce désarroi, obtenir meilleur résultat en s'adressant à l'opinion publique. Il imprima[1] un *Précis* de ses malheurs[2]

---

1. En octobre 1815.
2. *Précis historique des différentes missions dans lesquelles M. Fauche-Borel a été employé pour la cause de la monarchie, suivi de pièces justificatives.* Paris. Imprimé aux frais de l'auteur, in-8°.

où il racontait toute son histoire depuis ses débuts dans la « politique » jusqu'à l'incrimination de Perlet, publiant ainsi à 3.000 exemplaires sa propre bévue et nommant des personnages qui eussent de beaucoup préféré ne point figurer dans cette anecdote. Le Roi, auquel l'auteur ne manqua pas d'envoyer son livre en hommage, fort mécontent qu'on divulguât les piteux dessous de sa diplomatie d'exil, ordonna la saisie de l'ouvrage; mais trois cents exemplaires échappés à la confiscation suffirent à multiplier le nombre x des « ennemis » de Fauche par un coefficient très respectable. Pour outrer le scandale, Perlet qui, lui, n'avait rien à perdre et nul ami à contrarier, répliqua au *Précis* par un *Exposé*[1] réfutateur dont les badauds se gaudirent, cette dispute entre espions se présentant grosse de révélations distrayantes. Fauche, piqué au vif, confia sa riposte, qu'il voulut écrasante, à un spirituel avocat, Lombard de Langres, jadis protégé de Barras et ancien membre du Tribunal de Cassation, connu par plusieurs publications et comédies du genre badin ou solennel. Lombard produisit un *Mémoire*[2] acerbe, vibrant, écrit avec verve, puissamment argumenté. Fauche sortait victorieux de cet engagement; mais

---

1. *Exposé de la conduite de Perlet, ci-devant imprimeur-libraire et journaliste, relativement à l'auguste famille des Bourbons, depuis 1789 jusqu'à ce jour, et Réfutation des calomnies de Fauche-Borel*, in-8°, 1816.

2. *Mémoire pour Louis Fauche-Borel contre Perlet, ancien journaliste*, A Paris, chez L. G. Michaud, imprimeur du Roi. Avril 1816, in-4°. Lombard de Langres a inséré le texte de ce factum, qui eut deux éditions, à la suite de ses *Mémoires* publiés en 1823.

le public, captivé par ce passionnant tournoi, jugeait
bien que la lutte entre les adversaires n'était pas
finie : il fallait que l'un d'eux restât sur le carreau.
L'affaire, touchant à la politique, intéressait nombre
de gens : les partisans de Bonaparte s'inquiétaient
que le nom de leur héros fût mêlé à cette basse
intrigue; mais ils se réjouissaient, en revanche, du
bon tour que sa police avait joué à Louis XVIII;
les royalistes s'indignaient des moyens inavouables
employés par l'Usurpateur pour duper le Roi; mais
ils n'étaient pas fâchés que la lumière fût faite sur
les trames des Fouché et des Dubois; les âmes
sensibles s'attachaient à la touchante figure du jeune
Vitel, victime innocente d'une épouvantable machination, et les indifférents même suivaient avec
amusement ce roman-feuilleton qui les initiait aux
mystères de la Police secrète, objet d'une perpétuelle
attraction pour l'insatiable curiosité parisienne.

Aussi l'émotion fut-elle vive quand Fauche-Borel
annonça sa décision de traduire son calomniateur
en justice. Le procès devait se plaider devant le
tribunal correctionnel de la Seine et, par un jugement préparatoire[1], les magistrats avaient ordonné
l'audition du témoin Veyrat, dont la comparution à
la barre promettait aux amateurs de causes émou-
vantes une audience à sensation.

---

1. Audience du 10 mai 1816,

VIII

L'ÉCHÉANCE

Les débats s'ouvrirent le 17 mai 1816, à une heure de l'après-midi, devant la Chambre de Police correctionnelle. Les curieux se pressaient aux portes en nombre si considérable que le Tribunal se détermina à quitter pour la circonstance son local ordinaire et à tenir son audience dans la salle plus vaste et plus commode de la Cour Prévôtale[1]. Tous les regards se fixaient sur le « célèbre » Fauche-Borel dont le calme presque jovial, l'air de parfaite sérénité, la bonne figure pleine et rasée avec ses yeux à fleur de tête, inspiraient la sympathie. Il était assis à côté de maître Berryer, père, son avocat, l'un des orateurs les plus estimés du barreau de Paris. Perlet faisait contraste : placé sur un tabouret, dans le pré-

1. *Moniteur* du 18 mai.

toire, il discutait avec son défenseur, maître Mauge-
ret, et paraissait très animé. Un huissier annonça
le Tribunal : le président, Chrétien de Poli, et ses
assesseurs, les juges Dufour et Geoffroy, prirent
place ; le substitut Riffé occupa le siège du Procureur du Roi. La lecture de la plainte en calomnie et
en escroquerie de Fauche-Borel contre Perlet et de
la plainte récriminatoire en calomnie intentée par
Perlet contre Fauche ayant eu lieu à l'audience
préparatoire du 10 mai, les avocats se bornèrent à
poser leurs conclusions : Fauche-Borel demandait
la suppression de l'*Exposé* de Perlet, 300 francs de
dommages-intérêts, applicables aux pauvres, la restitution des 600 livres sterling réclamées par Perlet
pour sauver de la mort Charles Vitel, ainsi que de
l'argent déposé par celui-ci à la banque Hottinger
et qu'avait empoché le mouchard ; — Perlet réclamait
la suppression des deux *Mémoires* publiés par
Fauche-Borel et 10.000 francs de dommages-intérêts qu'il destinait « au soulagement des malheureux ».

Le président questionna Perlet sur ses entrevues
avec Vitel en mars 1807 et sur les causes de sa
détention à Sainte-Pélagie, coïncidant exactement
avec l'arrivée du jeune enseigne à Paris. Perlet
répondit avec assez d'aplomb. Il essaya d'établir
que, s'il avait été écroué, ce n'était nullement par
feinte, mais à la requête d'un créancier : il était dans
la misère, n'ayant pas de quoi nourrir sa femme et
ses enfants. On lui objecta les avances considérables

qu'il recevait de ses chefs et particulièrement de l'inspecteur général Veyrat; on lui en présenta les quittances, signées de sa main. Il répliqua que Veyrat disposait, en effet, sur les fonds de la Police, de grosses sommes d'argent; mais qu'il les gardait pour lui et, afin de justifier l'emploi de ces fonds, obligeait ses subordonnés à signer des reçus de complaisance; ils ne touchaient que de rares gratifications de famine et auraient été perdus s'ils s'étaient permis de protester contre la rapacité de leur chef.

— « Mais, dit le président, si les reçus que vous avez signés étaient seulement de complaisance, les auriez-vous rédigés de la sorte : — *Je n'ai pas de termes pour exprimer ma reconnaissance ?...*

— Oui, fit Perlet, il fallait à Veyrat des pièces ainsi conçues. »

Il luttait pied à pied, mais, à chaque réplique, il perdait du terrain; certaines de ses réponses avaient été accueillies déjà par des rumeurs de l'assistance que disposaient mal la mine sournoise et pateline du mouchard et son obstination dans l'invraisemblance. Du reste, ce déballage des malpropretés administratives, cette pénétration dans les coulisses de la rue de Jérusalem, tenaient l'auditoire attentif comme à la représentation d'un de ces drames dont les péripéties renouvellent par mille incidents l'intérêt : on sentait que l'un des deux hommes qui se trouvaient là en présence sortirait du prétoire sous les malédictions et les huées, à jamais déshonoré, et l'on frémissait de la profondeur, plutôt devinée qu'aperçue, des abîmes de fourberie et de mensonge que découvraient par instants les interpellations du Président et les réponses des deux plaignants.

Le substitut du Procureur du Roi prend la parole : il insiste sur ce fait que Perlet est entré à Sainte-Pélagie le 21 mars 1807, la veille même du jour où Vitel débarquait à Paris ; s'adressant à Perlet : — « Si, dit-il, vous étiez réellement prisonnier pour dettes ; si vous étiez, comme vous le prétendiez et le prétendez encore, fidèle agent du Roi ; s'il existait, ainsi que vous l'assurez, un puissant *Comité* royal, vous auriez sans doute trouvé, par l'influence de ceux qui le composaient avec vous, le moyen de sortir de prison, ou même de n'y pas entrer ». Perlet soutient son imposture : — « Il est très vrai que j'avais des relations avec des personnages du plus haut parage ; mais je ne leur ai jamais rien demandé, par crainte de les compromettre ». Le président se tourne vers Fauche-Borel : — « Avez-vous la preuve que le *Comité* royal n'existait pas ? — J'ai la preuve, répond celui-ci avec un ricanement d'indignation, j'ai la preuve qu'il était composé de Bonaparte, de Fouché, de Veyrat, de Dubois et consorts !... » Mais Perlet s'obstine : ainsi qu'il l'a fait déjà dans son *Exposé*, il proteste que depuis l'origine de la Révolution, il s'est montré inébranlable dans son dévouement pour le Roi : — « C'est pour le Roi que je me suis ruiné en faisant d'énormes dépenses nécessitées par le *Comité* et en gorgeant d'or sans cesse le cupide et insatiable Veyrat. » M. Berryer intervient : — « Je demanderai à M. Perlet, maintenant que c'est un titre d'honneur d'avoir servi la cause royale, de nous dire quels étaient les membres de son *Comité.* » Et Perlet, du ton résolu de l'homme intègre auquel la menace de la mort même n'arracherait pas un secret d'honneur : — « Je l'ai dit au Roi à Londres ; je ne le dirai qu'à lui seul ; cela est de la plus haute importance. » Le président essaie de lui faire comprendre combien sa cause gagnerait à une sincérité complète ; mais le mouchard, sur ce point, est intransigeant : — « Non ! Non ! Je ne veux rien ajouter. » — « Faites entrer le témoin Veyrat », dit le président.

Veyrat paraît : c'est un homme de taille moyenne, aux yeux bleus, au front chauve avec une couronne de cheveux blonds grisonnants ; son visage est marqué de petite vérole [1]. Une houle de curiosité passe sur l'assistance à l'aspect de ce personnage qui, depuis près de quinze ans, a personnifié pour les Parisiens la police exécutive et dont la terrifiante figure reste associée à tant de tragiques souvenirs. Il s'approche de la barre ; sa tenue, son maintien sont empreints d'une sorte d'autorité : il décline ses noms et qualités ; Pierre-Hugues Veyrat, 58 ans, ancien inspecteur général de la Police, né à Genève. Il paraît d'abord très ému : — « Perlet et moi avons été élevés ensemble, dit-il, nous

---

1. *Archives nationales*, F⁷ 6241, pièce 26.

sommes du même pays... Je suis très fâché d'avoir
à dire la vérité dans une cause comme celle-ci... »
Mais il reprend bientôt la froideur qui, manifestement, lui est coutumière ; on sent l'homme habitué
à comparaître devant la Justice ; il dit bien ce qu'il
faut et parle d'un ton qui impose la conviction. Au
début c'est un court exposé de ses relations avec
Perlet : interrompues durant plusieurs années, ces
relations se sont renouées vers 1804 : Perlet vint solliciter de lui un emploi, et obtint une place d'agent
secret : il pouvait rendre de grands services au gouvernement, en raison de ses relations à Londres, et,
particulièrement, avec Fauche-Borel.

Le président pose à Veyrat la question qu'on
attend : — « Avez-vous des notions sur le *Comité
royal* ? — Il n'existait pas ; c'était une chimère pour
gagner de l'argent ». Une rumeur d'indignation
s'élève de la foule ; Perlet tente encore de tenir tête
à l'orage : on le voit qui, dans le bruit, s'agite et
lève le bras comme pour un serment ; mais Veyrat,
implacable : — « Personne ne sait les noms de ce
Comité. — Le Roi les sait », crie Perlet. Son ex-com-
plice, celui qu'il a si bassement adulé, auquel il a
juré obéissance passive, dévouement aveugle, le
démasque et la scène est dramatique ; si émouvante
aussi que le coriace Veyrat en paraît lui-même
remué : il en a vu, pourtant, et sans faiblir, des
accusés trébucher au piège de ses questionnaires ; à
combien de cris d'angoisse, de pleurs de femmes, de
supplications, de désespoirs, est-il, au cours de ses

rudes exploits, demeuré insensible ? Mais ici, il semble que sa dureté l'abandonne ; c'est avec un gémissement de regret, presque de contrition, qu'il exécute sa dernière victime : — « Je suis fâché, dit-il, d'être obligé d'accuser Perlet ainsi : en me forçant à dire la vérité, on m'arrache le cœur de chagrin [1]... » Mais, impitoyable, il poursuit et révèle maintenant les secrets de la correspondance échangée entre Perlet et Fauche-Borel : — « Les trois quarts des lettres reçues par Perlet étaient remises par lui, fermées », à ses chefs. « Quant aux réponses, elles étaient combinées avec le gouvernement. » Berryer questionne le témoin qui semble en disposition de ne rien cacher : — « Avez-vous connaissance d'ordres donnés par Bonaparte à Perlet pour le voyage de Londres ? — J'en ai une parfaite connaissance : il fut envoyé par le ministre qui lui donna pour cela 5 à 6.000 francs. Il n'en était pas content, à raison des risques qu'il courait. A son retour à Paris, il se séquestra : il ne voulut voir personne, pas même sa femme... »

Et Vitel ? Veyrat aborde sans hésitation ce drame où, pourtant, il a tenu un rôle : ne s'en souvient-il donc pas ? — « Perlet prétend qu'il a voulu sauver le jeune enseigne. J'ai la preuve irrécusable du contraire : cette preuve est que son commis, Gallais, par qui il l'a envoyé chercher, était un agent de la

---

1. Tous les journaux du temps ont publié de longs comptes rendus des débats du Procès Perlet ; on suit ici principalement celui du *Moniteur*, mais en le complétant par certains points sur des traits de détail recueillis en d'autres feuilles. Les paroles citées entre guillemets sont, bien entendu, textuellement reproduites.

Préfecture ». La constatation est probante, en effet :
si Perlet n'avait pas prémédité de sacrifier le neveu
de Fauche-Borel, ce n'est point un policier qu'il lui
eût donné pour guide dès les premiers pas dans
Paris. Comme Perlet ne proteste plus, le président
lui demande : — « Est-il vrai que Gallais était un
agent de police ? — C'était un inspecteur, en effet »,
répond piteusement le mouchard ; et des murmures
courent dans la foule, épouvantée de cet étalage
d'horreurs, tandis que Veyrat continue l'écrasante
déposition : — Les 600 livres sterling, réclamées par
Perlet à Fauche « pour sauver Vitel », ne pouvaient
en rien assurer le salut du malheureux, et Perlet le
savait bien : il eût été impossible à quiconque de
sauver Vitel une fois dénoncé ; je n'étais pas assez
sot pour me compromettre à ce point... » Perlet est
donc un assassin et un voleur. Rien n'arrête Veyrat,
pas même l'évidence que son ex-associé est perdu :
il poursuit, sans qu'on l'interroge : — « Voulez-vous
que je vous donne des explications sur la canne?
Quand Vitel fut arrêté, on n'avait pas saisi la canne :
Perlet donna avis qu'elle renfermait des papiers
importants. Alors je donnai l'ordre d'aller la prendre
au domicile de Vitel et on la rapporta. Le soir, on
fit appeler Vitel ; quand on lui présenta la canne, il
dit : *Je suis perdu ! Je ne l'avais confiée qu'à Perlet !*
Alors l'interrogateur scia la canne : c'était un petit
bambou pas plus gros que le doigt. Chacun s'attendait à voir quelque chose d'extraordinaire ; on fut
fort étonné de ne trouver, dans la lettre, qu'une

demande de deux passeports. Vitel dit : — « Je devais la remettre au ministre dans le cas où il se serait mis avec nous. »

C'est à Fauche qu'auraient dû, sur ces mots, s'adresser les huées du public, à Fauche coupable d'avoir, avec une inexcusable légèreté et sur une simple supposition éclose de son esprit fécond en fantasmagories, confié à son neveu une communication à ce point dangereuse que sa découverte équivalait à un arrêt de mort. Mais, pour ceux qui sont là, c'est l'abject Perlet qui accumule sur lui toutes les réprobations. Berryer, l'avocat de Fauche, profita habilement de cette impression de l'assistance pour poser à Veyrat la question décisive : — « Vous avez eu sous les yeux toute la correspondance de Fauche-Borel. Je vous demande de déclarer si, dans cette correspondance, vous n'avez rien observé qui pût permettre de croire à une déviation de ses devoirs sacrés. » Veyrat prononce avec une sorte de solennité : — « J'atteste que je ne puis donner que des éloges à son zèle et à son dévouement constants pour la cause royale. » Et tandis que Berryer se rassied, — avec cet air définitivement convaincu et modestement triomphant de l'avocat désormais certain du succès de sa cause, — les applaudissements éclatent dans l'auditoire, comme au théâtre, à une fin d'acte qui laisse entrevoir le dénouement espéré.

Veyrat sortit et les huissiers introduisirent le témoin Danican qui le remplaça à la barre. C'était un

revenant, semblant sortir du fonds des temps. Son
nom, célèbre à Paris, un jour, un seul jour, alors
que la population s'était soulevée contre la Convention, était, depuis un quart de siècle, complètement
oublié. Il se trouvait certainement dans l'assistance
des vieux Parisiens qui, en Vendémiaire, avaient
marché sous les ordres de ce fantoche et auxquels
ces choses paraissaient si lointaines qu'ils n'eussent
pas été étonnés, à l'appel du personnage, de voir
apparaître un centenaire. Il dit son âge : — cinquante-deux ans ; sa qualité : — officier. — « N'êtes-
vous pas général ? » demanda le président. — « Je
ne sais pas ce que je suis, j'étais général il y a vingt-
trois ans ! »... Il venait déposer à la décharge de
Perlet, gardant contre Fauche-Borel de vieilles rancunes qui dataient du séjour en Angleterre : — « On
a tort, dit-il, d'accuser Perlet de la mort de Vitel :
c'est la lettre destinée à Fouché qui a perdu ce jeune
homme. — Et si c'était Perlet qui eût livré la
lettre ? »... Le « général » demeura interdit : —
« Alors, reprit-il, je ne peux pas répondre de la perversité des hommes. »

Perlet s'efforçait encore d'émerger du flot de boue
où il s'enlizait : mais la répugnance unanime pesait
sur lui d'un tel poids qu'il eût cherché en vain à
reprendre pied. Ordinairement la foule, — et la foule
parisienne surtout, — n'assiste pas sans pitié à cette
lutte désespérée d'un homme, fût-il le plus avéré
des criminels, se débattant contre le flot qui monte
et cherchant à retarder le moment où il sombrera ;

mais ici, on contemplait avec une satisfaction féroce la
noyade de ce misérable, soufflant, balbutiant, éperdu
et qui, déjà, se sentait tiré vers l'abîme. La liste des
témoins étant épuisée, la suite du procès fut remise à
huitaine pour l'audition des plaidoiries. Devant l'opinion, la cause de Fauche-Borel était déjà gagnée :
les journaux, en rendant compte de la première
journée des débats, s'accordaient à présenter Perlet
sous l'aspect d'un phénomène de fausseté et de perfidie. Les chroniqueurs manquaient d'épithètes pour
qualifier cette effrayante figure de traître en com-
paraison de laquelle pâlissaient les plus légendaires
scélérats. Quand, le vendredi 18 mai, les curieux,
plus nombreux encore qu'à la première audience,
se tassèrent dans le prétoire, tous cherchaient des
yeux ce monstre de fourberie ; mais Perlet n'était
pas là ; son avocat non plus ; l'audience s'ouvrit sans
qu'ils eussent paru, et Berryer prit la parole.

De son plaidoyer, qui se prolongea durant trois
heures, on retiendra seulement ici quelques traits
qui complètent ce que l'on sait déjà de cette longue
intrigue policière. L'avocat établit que Perlet, au
cours de sa correspondance, avait reçu de Fauche
environ 50.000 francs. Si l'on ajoute à cette somme
celles que le mouchard toucha, tant en gratifications
qu'en appointements, à la caisse de la Police, les
6.000 francs que lui valut, au dire de Veyrat, son
voyage à Londres et l'argent conquis sur le malheureux Vitel, on voit que son infamie lui rapporta une
centaine de mille francs. Berryer aborda ensuite la

calomnie de Perlet, accusant Fauche-Borel d'avoir servi la police de Bonaparte et offert à Desmarest sa collaboration, en 1813. — Quel intérêt aurait poussé Fauche à trahir la cause au succès de laquelle, depuis si longtemps, il consacrait toutes ses forces, et cela juste à l'heure où il était facile de prévoir qu'elle allait triompher? Si Fauche s'est enrolé dans la Police impériale, pourquoi ne livrait-il pas à Desmarest les lettres qu'il recevait de Perlet alors qu'il croyait celui-ci l'un des plus fermes champions de la cause royale? Et d'ailleurs, quelle confiance Desmarest aurait-il pu prêter aux offres de Fauche qui l'avait trompé déjà et dont il tenait en main toute la correspondance, révélatrice d'un zèle ardent pour les Bourbons? Arguments sans réplique, en effet, que Berryer résuma en une péroraison éloquente : — « Que l'on consulte ces registres qui comprennent les noms de toutes les personnes à la solde de la police : Fauche dégage les ministres, en ce qui le concerne, des obligations qui couvrent le secret de leurs opérations... Oui, Fauche-Borel déclare solennellement relever les dépositaires de ces dossiers de tous empêchements qu'ils pourraient admettre par scrupule, les déliant d'avance de la discrétion qu'ils croiraient lui devoir comme à un agent confidentiel... » Décidément Fauche manquait de mémoire et, si la déclaration de son avocat avait été prise au mot, il se fût trouvé bien penaud : il existait, en effet, dans les archives du ministère de la Police, certain dossier à son nom qu'il suffisait,

— comme aujourd'hui, — de feuilleter, pour y
découvrir une lettre datée du 15 juin 1804, par
laquelle, prisonnier à la Force, « il protestait de
son attachement au gouvernement de l'Empereur »
et « se livrait entièrement » à Desmarest : celui-ci
avait même écrit en marge de cette supplique :
demande d'être traité comme espion. Il n'est pas possible que, en ce mois de mai 1816, alors que les
journaux publiaient en longues colonnes le compte
rendu du procès de Fauche-Borel, quelque employé
curieux n'ait pas ouvert ce dossier pour s'y renseigner sur le personnage dont les revendications
encombraient les gazettes. Si, en réponse à l'apostrophe de Berryer, quelqu'un avait déposé sur le
bureau du Président ce papier révélateur, l'effet
d'audience eût été vif et, peut-être, le plus étonné
de tous eût-il été l'oublieux libraire. Mais non,
aucune indiscrétion ne fut commise : et voilà qui
est rassurant pour ceux dont le nom traîne dans les
cartons de la Sûreté générale. Le silence des policiers
a, de tout temps, été méritoire : combien de petits
retraités des services secrets de la Préfecture auraient
pu amasser des notes à sensation sur la société
parisienne et publier des ouvrages assurés d'une
vente considérable rien qu'en recueillant leurs souvenirs? Aucun ne l'a jamais fait : les *Mémoires* de
policiers sont nombreux, mais beaucoup sont apo-
cryphes et il est bien rare de rencontrer chez les
autres des révélations à scandale. Il y a, chez tous
ceux que le devoir oblige à se pencher sur les

vilenies humaines, une réserve pitoyable et pudique
qui ressemble au mutisme des confesseurs.

Quand Berryer se tut, le Président demanda : —
« Perlet est-il là ? » Personne ne répondant, l'huissier
appela à voix haute : « le plaignant Perlet ». Une
attente, suivie d'une rumeur d'étonnement : Perlet
n'avait pas osé affronter cette seconde audience;
son avocat lui-même s'était abstenu d'y paraître :
l'un et l'autre désertaient la lutte et s'avouaient eux-
mêmes vaincus. On remit à huitaine pour entendre
le substitut du Procureur du Roi.

Fauche-Borel était vengé : les débats avaient pleinement établi la parfaite continuité de son zèle royaliste ; pour affirmer sa bonne foi, l'un de ses plus
actifs adversaires n'avait pas reculé devant la gêne
de charger d'un crime répugnant un ancien ami
d'enfance ; — son avocat avait dissipé les derniers
nuages qui auraient pu tacher le ciel pur de ses
bonnes intentions ; — le public, à plusieurs reprises,
s'était permis de manifester ses impressions favorables, presque enthousiastes ; — et son adversaire
même proclamait sa propre défaite en quittant la
place avant la fin du procès. Nul doute que la dernière audience ne consacrât ce triomphe et que les
conclusions du ministère public ne parachevassent
cette apothéose. Au jour dit le substitut Riffé se leva
de son siège et commença en ces termes : — « Une
union exorbitante de noms qui ne devaient jamais
être rapprochés a dû, dans ce procès, exciter votre

indignation : ce qu'il y a de plus noble et de plus
auguste s'est trouvé en contact avec ce qu'il y a de
plus vil et de plus misérable : le nom du Roi a été
proféré à côté de celui de Perlet. Qui l'a osé? Le
sieur Fauche-Borel, et, dans le devoir de notre
ministère, nous sommes obligés de lui en adresser
publiquement le reproche... » Jusque-là, rien d'anor-
mal : on pouvait croire à une assez maladroite entrée
en matière. Mais le substitut poursuit : — « Quel
que soit le besoin de se disculper qu'éprouvait
Fauche-Borel, une idée devait l'arrêter dans le
choix et dans l'emploi de ces moyens : la crainte de
prononcer hors de sa véritable place un nom sacré
devait lui fermer la bouche. Lui qui se vante, — et
certes, *s'ils sont réels*, ils sont bien beaux, — lui qui
se vante de tant de sacrifices pour la cause du Roi,
ne pouvait-il pas faire encore à cette cause l'hommage des peines qu'il éprouvait et du mécontente-
ment que des calomnies avaient excité contre lui
dans le cœur de Sa Majesté? Comment a-t-il rendu
confident de son chagrin le public de la capitale, la
France tout entière? Ne devait-il pas le garder dans
l'intimité de son âme? Le sieur Fauche-Borel pouvait-il penser que le jugement du tribunal, en supposant qu'il lui fût favorable, le réhabiliterait dans
les bontés qu'il avait perdues? La décision des tribunaux peut-elle lier en rien Celui de qui ils tiennent
le droit de la rendre? Les Rois attendent-ils un
jugement pour oublier les torts qu'on a envers eux?
Et quand vous aurez prononcé, le monarque sera-t-il

obligé de croire Fauche-Borel justifié? Non, non,
messieurs, il n'en est point ainsi; les puissances de
la terre ne doivent qu'à Dieu seul compte de leurs
secrètes pensées; elles sont placées trop haut pour
qu'il nous soit permis de lire dans leur cœur alors
qu'elles ne l'ouvrent pas; et le jugement que sollicite
le sieur Fauche-Borel n'influera en rien sur ce qu'il
a droit d'attendre désormais de bonté et d'estime de
la part de notre auguste monarque!... »

Le pauvre libraire, qui s'était attendu à des féli-
citations, écoutait, consterné, n'en croyant pas ses
oreilles. On ne le lui envoyait pas dire : même absolument lavé de l'immonde calomnie de Perlet, il
n'avait pas à espérer la fin de sa disgrâce; car c'était
bien manifestement le Roi qui se faisait entendre
par la voix de son Procureur : nul magistrat, en
effet, ne se fût permis de si catégoriques déclarations
s'il n'y eût été expressément invité par « quelque
inspiration d'en haut », émanant, très probablement,
de la Chancellerie. Et le discours prend l'allure d'un
âpre réquisitoire : — contre Perlet? — Non, contre
Fauche-Borel, pris maintenant directement à partie :
— « Vous avez voulu vous justifier; mais, pour le
faire, vous avez commis l'indiscrétion la plus con-
damnable; vous avez fait connaître des pièces qui
auraient dû rester secrètes... » Fauche-Borel n'a-t-il
pas, du reste, été récompensé bien au delà de ses
mérites, et quel mortel n'envierait son sort? Songez
donc! : — « Il a fidèlement servi le Roi; il a joui
de sa présence auguste; de sa bouche sacrée il a

reçu des témoignages de cette bonté, caractère pré-
dominant de notre souverain ; il a vu à découvert
ce cœur royal et pur dans ses projets d'amour pour
son peuple... Pourquoi n'a-t-il pas conservé dans
le secret de son âme ce bonheur dont tous les Français seraient jaloux ? En le divulguant il en devenait
moins digne ! »

On s'attarde ici, peut-être trop complaisamment,
à cet échantillon d'éloquence judiciaire ; mais, outre
que cet étonnant pathos contient en germe le triste
dénouement des aventures de Fauche-Borel, il est
un spécimen curieux de ce qu'inspirait à un magistrat qui, trois ans auparavant, avait « requis » tout
aussi chaudement, il n'en faut pas douter, au nom
de Sa Majesté l'Empereur [1], l'idolâtrie de commande
pour ce Roi si longtemps dédaigné.

Oui, Perlet est coupable, il est vrai ; mais de quel
crime ? D'avoir assassiné Vitel pour lui voler sa
bourse ? Peccadille : Vitel n'a-t-il pas joui, lui aussi,
« du bonheur le plus ineffable ? » — N'est-il pas
mort pour la cause du Roi ? « Mort digne d'envie,
mort glorieuse, mort qui illustrerait la vie la plus
obscure et la plus ignorée. » Non ; Perlet est criminel parce qu'il a commis « envers son Prince la plus
noire et la plus lâche perfidie ». — « Perlet a vu le
Roi dans son lieu d'exil ; ce Prince a daigné l'entretenir de ses intérêts... Nous ne savons, messieurs,
ce qu'un pareil moment doit faire éprouver ; mais il

1. *Almanach Impérial*, 1813, p. 580. Tribunaux de Première Ins-
tance : RIFFÉ, substitut du Procureur impérial à Versailles.

nous semble que la confiance qu'un Roi veut bien
accorder à son humble sujet, doit lier celui-ci pour
la vie ; il nous semble qu'une mission reçue de la
bouche de son Prince élève l'homme au-dessus de
lui-même ; que rien de vil, rien de déshonnête ne
lui est plus permis ; qu'il doit, pour ainsi dire, être
constamment en garde contre lui-même pour ne pas
se rendre indigne d'un tel honneur, et que l'idée
d'être le confident d'un Roi malheureux attache plus
étroitement à la vertu. Tels ne furent pas les sentiments de Perlet ; tel ne fut pas l'heureux effet du
secret qu'il possédait ; il en abusa d'une manière
abominable ; il le fit servir à nourrir son insatiable
cupidité ; il le fit servir *à prolonger notre servi-
tude!* » Voilà quel fut le crime de Perlet ; et ceci
amena la péroraison, digne aussi d'être citée, aussi
sévère pour le plaignant calomnié que pour le
calomniateur, mais toute brûlante d'amour pour le
monarque tant chéri : c'est le bouquet d'un feu d'ar-
tifice d'adulations : — « On a pu donc apprendre
dans ce procès comment on trahissait son Roi, ou
plutôt, — et il est plus doux, messieurs, de le consi-
dérer sous ce rapport, — on a pu savoir comment
on devait l'aimer. C'est en portant une profonde
haine, un mépris bien prononcé à tous ces hommes
cupides qui trafiquent de leurs démarches et dont
le cœur vénal et l'esprit de cabale n'appartiennent
qu'au plus offrant ; c'est en séparant le nom auguste
du Roi de celui de ces êtres obscurs qui, dans les
derniers rangs de la Société, se rapprochent du

Trône en rampant, parviennent à attirer un regard
de la Toute-Puissance et en abusent pour s'ouvrir
les routes de la fortune ; c'est en marquant au front
du sceau de la réprobation et de l'infamie ceux qui
reculent les bornes de la dépravation, se font les
vils agents du crime et de la trahison et emploient
l'une et l'autre contre les personnes royales ; nous
le répétons, messieurs ; de pareils êtres naissent du
limon des Révolutions et c'est encore un motif pour
détester ces calamités générales et ceux qui les ont
amenées. Malheur à qui en conserverait encore un
levain impur ! Malheur à ceux qui chercheraient à
faire naître l'occasion de voir des êtres comme
Perlet trahissant un Roi comme Louis XVIII !
Aimons-le de toutes nos forces et plaignons ceux
qui ne l'aimeraient pas comme nous ! »

Le jugement fut rendu le jour même ; il donnait
satisfaction sur tous les points à Fauche-Borel qui
s'entendait « renvoyé » de la plainte incidente en
calomnie portée contre lui par Perlet ; Perlet était
condamné à cinq années d'emprisonnement, à
2.000 francs d'amende, à l'interdiction de ses droits
civils pendant dix ans, à la restitution de la somme
escroquée par lui à Fauche-Borel, soit 14.108 francs,
augmentés des intérêts à compter du jour de la
demande, à 300 francs de dommages-intérêts et
aux dépens du Procès : il lui était en outre fait
défense de vendre et distribuer son *Exposé*, déclaré
faux, calomnieux et attentatoire à l'honneur de son

adversaire; le Tribunal ordonnait enfin que « le présent jugement serait imprimé au nombre de cinq cents exemplaires et affiché, le tout aux frais du dit Perlet[1].

Fauche-Borel triomphait donc du calomniateur, mais non de la calomnie[2]. L'affaire était trop obscure pour que le public se donnât la peine de chercher à s'y reconnaître : l'énorme publicité que lui avait inconsidérément donnée Fauche-Borel associait malencontreusement son nom à celui de Perlet; avant trois mois écoulés l'attention distraite des indifférents devait confondre, ainsi qu'il arrive, le traître et le trahi et ne plus savoir au juste lequel des deux était le plus scélérat. Les journaux libéraux s'en donnèrent à cœur joie de rire à ces indiscrétions peu édifiantes pour le bon renom des diplomates dont s'était entouré Louis XVIII pendant *les dix-huit premières années de son règne;* ainsi désignait-il son temps d'exil : les feuilles royalistes, au contraire, imprimaient que cette cause « honteuse » montrait sous le jour le plus odieux et le plus vil le gouvernement de l'Usurpateur « qui employait de tels moyens et de tels hommes. » *L'ami de la Religion et du Roi* écrivait : — « S'il y avait parmi les curieux assistant aux débats quelques égarés qui regrettassent le régime de Bonaparte, ils ont dû être guéris par la révélation de tant de crimes et de bas-

---

1. *Jugement rendu contre Perlet...* Placard en deux feuilles in-f°. Imprimerie Michaud, rue des Bons-Enfants.
2. CAUDRILLIER, *Pichegru*, XXVII.

sesses[1]. » Quant à la faveur du Roi, seule revanche
pratique que désirât Fauche-Borel, il ne devait jamais
la reconquérir, et plus il s'évertuerait à la regagner,
plus il devait se l'aliéner et compromettre ses titres
à l'obtenir. Louis XVIII qui avait supporté noblement
la pauvreté, l'abandon, l'oubli humiliant même, ne
voulait pas être ridicule, et la publication de son
audience accordée à un mouchard l'assimilait à un
roi de vaudeville : il ne devait jamais pardonner
cela. Quand, en politique, un homme est parvenu
à un but longtemps poursuivi, il n'aime pas à se
rappeler les ornières et la boue des chemins qu'il
a dû suivre pour l'atteindre : les lui rappeler, et
bruyamment, est le plus sûr moyen de lui déplaire.

Mais Fauche ne l'entendait pas ainsi : en le lan-
çant, à son corps défendant, dans ce qu'il s'obstinait
à appeler « la diplomatie », une « bouche auguste »,
— celle du Prince de Condé, lui avait promis, en
cas de restauration, un million comptant, une place
éminente et le cordon de Saint-Michel; or la Restauration était un fait accompli : il voulait son cordon, sa place et son million. Il consentait à tran-
siger cependant et à compter pour rien les « trente
années[2] » de sa vie consacrées à la cause des Bourbons, les « mille dangers » auxquels il s'était exposé,
« ses sacrifices de tous les genres », son « dévouement de tous les instants »; mais, au moins, qu'on
le rétablisse dans la situation où on l'a pris; et il

1. Numéro du 22 mai 1816-48.
2. *Mémoires*, IV, 558.

dresse le bilan de cette situation ; elle était superbe :
— « Je jouissais d'une grande aisance ; j'étais à la
tête de deux établissements considérables ; je com-
mandais à un capital de près de 500.000 francs, et
je ne devais rien... » Il le clame, il le croit, car sa
mégalomanie s'accentue en proportion de sa disgrâce ; et le malheureux se condamne à cette vie
surmenante du quémandeur qui assiège les bureaux,
sollicite des protecteurs, se procure des attestations,
fait antichambre, est évincé, gémit, importune, péti-
tionne sans rémission ni vergogne. Partout il trouve
sourdes oreilles. Parfois il rencontre des prometteurs : — « C'est une honte, monsieur Fauche, que
vous n'ayez rien là », lui dit l'un en posant le doigt
sur sa boutonnière ; et il se voit déjà arborant le ruban
de la Légion d'honneur : — « Je veux absolument
terminer votre affaire, car c'est une horreur... »
annonce un autre ; et le pauvre Fauche attend pour
le lendemain son million et son gros emploi. Rien
ne vient ; des mois, des années se passent : et il
n'est pas le seul qui attende : il y a, là-bas, dans
l'Ouest, de vieux chouans mutilés dans la grande
guerre ; leurs fils sont morts le fusil en main, leur
champ est ravagé, leur maison est en ruines : quand
ils ont appris le retour du Roi, ils ont pensé : c'est
la revanche ! Personne ne songe à eux : les veuves
des paysans tués pour le drapeau blanc obtiennent
30 francs d'allocation *annuelle :* les cinq enfants du
grand Cathelineau n'ont pas assez de pain pour
vivre dans la chaumière d'où leur père sortit appe-

lant la Vendée aux armes ; la veuve de Lescure, la
veuve de La Rochejaquelein sont, — en 1816 ! —
sous la surveillance de la police[1]... Par compensation la sœur de Robespierre reçoit 2.000 francs de
pension !... Ceux qu'on pouvait récompenser par un
portefeuille, une grande distinction, un titre de duc,
étaient facilement satisfaits : c'est ce qui advint à
Blacas, à la Maisonfort, à La Châtre, à Dandré, à
l'abbé de Montesquiou, pour se borner aux noms
épisodiquement cités au cours de cette histoire ;
Carlos Sourdat était colonel, attaché à l'état-major
du gouverneur de Paris[2] ; mais les petits, que faire
pour eux ? Le budget de la France n'aurait pas suffi
à attribuer une pension, même modique, à tous
ceux qui estimaient posséder un droit à la reconnaissance du Roi restauré. L'abbé Ratel, mal reçu à
Paris, s'en retourne vivre en Angleterre où il a ses
habitudes ; Leclerc, l'œil vairon, l'homme de la correspondance anglaise, revient en France, obtient un
petit secours annuel, dont il vivra jusqu'en 1839 ;
celui-là se contentait de peu ; le brave Ange Pitou,
qui, au temps de l'agence Brotier, a donné tout son
argent, s'est endetté pour le service du Roi, et a été
déporté à Cayenne, présente maintenant ses comptes :
le Trésor royal reconnaît qu'il est dû au chansonnier 545.750 francs ; mais on le lanternera d'année
en année et il trépassera, en 1846, sans avoir touché

1. CRÉTINEAU-JOLY, *Histoire de la Vendée militaire,* édition Drochon,
Tome IV ; *L'Ingratitude, passim.*
2. Archives administratives du ministère de la Guerre.

un écu. Ce créancier des Bourbons, à soixante-douze ans, fut rencontré mendiant par les rues et l'État hérita définitivement du demi-million que ce pauvre hère avait avancé en Fructidor[1].

Fauche-Borel, peu disposé à tant de résignation, était, d'ailleurs, perdu de dettes, ayant laissé à Berlin, à Hambourg, en Suisse, en Angleterre, des créanciers qui montraient les crocs. On a oublié, sans doute, qu'il se posait, en revanche, créancier lui-même du Roi de France, ayant racheté, en 1801, un billet de 174.600 francs souscrit, en 1792, par le Prince alors très dépourvu. Fauche n'avait point fait là un mauvais placement ; il évaluait à présent à 365.700 francs le montant de cette obligation dont les intérêts accumulés durant vingt-deux ans avaient plus que doublé la valeur. Il est superflu d'indiquer par suite de quelles innombrables démarches il obtint enfin le remboursement de cette créance ; mais la caisse royale retint une partie des intérêts et, au lieu de verser à Fauche la somme en numéraire, lui livra un titre de rente. Il recommença à réclamer, protestant qu'on lui faisait tort de 170.000 francs : en même temps, comme s'il eût tenu la gageure de se rendre hostile à toute la terre, il prenait le public pour confident de ses déboires et de la justesse de ses revendications. Il s'attaqua d'abord au substitut qui l'avait si vertement morigéné dans son réquisitoire et imprima une *Réponse de Fauche-Borel à M. Riffé,*

1. F. ENGERRAND, *Ange Pitou.*

avec, en regard du titre, un portrait de Charles Vitel, dont il « jouait » avec la même virtuosité que si c'était lui-même qui eût été condamné à mort. Il publiera aussi un *Plaidoyer de Fauche-Borel contre M. Henri Larivière* qui refusait de lui rendre de l'argent prêté au cours de l'émigration, et comme il lui restait encore une sottise à perpétrer, celle d'écrire ses *Mémoires*, il n'y manqua pas et résolut d'entreprendre ce travail, afin de prendre l'Europe, le monde entier et la postérité à témoin de l'ingratitude des grands de la terre.

Entre temps, il voyage encore : on le voit à Londres, à Berlin où il s'occupe d'une entreprise de fosses d'aisances hygiéniques, bien vite abandonnée, d'ailleurs. Il revient à Paris où il a laissé un fondé de pouvoirs, chargé de harceler les ministres, et c'est ainsi que, en août 1820, lui sont accordées enfin une indemnité de 50.000 francs et une pension de 3.000 francs sur les fonds de la liste civile, aumône qu'il traite de « faible provisoire », encore qu'on lui eût bien fait entendre que cette décision est « finale. » Il ne peut cependant abandonner la partie : il touche à la soixantaine ; à quoi emploierait-il son temps maintenant qu'il a pris le goût des négociations et des entremises, et qu'il se figure y exceller : il faut qu'il voie les gens, qu'il bavarde, interminablement, qu'il parle politique internationale, qu'il conseille, qu'il donne son avis : à en croire certains de ses contemporains, peu d'hommes réussissent à dégager autant d'ennui que ce vieil agent subalterne,

« mouche du coche de l'émigration », grand diseur
de riens prétentieux, qu'on voit surgir à tout
moment, prêt à débiter toute son histoire. Comme
on est poli, on le subit, on tâche d'écouter ses
récits, on l'accueille, mais froidement ; Chateaubriand, moins patient que d'autres, ou ayant mieux
à faire que d'écouter ce raisonneur, le congédie,
sans ménagement, de son cabinet de ministre où
Fauche, sans cette leçon, s'implanterait durant des
heures. Et comme il n'est point assez sot pour ne
pas sentir qu'on l'écarte, il imagine devoir cette
nouvelle disgrâce au sourd travail de « ses ennemis. »

Car il n'a pas cessé de se débattre, — et avec quelle
funeste prolixité, — contre l'accusation portée par
Perlet, accusation calomnieuse qui, en dépit de la
condamnation du mouchard, est tenue pour vérité
parmi les bavardages parisiens, toujours enclins à
la malveillance. Fauche, pour en avoir enfin le cœur
net, s'était adressé à M. Decazes, le seul ministre
qui, par sa situation auprès du Roi, fût assez puissant pour tirer au clair le mystère de cette légende
sans cesse renaissante. Decazes reçut Fauche avec
circonspection ; il écouta sa plainte et lui dit : —
« J'ai besoin, monsieur Fauche, que vous me donniez une explication sur une note qu'on vous
attribue dans un dictionnaire de la Police. » Et il fit
apporter, par l'un de ses secrétaires, deux volumes
reliés en vélin sur l'un desquels Fauche-Borel put
constater que son nom figurait, avec la mention des
circonstances où, « depuis le début de la Révolution »,

il s'était trouvé mêlé à des mouvements en faveur
des Bourbons. On est obligé de suivre ici son récit,
tout document faisant défaut pour le contrôler ;
quels étaient ces deux registres, que sont-ils devenus ?
Étaient-ils rentrés aux archives de la Préfecture et
furent-ils détruits dans l'incendie de 1871, qui con-
suma presque entièrement ce riche dépôt ? Questions
auxquelles on ne peut répondre. Fauche put donc
lire là, en regard de son nom, une annotation rappelant que, en 1813, il avait sollicité de Desmarest,
par l'intermédiaire de M. Gilles, la faveur d'un
passeport, et, en marge, se trouvait cette apostille :
*note remise par Fauche-Borel à la police de Bona-
parte.*

Fauche, doué du talent de tout embrouiller, expli-
qua que cette interprétation était frauduleuse ; il y
reconnaissait la main d'un de ses « ennemis » déjà
coupable du criminel « post-scriptum de Gand » destiné
à le perdre dans l'esprit du Roi de Prusse. La chose
est beaucoup plus simple : il est très vrai que, en
1813, trépignant du désir d'entrer personnellement
en rapports avec le *Comité* de Perlet, il avait sollicité
directement de Desmarest l'autorisation de passer
un jour à Paris, proposant, en remerciement de cette
faveur, « un échange de communications réci-
proques », idée burlesque, venue d'un trompeur
comme lui s'adressant à l'important personnage
qu'était le chef de la police secrète. C'était cette sottise qu'expiait, depuis le retour des Bourbons, l'imprudent Fauche ; c'était cette simple ligne tracée par

quelque commis d'ordre qui lui valait l'hostilité de
Blacas, la désaffection du Roi, l'aigreur mal dissimulée de tous ceux auxquels il essayait de se
raccrocher. Il rédigea sur cette question un rapport
que nul ne lut, sans doute, ou qui ne convainquit
personne, et, par suprême aberration, il ne se tenait
pas de démontrer à tout venant l'erreur cause de sa
ruine, expliquant qu'il avait, en effet, offert des renseignements à la police impériale, mais pour en obtenir de plus importants, excuse de tous les traîtres et
qui n'absout rien... Quand un homme en est là, il
est perdu : son aveu demeure, sa justification s'oublie ; et c'est ainsi que, à force de disserter sur son
cas, Fauche perdit tout crédit, non seulement à la
Cour et dans Paris, mais à Neuchâtel même, dont
les honnêtes habitants s'étonnaient du grand train
mené par ce concitoyen intermittent auquel on ne
connaissait nulle ressource et dont l'ostentation son-
nait faux. Il ne put douter de la méfiance de ses
compatriotes quand, ayant obtenu du Roi de Prusse
le titre de « conseiller de légation » — un grade
dans la diplomatie ! — et le poste de conseiller
général de Sa Majesté en Suisse, le directoire fédéral
s'opposa à sa nomination, déclarant « qu'il ne
donnerait jamais son assentiment à l'installation
de Fauche-Borel dans une agence politique ou
officielle quelconque »... avanie qu'il porta encore
au compte de ses invisibles « ennemis » dont le
nombre, en son imagination, croissait de jour en
jour.

Pourtant, il paradait encore, ne voulant pas abdiquer : on le voyait aux dîners de Barras, — autre épave dédaignée des temps de trouble, — qui, lui aussi, fanfaronnait sous le mépris unanime, et posait au « dernier des républicains » en tenant table ouverte dans son fastueux intérieur de Chaillot. Fauche devait s'asseoir là, un soir, aux côtés d'un jeune écrivain dramatique, à l'aurore de sa renommée, Alexandre Dumas ; rencontre que le grand conteur consigna plus tard en ses entraînants *Mémoires*.

Louis XVIII étant mort, usé par la goutte, Fauche entreprit en 1825 le voyage de Reims pour assister au sacre de Charles X ; il assure y avoir été convié par le Roi lui-même : il est plus probable que, dans sa vanité grandissante à mesure que ses horizons se retrécissaient, il voulut se faire voir en cette réunion « de toutes les grandes notabilités, des *insignes* de l'Europe entière. » Sa folie progressait : il se donnait alors le titre de *chevalier* [1], et signait Louis *de* Fauche-Borel. Le changement de règne lui parut favorable à de nouvelles récriminations : il reçut encore des promesses, de bonnes paroles, reprit espoir : il n'abandonnait pas son rêve du million, du superbe emploi et de la décoration que lui avait, trente ans auparavant, promis le Prince de Condé, s'il réussissait à gagner Pichegru aux Bourbons. Or,

---

1. « Si je me suis fait chevalier pour servir la cause du Roi, c'est qu'il vaut encore mieux être chevalier errant que chevalier d'industrie, comme j'en ai vu tant dans l'émigration. (*Mémoire pour Louis Fauche-Borel*, par LOMBARD DE LANGRES.)

le malheureux estimait « avoir réussi[1] ! » Et c'est
pour l'établir et le prouver que, rentré à Neuchâtel,
il entreprit l'œuvre immense de relater l'histoire de
sa vie et de ses missions diplomatiques.

Non loin de lui, à Genève, végétait l'homme dont
le nom restera toujours associé à celui de Fauche-
Borel, — Perlet. — Après sa condamnation, pour
éviter la prison, Perlet avait passé la frontière et s'était
fixé à Genève, sa ville natale. Sans argent, il trouva
asile chez sa sœur, brocheuse, place de la Magdeleine ;
lui-même dut prendre le cousoir et apprit à brocher ;
« sans quoi, l'hôpital », — écrivait-il. L'amertume
minait ce déchu qui avait connu, avant Fructidor,
des jours de succès et d'aisance ; d'abord il garda un
silence prudent ; peu à peu, l'humiliation de son
métier manuel, la médiocrité de son salaire, son
isolement, sa vie misérable, lui mirent au cœur une
sorte de rage. Comme Fauche-Borel, son adversaire
dans un duel de dix années, il rêvait aux millions
qui lui avaient échappé ; tout en maniant le plioir
ou en battant les feuilles, il déplorait que son ténébreux génie fût à court d'un moyen de refaire sa
fortune. N'avait-il pas été, déjà, au retour de sa
déportation, aux prises avec le dénuement ? Il s'était
bien tiré d'affaire et procuré des sommes appréciables en mystifiant un sot ; n'aurait-il donc plus la
chance de rencontrer un nouveau pigeon à plumer ?

____

1. « Si je n'avais été animé que par des calculs sordides, *je n'aurais
pas réussi* », écrivait-il dans les derniers temps de sa vie.

A qui tendre un piège? Quelle ruse employer, inédite et sûre, pour retrouver les profits d'autrefois?
Telle était sa vésanie, son obsession constante.
Comme les ressources de son esprit ne lui fournissaient rien de nouveau, il revint au procédé qui lui
avait naguère réussi et, après trois ans de méditation, saisissant l'occasion du désarroi où l'assassinat
du duc de Berry mettait le gouvernement français, il
écrivit à M. Siméon, ministre de l'Intérieur du cabinet Richelieu [1], qu'un homme « comblé des bienfaits
du Roi » venait de se présenter chez lui, Perlet, et
« le croyant exaspéré par les injustices dont il était
victime », lui avait confié d'importants papiers dont
la publication prochaine causerait « un très grand
déplaisir à Sa Majesté. » Le ministre dépêcha aussitôt à Genève l'un de ses attachés, — le chevalier
Catelin, — qui vit Perlet, et obtint de lui, moyennant
une somme de 3.000 francs, la remise des documents compromettants pour la Monarchie. Quels
étaient ces documents? Quelque libelle de la fabrication de Perlet lui-même, sans doute, ou le résidu
de pièces soustraites par lui des cartons lors de son
passage à la Police. Perlet ne s'en explique pas ; il
dit seulement que ces papiers furent détruits [2]. Il put
s'assurer ainsi que son procédé n'avait rien perdu
de sa valeur et qu'on parviendrait encore à en tirer
parti. Aussi, trois ans plus tard, le 1er juillet 1823,

---

1. Le comte Siméon remplaça M. Decazes à l'Intérieur, le 21 février 1820, et conserva cette situation jusqu'au 14 décembre 1821.
2. *Archives nationales*, F⁷ 6944.

il s'adressa au duc d'Havré, auquel Fauche-Borel l'avait présenté dans les premiers jours de la Restauration : rappelant sa précédente démarche qui avait épargné au Roi les plus graves embarras, il exposait que, cette fois, « l'affaire était bien autrement majeure » ; le hasard l'avait mis en possession d'un secret qu'il hésitait à révéler, tant pourrait être dangereuse la moindre indiscrétion. Le duc d'Havré communiqua la missive à M. de Corbière, ministre de l'Intérieur, lequel chargea le sous-préfet de Gex d'entreprendre une enquête sur Perlet et sur l'importance des révélations dont il menaçait le gouvernement.

Le sous-préfet de Gex, M. Pourcelot, soucieux de montrer du zèle, ou désireux, tout simplement, de se dérouiller par une excursion à Genève, tomba, un beau matin, chez Perlet qu'il trouva à son établi[1]. Il le questionna adroitement, donnant comme motif de sa visite le regret qu'il éprouvait de savoir « dans une position gênée un homme connu par son dévouement à la personne du Roi. » Il cherchait ainsi à inspirer confiance et à provoquer des confidences. Perlet s'observait, se bornant à déplorer « sa situation fâcheuse » et à exprimer sa reconnaissance à M. le sous-préfet pour sa réconfortante visite ; sur quoi celui-ci aborda nettement la question : le brocheur ne parut « ni surpris ni fâché » ; il détenait,

---

1. « Il (Perlet) est à peine connu dans la ville ; il vit dans le plus grand isolement avec une de ses sœurs qui, comme lui, est employée par différents libraires, pour brocher... Je l'ai trouvé avec sa sœur, occupé à son travail journalier. »

en effet, dit-il, un secret d'importance ; mais il avait
besoin de quelques heures « pour en rédiger la
révélation » et il promit qu'elle parviendrait à Gex
par le courrier du lendemain. »

Le jour suivant le sous-préfet reçut une lettre :
Perlet s'était ravisé : — « Je vous renouvelle, écrivait-il, la déclaration que j'ai eu l'honneur de vous
faire hier dans ma chambre... Depuis plus de sept
ans, je souffre par l'injustice des hommes et les plus
rudes privations de la vie... Le temps est bien long,
et j'ai 65 ans ! » Il continuait ainsi ses jérémiades,
se flattait d'avoir déjà, depuis son exil à Genève,
rendu un grand service au Roi Louis XVIII en arrê-
tant une publication faite pour troubler le repos de
Sa Majesté, et il terminait ainsi : — « Il y a quelques
semaines, le hasard ou l'erreur où on est de mes
véritables sentiments m'a fait découvrir un projet
d'une bien autre importance et que ma singulière
position ne me permet pas encore de dévoiler... S'il
y avait un danger pressant, je dirais tout ce que je
sais... la prudence ne me le permet pas. » Quoique
libellée en termes ambigus, la lettre n'était qu'une
demande, mal déguisée, de pension ou de secours.
C'est en ce sens que le sous-préfet en rendit compte
au ministre, en même temps qu'il manifestait à
Perlet son regret de ne pouvoir solliciter Son Excellence en sa faveur : — « Si, ajoutait-il, dans votre
intérêt, il m'était permis de vous donner un conseil, ce serait celui de vous dévouer entièrement au
service du Roi... en confiant à ses ministres tous les

renseignements dont vous pensez qu'il serait utile qu'ils fussent instruits[1] ». Mais Perlet prit mal la chose : il riposta en homme désintéressé dont on a froissé la délicatesse : — « Je vois avec peine que vous êtes bien éloigné de me connaître ; vous ne suspecteriez pas ma sincérité. Mon dévouement à la personne de Louis XVIII n'a pas besoin d'être encouragé : le Roi lui-même en est convenu, le 22 juin 1808, dans sa résidence à Gosfield-Sussex, en me faisant écrire par M. le comte d'Avaray qu'*il conserverait dans son cœur, en caractères ineffaçables, et jusqu'au jour des récompenses, le souvenir des services que je lui ai rendus. Telles sont, ajoutait M. d'Avaray, les propres expressions du Roi : sa mémoire est toujours fidèle quand elle est l'organe de ses sentiments...* »

Invoquer comme un titre d'honneur les paroles que le Roi lui avait adressées, le prenant pour un serviteur héroïque, tandis que le mouchard ne s'introduisait à Gosfield que pour espionner, voilà un trait qui complète le personnage. Louis XVIII régnait encore et Perlet pouvait supposer que cette lettre serait mise sous les yeux de Sa Majesté. Croyait-il donc qu'on eût oublié à la Cour les scandales du procès de 1816! Oubliait-il lui-même ou sa tête était-elle tout à fait dérangée? On le croirait à lire ces dernières lignes : — « Personne ne peut révoquer en doute que j'ai sauvé, *seul*, par un courage

---

1. *Archives nationales*, F[1] 6944.

extraordinaire, madame la duchesse d'Angoulême
d'une mort certaine lorsque cette princesse était
enfermée au Temple[1]. J'ai commandé en chef toutes
les forces réunies des sections de Paris contre la
Convention nationale ; j'ai été condamné à mort le
13 vendémiaire[2]... Pour toute récompense je suis
condamné par un tribunal inique et forcé de fuir une
patrie que j'avais choisie... Votre lettre, monsieur,
a comblé la mesure. Je ne demande rien. Il est
parfaitement inutile que vous vous donniez la peine
de m'écrire, et encore moins de venir chez moi...
mon parti est irrévocablement pris. » Si Perlet, on
le voit, avait perdu la raison, il conservait son aplomb
des bons jours et il mentait avec plus d'audace qu'il
ne l'avait jamais fait. Fidèle au stratagème du faux
Comité royal, il espérait aguicher, par cette fière
attitude, le sous-préfet de Gex et l'obliger de le
supplier humblement, — même à prix d'or, — de
divulguer enfin le secret angoissant dont il se disait
détenteur. Seulement il avait la main lourde : Dubois
ni Desmarest n'étaient plus là pour guider sa plume,
et il dut continuer le brochage, sa tentative de chan-
tage ayant échoué. Pourtant il essaya, plus tard
encore, de duper quelqu'un[3], car, quatre ans après,

1. Allusion à l'article publié dans le *Journal de Perlet*, à l'automne
de 1795, et dont il a été dit un mot au chapitre II.

2. Est-il besoin de remarquer que Perlet n'a jamais commandé les
sections et qu'il ne fut pas condamné à mort. Il escomptait l'ignorance
où les contemporains de la Restauration étaient des événements révolutionnaires, ignorance dont on pourrait citer maint exemple.

3. Voir *Supplique adressée à Charles X par le publiciste Perlet,
qui ameuta les sections le 13 vendémiaire, fut condamné à mort et*

on voit le ministre d'alors, — c'était encore M. de
Corbière, — réclamer au Préfet de Police des renseignements sur le sieur Perlet : — « Je voudrais
surtout, précise l'Excellence, fixer mon opinion à
l'égard des imputations faites au sieur Perlet par
rapport à l'affaire du neveu du sieur Fauche-Borel. »
C'est le dernier écho du drame. Perlet mourait
l'année suivante, à Genève, le 29 novembre 1828,
dans son taudis de la place de la Magdeleine[1].

Fauche-Borel apprit ce décès sans désespoir,
quoiqu'il ne soit pas bien prouvé que, dans l'effon-
drement de toutes ses ambitions, il n'eût point parfois regretté le temps où Perlet entretenait ses
illusions. A l'époque où celui-ci mourut, Fauche
terminait le grand travail de ses *Mémoires*, œuvre
immense qu'il voulait définitive. Dès 1824, il s'y
était attelé, et, comme il souhaitait qu'elle fût aussi
parfaite dans la forme que révélatrice par le fond,
il s'était adjoint un collaborateur chargé de la rédaction des quatre volumes in-8° que comporterait
l'ouvrage. Afin d'éviter les contrefaçons et pour
satisfaire l'avidité des lecteurs de toute nationalité,
il devait paraître le même jour en texte français, à

déporté. *Genève, 15 novembre 1824.* Biblioth. de la Ville de Paris.
Bulletin. V. *Catalogue des manuscrits entrés de 1906 à 1910*, p. 13.

1. « L'an 1828 et le samedi 29 novembre, à une heure après-midi,
est décédé à Genève, place de la Magdeleine, n° 137, Charles-Frédéric
Perlet, ancien imprimeur, âgé de 70 ans, né et domicilié à Genève,
veuf en premières noces de Marthe-Elisabeth Quiby ; marié en secondes
noces à Elisabeth Fiévée, fils de feu Abraham Perlet et de défunte
Charlotte Gignoux, sa femme ». (Archives de l'Etat de Genève.)

Paris et, traduit en anglais, à Londres. C'est du moins ce qui fut arrêté dans le traité signé entre Fauche et le sieur Tercy, chargé de mettre en bonne et correcte prose les notes et renseignements fournis par Fauche-Borel[1].

François Tercy était le beau-frère de Charles Nodier : tous deux Francs-Comtois se pouvaient dire presque compatriotes de Fauche, par conséquent, la principauté de Neuchâtel ayant toujours été unie par des liens très étroits à la province française limitrophe. En outre, Nodier restait l'un des fidèles de Pichegru qu'il avait connu alors qu'il était presque enfant, et pour lequel il gardait un culte d'admirative reconnaissance. On allait donc travailler « entre amis », et pour mener à bien son grand labeur, Fauche résolut de se fixer à Besançon et d'y apporter la masse de documents, lettres, rapports, considérations sur la politique internationale, comptes, certificats de complaisance et autres dont se composaient ses Archives. On a quelque trace de son séjour dans l'ancienne capitale de la Franche-Comté : l'incorrigible bavard, toujours en quête d'un auditeur, prit pour victime Charles Weiss, bibliothécaire de la ville, et celui-ci écrivait à son ami Nodier : — « Tu m'as adressé M. Fauche... Dès le jour de son arrivée il a fallu que je l'entendisse raconter dans le plus grand détail toutes ses missions. Depuis, il m'a rendu régulièrement cinq ou six visites par jour, dans ma

_____

1. *Les mémoires de Fauche-Borel,* par FRÉDÉRIC BARBEY. *Revue historique,* CI, 1909.

chambre, dans ma bibliothèque, partout où il espère
me découvrir. Indique-moi un moyen de lui échapper... » Nodier répondait : — « Tu me demandes le
moyen de te défaire de M. Fauche. Le plus sûr
serait de mourir et j'y ai souvent pensé. Trouves-en
un autre et fais-m'en part[1]... » C'est dire que le
libraire neuchâtelois avait quelque peu perdu déjà de
son prestige dans l'estime du clan Nodier-Tercy :
cependant le contrat d'association tenait toujours, et
Nodier eut à cette époque mainte occasion de rencontrer la dupe de Perlet ; c'est ainsi qu'il a pu tracer
du personnage, dans ses *Souvenirs de la Révolution,*
une silhouette si piquante et, probablement, si res-
semblante.

Mais cette camaraderie ne pouvait pas durer ; le
fameux Fauche devait être un collaborateur insuppor-
table : tant d'illusions s'étaient chez lui transformées
en rancunes, tant de déceptions avaient, dans son
esprit aigri, tourné en griefs, qu'il eût voulu ne
rien garder sur le cœur et prendre à partie toute la
terre. Il entendait ne laisser personne impuni et dire
leur fait aux grands comme aux humbles ; or Tercy
était un parfait homme du monde, fort apprécié dans
la société parisienne ; il lui répugnait d'épouser les
querelles de Fauche et peut-être s'aperçut-il que
celui-ci projetait de publier, non des *Mémoires,* mais
un pamphlet, qui fût en même temps une apologie

---

1. Fréd. Barbey, loc. cit. d'après L. Pingaud, *Mémoires de l'Académie...
de Besançon,* 1887, et *Correspondance de Ch. Nodier,* publiée par
A. Estignard.

personnelle ; sans doute aussi s'avisa-t-il que les documents qu'il devait mettre en œuvre étaient quelque peu frelatés, car Fauche désirait produire seulement des pièces tout à son honneur et ne se gênait point probablement pour « arranger » à son goût celles dont les termes ne lui paraissaient pas suffisamment avantageux. Bref, Tercy se dégoûta de cette besogne ingrate, et le traité de collaboration fut rompu[1].

Fauche s'adressa à Beauchamp, écrivain en vogue et bien préparé à ce travail par ses publications antérieures. Alphonse de Beauchamp, naguère employé au ministère de la Police, en avait été congédié pour indiscrétion : on l'accusait d'avoir puisé, dans les dossiers laissés à sa disposition, une partie de la documentation de son ouvrage sur la Vendée : il connaissait bien le personnel de ces époques troublées et son tact dut épargner à Fauche nombre d'avanies[2]. Néanmoins, les deux premiers volumes

---

1. Dans les papiers de Barras qui, aux derniers temps de sa vie, dictait encore à ses familiers des notes en vue de ses *Mémoires*, on trouve ce passage non daté, mais postérieur évidemment, à 1827 : — « En résumé, M. Fauche-Borel est un être dangereux et méprisable qui n'a (*sic*) qu'intriguer sottement sans aucune réussite; aussi l'estimable M. de Tercy a-t-il renoncé à la rédaction de ses *Mémoires*. (*Papiers inédits de Barras*, appartenant à M. Foulon de Vaulx.)

2. Dans la préface de ses *Mémoires*, Fauche ne dissimule point la part qui revient à son collaborateur : — « Appréciant mon insuffisance, écrit-il (*Préface*, I, XIV), j'ai senti le besoin d'être secondé par un littérateur exercé dans les travaux historiques... je cherchai une plume capable de mettre en œuvre mes souvenirs et les nombreux éléments renfermés dans mon portefeuille. Mon premier essai ne remplit pas mon but... enfin je recommençai ce travail sur de nouvelles bases : le rédacteur qui s'y est associé en a parfaitement saisi l'esprit. Il a coordonné ces *Mémoires* sous mes yeux, en me consultant toujours, en m'interrogeant sans cesse et même, je puis le dire en s'identifiant en quelque sorte avec moi... »

de l'ouvrage furent mis en vente dans la seconde quinzaine de décembre 1828[1] ; le troisième volume et le quatrième parurent à quelques semaines d'intervalle[2] et, comme on le pense bien, le livre souleva des tempêtes. Celui qui réclama d'abord fut Montgaillard, lequel, pour mieux servir la Restauration, peut-être, affichait des opinions libérales[3] ; il vivait misérablement rue Montmartre, vaguement surveillé, — et peut-être secouru, — par la police[4]. Bien d'autres protestations suivirent ; il y en eut d'acerbes, il y en eut de piteuses[5] ; Fauche-Borel, ou plutôt Beauchamp, répondit à tous. Barras, qui touchait à sa fin[6], reçut, « de la part de l'impudent Fauche lui-même[7] », les deux premiers volumes des *Mémoires* et rassembla ses dernières forces pour s'élever encore une fois contre les calomnies de « l'éternel fourbe » qui le poursuivait depuis tant d'années[8]. Les grands sei-

1. L'ouvrage, imprimé chez Crapelet, rue de Vaugirard, et publié par Moutardier, rue Gît-le-Cœur, porte la date de 1829 ; mais comme sa publication donna lieu à une lettre de Montgaillard, parue dans la *Gazette de France* du 25 décembre 1828 et à une réponse de Fauche en date du 27 décembre, on en peut conclure que les volumes étaient postdatés.

2. Le quatrième comporte une préface où Fauche-Borel répond a quelques-unes des réfutations que ses premiers volumes avaient suscitées.

3. *Archives nationales*, F 7 6901˜B.

4. Il devait mourir dans la misère, à Chaillot, en 1841.

5. On en trouve la liste dans l'étude de Frédéric Barbey, citée précédemment.

6. Il mourut le 29 janvier 1829. Quatre ans auparavant, l'avis avait été transmis par le procureur du Roi au juge de paix de l'arrondissement d'avoir, dès que l'ex-Directeur serait mort, à apposer immédiatement les scellés sur ses papiers. (Archives du greffe de la justice de paix du VIIIᵉ arrondissement.)

7. *Mémoires* de Barras, Appendice, IV, 433.

8. Dans les papiers inédits de Barras appartenant à M. Foulon de Vaulx se rencontrent plusieurs feuillets dictés par Barras, dans les

gneurs mis en cause, tels que Blacas ou la Maisonfort, dédaignèrent, eux, d'entrer en discussion avec
Fauche; Veyrat, fixé à Paris où il devait mourir,
rue de Saintonge, dix ans plus tard[1], Veyrat garda
également le silence : les *Mémoires* de Fauche-Borel,
en somme, le premier effet de scandale passé, eurent
peu de succès; il y a quelques années on en rencontrait fréquemment, dans les boîtes des bouqui-
nistes, des exemplaires non coupés et portant, au
feuillet de garde du premier volume, cette mention
tracée de la grosse écriture molle de Fauche : *de la
part de l'auteur;* il dut en offrir plus qu'il n'en vendit : l'ouvrage est prodigieusement lourd et abonde
en dissertations fastidieuses. Présente-t-il quelque
garantie de véridicité? Oui, plus qu'on ne le croit, et
il ne mérite pas le mépris où il est tenu. C'est évidemment l'œuvre d'un fanfaron, infatué de son rôle,
et l'on y retrouve, presque à chaque page, des traits
de cette jactance dont l'auteur était gonflé; mais, si
les faits y sont déformés à l'avantage du narrateur,
— péché mignon des mémorialistes les plus consi-
dérés, — ils n'y sont pas, sauf exception, con-
trouvés.

Le prix des quatre volumes était de 28 francs :
sans doute Fauche s'attendait-il à ce que l'édition

dernières heures de sa vie, à une personne manifestement ignorante
de toute histoire et de toute orthographe, son valet de chambre,
peut-être, qui écrit : *Pigault Lebrun* pour Topino Lebrun, *Dividé
Monier* pour David Monnier, etc. Ces dernières confidences se rap-
portent en grande partie à Fauche-Borel et à l'affaire des Lettres
patentes.

1. Le 4 mars 1839.

entière s'enlevât en quelques jours et fondait-il sur
son œuvre de nouvelles espérances de fortune. Sa
désillusion fut cruelle ; mais ce fut la dernière. De
tout l'argent qui lui était passé par les mains il ne
lui restait rien, que des dettes. Ses créanciers, le
voyant sans protecteurs et abandonné de tous, se
montraient exigeants ; sa femme était morte en 1824 ;
tous ses enfants, sauf sa fille qu'il avait mariée en
Angleterre, étaient également disparus. Afin de tirer
parti de sa maison neuve du faubourg de Vieil-Châ-
tel [1], il la transforma en auberge, — l'*Hôtel Fauche;*
— peut-être espérait-il que son renom assurerait la
vogue de l'établissement : pas un voyageur de
marque, pas un personnage de distinction, visitant
la Suisse, ne manquerait de descendre chez « le
célèbre Fauche-Borel ». Mais sa présence eût été
nécessaire et il vivait peu à Neuchâtel, toujours sur
les routes, agité, en proie à une excitation que sa
fatigante activité ne parvenait pas à calmer. Il partait sans raison, revenait à l'improviste, semblable
maintenant à un acrobate qui a laissé choir son
balancier et tente cependant de se maintenir sur la
corde raide. Dans la seconde quinzaine d'août 1829,
il reparut à Neuchâtel, rentrant de Paris en proie à
un égarement inquiet : il ne cachait pas que ses
affaires allaient mal ; ses créanciers étaient intrai-
tables ; on le menaçait de la faillite, peut-être de la
prison. Il parlait de mourir et, par moments, son

---

1. Actuellement faubourg du Cret. L'hôtel Fauche existe encore,
mais modifié par des constructions accessoires.

agitation faisait place à une profonde mélancolie ;
on le surprit, un jour, maniant un rasoir... Les vieux
Neuchâtelois se rappelaient que le père de Fauche
donnait, sur la fin de sa vie, des signes de dérangement d'esprit et avait, durant sept années, soutenu
contre la ville un procès auquel il s'était obstiné
avec une exaltation maladive.

Le 4 septembre, vers quatre heures de l'après-
midi, Fauche-Borel monta au dernier étage de son
hôtel ; de là on découvrait un vaste et splendide
horizon : le lac, les montagnes, la campagne verte
et, massée sur la colline, la vieille ville, avec son
tohu-bohu de toits, la gerbe de tours de son ancien
château, la flèche de la Collégiale, le lacis des rues
étroites que dominait le fronton de l'Hôtel de Ville ;
derrière montait la rue de l'Hôpital, avec la modeste
maison que Fauche avait quittée, un jour de juillet 1795, pour courir après la fortune. Trente-quatre
ans de cela ! Et il se retrouvait, à soixante-sept ans,
plus pauvre qu'en ce temps lointain, quand il vivait
là avec sa femme et ses enfants. Alors il se pencha,
s'élançant ; son corps tourna dans l'espace et vint
s'abattre, brisé, sur le sol [1].

---

1. « Le lundi 7 septembre 1829 a été enseveli Abram-Louis Fauche,
né le 12 avril 1762, mort le 4 de ce mois, environ quatre heures
du soir, après s'être précipité du haut de son hôtel du faubourg.
Fils de feu Samuel Fauche, bourgeois de cette ville, et de feue
Marie-Madeleine, née Borel, sa femme. » (*Registre des décès de Neuchâtel*. Renseignement communiqué par M. Louis Thévenay, sous-
archiviste d'Etat.)

FIN

TABLE DES MATIÈRES

E. GRÉVIN — IMPRIMERIE DE LAGNY

OUVRAGES DE G. LENOTRE

Académie française, *Prix Berger, 1902*

La Guillotine pendant la Révolution. 21ᵉ édition.

Le Vrai Chevalier de Maison-Rouge. 20ᵉ édition.

Le Baron de Batz. 22ᵉ édition.

Paris Révolutionnaire. 36ᵉ édition.

Vieilles Maisons, Vieux Papiers, 1ʳᵉ série. 65ᵉ édition.

Vieilles Maisons, Vieux Papiers, 2ᵉ série. 57ᵉ édition.

Vieilles Maisons, Vieux Papiers, 3ᵉ série. 47ᵉ édition.

Vieilles Maisons, Vieux Papiers, 4ᵉ série. 36ᵉ édition.

Bleus, Blancs et Rouges. Récits d'histoire révolutionnaire, d'après des documents inédits. 17ᵉ édition.

La Captivité et la Mort de Marie-Antoinette. 31ᵉ édition.

Le Marquis de la Rouërie et la Conjuration bretonne. 22ᵉ édition.

Tournebut; la Chouannerie normande au temps de l'Empire. 1804-1809. 22ᵉ édition.

Le Drame de Varennes. Juin 1791. 35ᵉ édition.

    13 volumes in-8ᵉ écu à 10 francs le volume broché.

    Reliés amateur avec fers.

Le Roi Louis XVII et l'Énigme du Temple, 14ᵉ édition, 1 volume in-8ᵉ écu . . . . 12 fr.

Mémoires et Souvenirs sur la Révolution et l'Empire, publiés avec des documents inédits, par G. Lenotre :

Les Massacres de Septembre (1792). 29ᵉ édition.

Les Fils de Philippe-Égalité pendant la Terreur (1790-1796). 20ᵉ édition.

La Fille de Louis XVI. Marie-Thérèse, Charlotte de France, Duchesse d'Angoulême (1794-1799). 26ᵉ édition.

Le Tribunal Révolutionnaire (1793-1795). 36ᵉ édition.

Les Noyades de Nantes (1793). 25ᵉ édition.

    Cinq volumes in-16 jésus à 8 francs le volume broché.

    Reliés amateur avec fers.

Prussiens d'hier et de toujours, 1ʳᵉ série. 11ᵉ édition. 1 volume in-16 . . . . 7 fr.

Prussiens d'hier et de toujours, 2ᵉ série. 6ᵉ édition. 1 volume in-16 . . . . 7 fr.

Gens de la Vieille France. Rêveries sur le temps présent sur des thèmes anciens. 12ᵉ édition. 1 volume in-16 . . . 7 fr.

Paris. — Imp. H. Diéval, rue de Seine, 57.